伊朗零距离

（新一版）

刘振堂 著

上海辞书出版社

序

伊朗对于中国与世界的重要性正在与日俱增。从历史上说，波斯、安息等已经屡见于我们的正史。波斯地毯，波斯细密画，哈菲兹、哈亚姆等人的诗篇也早已介绍到了中国。现今，伊朗的风云际会吸引着全球的目光，中国与伊朗的友好往来也有着迅速的发展。

我于2006年有幸对伊朗进行了友好访问，留下了亲切动人的印象。此次又接触到刘大使《伊朗零距离》一书，读来亲切有味。

刘大使在伊朗工作5年期间，走访了伊朗26个省，广泛地结交伊朗政界、商界、文化界朋友，细心体味伊朗的社会、人情、自然和风物，认真研究伊朗的政治、经济、文化、习俗、历史和宗教，努力以中国人自己的视角来观察和研判伊朗的过去和现在。该书侧重从文化、资源和地缘三个方面介绍伊朗，阐述伊朗对中国、对地区乃至世界的影响。作者力求将自己亲睹、亲历的感受和真实、客观的伊朗凝于笔端，便于国人全面地认知伊朗。相互了解、彼此欣赏才是加深双边关系的前提。

伊朗作为一个伟大的文明古国，至今保持着对于自身文化传统的珍视与自豪，同样也常常表达出对于人类的，例如中国的文化传统的理解与敬意。在历史长河中，伊朗对中国的影响是多方面的，从文化艺术、宗教习俗，到作物物种，不比中国对伊朗的影响小或少。而今，伊朗重视发展对华关系，看好中国的经济发展势头与独立自主的和平外交政策，尊重中国的文化瑰宝，提出“向东方看，向中国看”的口号。

伊朗是拥有60多种矿藏的资源大国、世界排行第二的能源大国，已成为中国重要的原油供应国，是中国实行“走出去”战略的一个成功范例。中国公司在伊朗承建的地铁、发电站、水坝、铜厂、铝厂、碱厂、通讯网络，以及改造炼油厂、开凿油井等项目，深受当地政府和人民的欢迎。伊朗业已成为中国商品的重要市场。从大型机械、机电设备、各类汽车，到家用电器、服装、鞋帽，中国产品性价比最优，受到伊朗广大消费者青睐，凸显了中伊两国经济极强的互补性。

伊朗作为发展中国家和中东地区大国，主张国际公正与公平，坚决反对强权政治、双重标准和恐怖主义，在中东地区和伊斯兰世界卓有影响。它是维护世界和平，建立相互尊重、平等互利的和谐世界的一个重要的因素，正缘于此，往往令其处于风暴的漩涡和受关注的焦点。

大力推进改革开放的中国，把弘扬优秀的民族文化传统与努力学习、汲取人类的一切先进文明成果结合起来，我们如饥似渴地学习着西方的先进的科学技术与管理经验，同时也绝对不能忽视对于像伊朗这样的国家，以及其他一些发展中国家的文化与现状的了解借鉴。

相信广大读者，通过刘大使这本书，会增进对伊朗的了解，同时，也希望更多有志于共筑新的“丝绸之路”的朋友，从不同的角度，以不同的方式，将伊朗介绍给中国，将中国介绍给伊朗，让中伊两国和两国人民世世代代友好下去！

2008 年 12 月

目　录

人文伊朗

艺术伊朗

再版前言

刘振堂大使的《伊朗零距离》一书，出版九年来，颇受读者欢迎。它就像一座便桥，以零距离的视觉，缩短了我们同伊朗的距离，向我们展示的是一个真实可亲的伊朗，澄清了外界对伊朗的诸多歧解，读过之后感到耳目一新。

习近平主席2016年对伊朗的历史性访问，确立了中伊全面战略合作伙伴关系，达成了共同构建新丝绸之路的共识，掀开了双边友好合作关系全新的一页。

伊朗是最先呼应习近平主席“一带一路”倡议的国家之一，专设由一位副总统负责的“一带一路”协调委员会。领袖高级外事顾问韦拉亚提强调，伊朗可以作为“一带一路”上联系中国与西亚地区和欧洲的战略国家，一语道明伊朗的重要作用。

中伊经济互补性很强，体现在各个方面。

伊朗的工业门类虽在中东稳居前列，但进一步改造升级已势在必行。中国的技术和产能恰恰符合伊朗的需求，“易货贸易”不啻为上佳选项。

“一带一路”倡议的核心是“互联互通”。而伊朗的交通运输设施远不能适应国民经济发展的需求，亟待加强和改善。中国在基础设施建设领域已经迈入世界先进行列，比如说高铁，仅用十年其通车里程就超过全世界高铁里程总和，这无疑为中伊合作开辟了新的途径。“石油换项目”也必将会带来无限商机。运用开发性金融的理念和方法，且在这个过程当中，搭建起牢固可靠的平台，完全可以在交通、电力、水利、制造业等领域进行深度合作，前景十分广阔。

《伊朗零距离》一书的再版，顺应“一带一路”建设的大势，适应中东地区和全球局势新的变化，有助于我国相关部门和企业进一步增进对伊朗的了解，从而在不断变化的国际态势下，以创新的方式进行卓有成效的合作，进而实现互利共赢。

李吉平

前　言

伊朗是一个具有5000年历史的文明古国。历史上大多时期被称为“波斯”，因为波斯帝国发轫于伊朗法尔斯（亦称帕尔斯）。1935年，巴列维王朝开国之君礼萨·汗更国名为“伊朗”，从而同西起德国、东至印度的雅利安人联系起来。

在相当于我国春秋时期，即孔夫子和老子的时代，波斯帝国在西亚崛起，曾称雄于欧亚非三大洲700多万平方公里的广袤地域，辖属23个国家和地区，包括70个民族，上千万人口，是名副其实的古代超级大国。

自古以来，波斯及当代的伊朗对世界的影响是多方面的，有些影响还是相当深刻久远的。

信徒人口占世界总人口过半的犹太教、天主教、基督教、伊斯兰教，均深受波斯古教——琐罗亚斯德教，即祆教（俗称拜火教）的影响，他们所信奉的末日、来世、复活、天堂、地狱说，以及善恶二元论，皆系拜火教之首创。

古丝绸之路的开通，中国唐王朝的鼎盛与衰落、明王朝的建立、回族的形成皆与波斯相关联。当今，中国物种的丰富，特别是蔬菜、水果品种的繁多，也与波斯密不可分。而中国古代四大发明，以及丝绸、瓷器、茶叶传向欧洲，波斯也起了重要的桥梁作用。

当代的伊朗是能源大国和资源大国，拥有200多亿吨的石油储量和33万亿立方米的天然气储量，分别占世界总储量的12%和18%，均居世界第二位，是石油输出国组织（欧佩克）第二大、世界第四大石油出口国，伊朗能源地位的重要性由此可见。伊朗还拥有60多种其他矿产资源，如铜储量仅次于赞比亚和智利。其农牧业也别有特点，小麦自给有余，开心果、椰枣、藏红花、地毯（以本国产羊毛为主原料）在国际市场上占有相当大的份额，奶制品生产与消费居发展中国家前列。

伊朗地处三大洲东西南北交通要冲，是有8000余万人口的中东大国，坚持独立自主的国策，在中东、在伊斯兰世界有广泛影响，这些因素决定了伊朗在国际多极化进程和地缘政治中扮演独特的重要角色，且往往成为国际社会关注的中心和新闻媒体热议的焦点。实际上，伊朗已成为国际强权难以逾越的障碍，被视为眼中钉、肉中刺。由此，伊朗被扣上一顶顶“邪恶轴心”“暴政前哨”之类的帽子，其形象常被歪曲、丑化甚至妖魔化。

我有幸作为中华人民共和国的大使驻节伊朗5个年头，现虽已退休，但仍有一股巨大的力量驱使着、推动着我以中国人的视角，直接、客观、全面地将伊朗介绍给国人。

近代的中国和伊朗，长期受外来殖民者、侵略者控制、压迫和欺凌；冷战时期，两国又分属于不同的阵营，中伊之间的联系几乎处于中断的状态；少得可怜的了解，也局限于从个别诗歌、散文、小说一类文学作品的译作中所得。

中伊两国建交后，尤其在1979年伊朗伊斯兰共和国建立后，双边政治、经济、文化往来不断增进，经贸领域的合作更是可圈可点。贸易额从建交初期的不足1亿美元，上升到2014年518亿美元。这主要缘于伊朗已成为中国进口石油的重要供应国之一，其进口量占中国进口石油的1/8。同时，20多年来，中国公司在伊朗承建的各类建设项目，大大小小逾百个，地铁、发电厂、水坝、高速路、铜厂、铝厂、铬铁厂、碱厂、化工厂、汽车装配厂，以及炼油厂改造等，产生良好的社会效益和经济效益，广受伊朗人民欢迎。中伊经贸的互补性，为两国互通有无、互利互惠关系的发展开拓了广阔的空间。

不过，需要指出的是，中伊两国人民之间的交流与沟通还相当欠缺，彼此之间的有限认知，往往依赖于新闻媒体。

中国谋求和平与发展，实现现代化目标，唯有坚持向世界所有国家开放，同世界各国友好相处，向一切民族学习其优秀文化。而伊朗作为文明古国、能源大国、地缘重国、世界排序第三十几位的经济实体，中国没有任何理由无视、小视或偏视伊朗。

我在任伊朗5年期间，接待了来自海内外无数批中国同胞。他们留给我最多的关键词是“不虚此行”“出乎意料”“受益匪浅”。大家最为共性的印象，是伊朗的确拥有古老灿烂的文化，伊朗人讲文明、懂礼貌、有良好的卫生习惯，社会安宁祥和，而且对中国人友善。实事求是地说，伊朗人固守东方人重视家庭、亲情的传统观念，特别敬重长者，崇尚道德。公共汽车上见不到“老幼病残孕专座”，因为在伊朗，照顾这类人群、为他们让座是天经地义的事。在任何公共场合几乎都见不到随地吐痰者，公园里见不到随手丢弃的废物或烟头，更见不到只顾自己高声喧哗而不在乎他人感受的现象。

有些从未造访过伊朗的人，认为伊朗伊斯兰共和国实行政教合一是“历史倒退”，此类观点与我国主张的“和谐世界”是大相径庭的。“和谐世界”的前提是承认文明的多样性，制度选择的自主性。人类和谐世界应如同千姿百态的百花园，各形各色花卉争奇斗艳、交相辉映。倘仅容一种花卉存在，就不成其为花园。

其实，伊朗实行的是伊斯兰民主制度，以教法权威领袖为核心，三权分立。总统由选民直接选举产生，“宪监会”（即宪法监督委员会）负责对总统、议员竞选人资格的审查，如“宪监会”与议会发生争执，则由“确定国家利益委员会”协调。领袖为终身制，但受制约，如不称职，遴选领袖的“专家会议”有权予以罢免。

我期望通过拙著，让国人感受到一个真实的伊朗、多姿多彩的伊朗、自古以来善待中国的伊朗，进而从我国的根本利益出发，从维护世界和平、促进共同发展着眼，正确地看待伊朗，促使中伊两国人民之间业已存在2000多年的友好交往正常地发展下去。

借此，谨向为本书提供资料和图片的中外作者和伊朗驻华大使馆表示谢忱。

刘振堂

2018年6月于北京

历史伊朗

刻在砖石上的古波斯史

古波斯最强盛时期是公元前6世纪阿契美尼德王朝大流士一世统治时期，其势力到达三条大河——印度河、尼罗河和多瑙河流域，总面积700多万平方千米，覆盖23个国家和地区。

波斯阿契美尼德王朝的始祖是阿契美尼斯（前700—前675），其子塔伊斯佩斯（前675—前640）继位后不久即占领埃兰的昂善，后又占领了帕尔斯（因阿拉伯语字母无“帕”，而译成“法尔斯”，即波斯），成为两个王国的统治者。其曾孙居鲁士二世即居鲁士大帝（前550—前529在位）于公元前550年在帕萨尔加德击败外祖父米底王，继承了米底王位，从此波斯人与同为雅利安人的米底人合为一国。居鲁士大帝开创了一个前所未有的大帝国，但在30年后一次远征时，被马萨克泰女酋杀死，其遗体被运回阿契美尼德王朝的都城，即波斯波利斯以北65公里处的帕萨尔加德安葬，那里至今还有大片的宫殿遗迹和居鲁士大帝的陵寝。

帕萨尔加德作为古波斯帝国第一个都城，宫殿几乎都被历史湮没了，现今能见到的残像断柱，是20世纪60年代初发掘后，经过重新拼接立起来的，但柱子上、残像腿上、衣襟上仍可见到清晰的楔形文字，如在一根断柱上刻有："是我，居鲁士国王，阿契美尼德人"，同时以古波斯文、埃兰文和巴比伦文铭刻。

在宫殿遗址东北面的山头，有一座用巨石堆砌的高台，石块之间以金属箍连接，可沿北坡石阶登上台顶。据当地旅游机构官员介绍，这个石台被称为"所罗门之母的宝座"，是阿契美尼德王朝的祭火坛。站在台上，整个帕萨尔加德平川尽收眼底，这里应是波斯波利斯成为拜火教祭祀中心之前的最佳祭祀场所。拜火教的圣火分三种：家火、庙火和王火。王火为国王祭祀之火，象征王气常盛不灭。这座石台上祭祀的就是王火。

保存比较好的是居鲁士之墓，传说是居鲁士大帝在世的时候（约公元前546年）建造的。墓全部用大块的石灰石垒成，通高12米，分上下两层。下层为逐渐向中间收缩的六级台阶式梯形基座，上层墓室类似没有屋檐、没有窗户、只在一面山墙开个小门的直山式石头小房。陵墓内部装饰得富丽豪华，经过防腐处理的居鲁士遗体置于金色的石棺之中，石棺被停放在金榻上，金榻边放置一张金桌，金桌上摆满金银财宝。亚历山大大帝攻占波斯后，曾数次亲往拜谒此陵。在他东征印度期间，这里发生了骚乱，陵墓内的珍宝被劫掠一空，墓碑也荡然无存。据古籍记载，墓碑铭文为："人们呀：我是居鲁士，是我创建了波斯人的帝国，我是亚洲国王。若有怨恨请向我发泄，万勿针对这一历史遗迹。"也许得益于居鲁士这一有远见的遗言，这座陵墓建筑物虽历尽战火风蚀，至今仍保存得比较完好。

大流士一世统治时期（前521—前486）波斯帝国处于鼎盛时

上：帕萨尔加德居鲁士大殿遗址
下左：浮雕：大流士一世接受属国属地使节拜见
下右：浮雕：属国使节向大流士一世进贡

期，随着疆域的扩大、财富的积累，大流士一世先后在三个地方建造宫殿。在世界历史上，一个帝王拥有三个都城实属罕见。这三个都城分别是：米底亚的埃克巴丹纳（夏宫，今伊朗哈马丹省省会哈马丹市）；埃兰的苏萨城（冬宫，行政首都，今伊朗胡齐斯坦省舒什市）；波斯波利斯（夏宫，礼仪、庆典首都，今伊朗法尔斯省会设拉子市东北 60 公里处）。

法尔斯是波斯人发祥、崛起之地，波斯帝国各位君主自然对故土情有独钟，重大的庆典活动先是在帕萨尔加德举行，后移至波斯波利斯举行。

“波斯波利斯”乃希腊人的称谓，波斯人自己称之为“贾姆希德的御座”，是古波斯修建的最大宫殿群，占地面积 13.5 万平方米，费时近 150 年，亚历山大大帝入侵并烧毁它时尚未完工。

这座宫殿犹如一本厚重的古波斯历史典籍，通过石刻、摩崖石刻、石雕、泥版，以及散布在伊朗境内外的古波斯石刻、石雕、砖刻、泥版以及砖、石建筑，将延续千余年的阿契美尼德王朝和萨珊王朝的历史明明白白地展示在现代人面前，令所有参观者无不为古波斯的伟大文明所震撼、所折服。

波斯波利斯遗址保存最好的部分，是最精美的浮雕与石刻楔形文字集中的东部阶梯及两阶梯之间的石墙。2000 多年来一直埋在沙土之下，直至 20 世纪 30 年代才发掘出土，重见天日，浮雕与刻字完好如初，精美绝伦。

大流士为显示疆域之大、国力之盛，在两阶梯之间的石墙上开宗明义刻上楔形文字的碑文：

> 我，大流士，伟大的王，众王之王，列国之王，塔伊斯佩斯·阿契美尼德之子大流士宣示，承蒙阿胡拉马兹达的恩典，我依靠波斯军队征服的这些国家敬畏我，给我送来王冠的有：胡齐斯坦、米底、巴比伦、阿拉伯、亚述、

> 埃及、亚美尼亚、卡帕杜基亚、萨尔德、海上与陆上的希腊、大海彼岸的地方、萨卡提、帕尔特、扎尔卡、赫拉特、巴赫塔尔、索格特、花剌子模、鲁赫吉、岗达尔、萨卡人的国家、马那人的国家……

相对应的浮雕描绘了波斯新年庆典盛况。台阶被分为三部分，即中间、北部和南部。北部描绘接待波斯人和米底人的场景；南部描绘接待各臣属国家代表的场景；从中间台阶的北端向北可走向新年招待会会场。出席者由三人一排的“永生军”，即御林军带领。跟在“永生军”后头的，是皇家仪仗队。在仪仗队上侧描绘国王的贴身侍从们，由米底官员作前导。下侧是两排队伍，分别为波斯

大流士一世大帝的御林军

贵族（头戴羽饰者）和米底贵族（头戴圆毡帽者）。中间台阶的南部有 23 组浮雕，描绘来自 23 个波斯属国、属地的使节与代表，三人排成一排，在宫廷官员的带领下，携着贡品款款而行。每组之间均以一棵“生命树”隔开，每组人的面相、发式、头饰、衣装、武器及贡品各不相同，充分展示出波斯帝国幅员辽阔、人种繁多、物产富饶的霸王气势。

上排是米底人、埃兰人、帕提亚人、阿拉霍西亚（克尔曼）人、埃及人、扎兰人和西徐亚人。

中排是亚美尼亚人、巴比伦人、西里西亚人、斯塞西亚人、坎大哈人和粟特人。

下排是亚述人、萨尔德（叙利亚）人、希腊人、大夏国人和印度人。

台阶侧壁有五组使节与代表，分别为西西里人、阿拉伯人、普提人、埃塞俄比亚人和利比亚人。

大流士一世当时将帝国划分为 20 个郡，每郡郡守都受一位指挥军队的将军和一位相当于国务秘书的文官制约。三位官员相对独立并直接对君主负责，从而确立了“分而治之”原则。其四处扩张并实施有效统治，使波斯帝国成为古代所有帝国中最强大的一个。

当然，大流士一世为永享国祚，祈求的还不止主神阿胡拉马兹达，石墙上的铭文还有：

> 大流士王宣，我祈求诸神保佑，保护这个国家和这片土地不受仇恨、敌人、谎言和干旱之害；没有坏年成，没有仇恨，没有敌人，没有谎言侵扰它。我祈求最伟大的神

阿胡拉马兹达与诸神佑护它。

大流士一世及其继承者们，为昭示他们“王中之王”的无上权势，不仅生前将王者霸气刻写在宫殿建筑上，而且死后还要铭刻在坟墓之上。

在波斯波利斯西北 7 公里处，被称作纳克希·鲁斯塔姆的地方，是波斯的帝王谷。与埃及卢克索的帝王谷深藏山岩地下的法老陵墓不同的是，波斯帝王墓是从直立在半空的悬崖峭壁上开凿出来的，不遮不掩，自左至右分别为：阿塔薛西斯一世、大流士一世、泽尔士和大流士二世的陵墓。

大流士一世开辟了波斯帝王在岩壁造陵的先河，他生前为自己选定此墓地并确定陵墓形制，其后继者均如法炮制。其外表为深嵌崖壁的十字形，在十字一横的中下侧为直立长方形墓穴，两侧分别凸立两根柱子，其上部为檐；十字一竖的顶部至横处即檐部，由上至下，浮雕的波斯大帝站立王台之上，面对熊熊燃烧的圣火坛，其前上方为展开双翅的琐罗亚斯德像，该像后侧为升入中天的旭日；王台之下分别两层，分立 26 位波斯属国、属地代表，作双手高举状，以头顶手托来支撑王台，这些代表的两侧分立监督指挥的波斯官员。

在这四座陵墓的下方，有萨珊王朝在公元 3 至 4 世纪期间的八幅浮雕以及一幅公元前 15 世纪埃兰王朝时代的浮雕。这八幅萨珊浮雕突出君权神授主题的是第一幅与第八幅。第一幅描述了阿尔达希尔一世从阿胡拉马兹达手中接过王冠、马踏帕提亚王朝最后一位国王的情景。阿尔达希尔一世于公元 224 年在霍尔木兹甘一战中单枪匹马将安息国王打翻在地，翌年与其子沙普尔一世建立了萨珊王朝。他曾说过："没有军队就没有权力，没有金钱就不能有军队，没有农业就没有金钱，没有公正就没有农业。"第八幅描述了国王纳勒西从水神、丰腴之神兼母亲女神阿纳希塔接受王权的情景。这显然对正统的崇祀阿胡拉马兹达的一神信仰是个挑战。其他浮雕多与征战相关，如第六幅描述肖普尔一世战胜东罗马军队，东罗马皇帝瓦莱里安跪在马前束手就擒的情景。当然，大量的萨珊王朝遗迹还需到设拉子西部的比肖普尔城遗址去参观。

在波斯王朝与米底王朝古都哈马丹，不同民族、不同王朝的争战轮替，将地上的权力象征宫殿、城池摧毁殆尽，几乎见不到地面上的古波斯遗迹。现已发掘出来的也只是普通的神庙遗址和城堡地下营房部分。或许古波斯王宫遗存有如米底王朝埃克巴塔那王宫遗址，仍深埋在人所不知的积土层下，有待未来探测发掘。

哈马丹位于伊朗西部，地处德黑兰与两伊边界的中点，是伊朗乃至整个西亚文明发源地之一，是米底王朝公元前 7 至 6 世纪的首都，也是波斯大帝大流士一世登基后的第一个首都。

哈马丹西郊有一处以"宝藏清册"或"藏宝书"命名的旅游胜地，那里有终年流淌的瀑布，其侧即所谓"藏宝书"的摩崖石刻。长期以来，人们将读不懂的楔形文字，误以为是米底人或阿契美尼德人积聚的巨大财富储藏地的密钥，或者是这宗巨大财宝的清单。

这处距地面仅有两米多高的摩崖石刻，刻在阿尔旺德山峰的岩壁上，虽经 2500 年的风风雨雨，依然保存完好，1931 年被列入伊朗历史与民族遗迹名录。石刻共有两方，每方均用三种文字刻写，自右至左分别为：巴比伦文、阿拉米文和古波斯文，每种文字各 20 行字。三种文字均使用米底文字母，即楔形字母。铭文如下：

上：波斯波利斯的大流士宫遗址
下左：比斯通：君权神授浮雕
下右：纳克希・鲁斯塔姆摩崖石刻：天神向阿尔达希尔二世（379—383 年在位）授权

阿胡拉马兹达是众神中伟大的神明，他创造了世界，创造了人类，给人类带来了幸福。他令大流士为国王，并成为最优秀的国王与统治者。我就是大流士，伟大的国王，王中之王，伟大民族的伟大国王，这片广袤大地的伟大君主，塔伊斯佩斯·阿契美尼德之子。

这是大流士一世的自撰碑，其子薛西斯一世又在右下方刻了一方，将前碑“大流士”改为“薛西斯”，并在“阿胡拉马兹达”前加上“至尊的造物主”。全文为：

至尊的造物主阿胡拉马兹达是众神中最伟大的神明，他创造了世界，创造了人类，给人类带来了幸福。他令薛西斯为国王，并成为最优秀的国王与统治者。我就是薛西斯，伟大的国王，王中之王，伟大民族的伟大国王，这片广袤大地的伟大君主，大流士·阿契美尼德之子。

位于哈马丹市与克尔曼沙赫市之间的比索通山（亦称贝希斯敦），距地面百米的峭壁上，有一处5.48米×3.04米的大型摩崖石刻。上半部浮雕描绘大流士一世在阿胡拉马兹达的圣辉之下，左脚踩着阴谋夺权的拜火教祭司高墨达，面对着九个反叛总督——他们皆被反绑双手，一根绳索将他们串连在一起。下半部是用古波斯语、新埃兰语和阿卡德语写成的铭文，以大流士第一人称写道：

我，大流士，伟大的国王，王中之王，波斯之王，诸郡之王，塔伊斯佩斯之子，阿尔沙马之孙……依阿胡拉马兹达旨意，我是国王。

这是大流士登基后，于公元前520年9月，巡行到米底首府阿克巴塔那（哈马丹）附近一个叫贝希斯敦的小村时，回首往事，顿生感慨，遂降旨在陡峭的悬崖上刻下他的丰功伟绩。

1832 年至 1834 年间，出任伊朗库尔德省总督顾问的英军少校亨利·罗林生，作为考古爱好者，拓下这 1200 行铭文，并用 12 年的时间破译了阿卡德语，进而破译了内容相同的古波斯文，从而揭开了比索通铭文之谜。

埃兰塔庙楔形文字砖

大流士一世称帝与波斯大帝冈比西斯二世征服埃及密切相关。我曾在位于埃及、利比亚边境地区的锡瓦绿洲，亲睹冈比西斯二世推翻古代世界第三强国后在此向天神阿胡拉马兹达祈祷许愿的神庙，现已是残垣断壁。冈比西斯二世做梦也没料到，在他许愿的同时，远在波斯的王宫已被假国王篡夺。

比索通摩崖石刻：大流士脚踏高墨达

公元前522年3月，波斯大帝冈比西斯二世率大军远征埃及。大流士作为御林军——“永生军”的指挥官，随国王冈比西斯二世出征。有一个名叫高墨达的拜火教祭司乘机冒充被冈比西斯处死的王弟巴尔迪亚，在波斯各地和米底发动叛乱。叛乱持续了半年之久。冈比西斯大帝在从埃及返回波斯的途中猝死。高墨达便以巴尔迪亚的名义名正言顺地当上了皇帝。但他每天深居简出，从不召见大臣。这可不像一个帝王的所为，大臣们疑窦重重，一时之间，流言四起。有人传说这个巴尔迪亚其实是拜火教祭司高墨达，但苦于拿不出确凿证据。后来，冈比西斯过去的一位王妃发现新帝没有耳朵，并将此事告诉了父亲欧塔涅斯，欧塔涅斯马上断定新帝不是巴尔迪亚，而是高墨达。因为在居鲁士当皇帝时，这个高墨达由于过

古埃及赠送给大流士的石雕像

失被居鲁士下令割去了双耳。欧塔涅斯马上把真情告诉了另外六名波斯贵族，其中包括后来的大流士一世。他们决定发动政变，杀死高墨达，夺回政权。之后，他们成功了，但是围绕着谁最有资格当皇帝，争执不休。一时间，波斯贵族群龙无首。稍后，欧塔涅斯退出，但剩下的六人仍互不相让。最后他们商定，第二天早晨六人乘马在郊外集合，谁的坐骑首先嘶叫就由谁当皇帝。大流士让他的马夫使了一个计策，让他的马先叫了起来，当上了皇帝。大流士不愧为一位足智多谋的人物，轻而易举地坐上了王座，嗣后又利用叛军之间缺乏联系的弱点，将他们各个击破，历时三年，最终平定了叛乱。

位于胡齐斯坦北部的苏萨是居鲁士冬宫所在地，也是大流士一世三个首都之一。各个宫殿均建在小山包上，最大的是迎宾宫，72根柱子，柱基直径 1.5 米，每柱原高 22 米，分六层衔接在一起，最顶端为双头牛石雕。该宫曾 15 次被毁又重建。随后建的波斯波利斯宫殿与苏萨的宫殿一脉相承，继承了苏萨建筑风格。薛西斯正是由苏萨出发远征希腊，攻占了德尔斐和雅典。1897 年一位法国考古学家在此发掘出大量文物，包括彩陶，运到卢浮宫存放，而遗址上大量的砖，包括刻有楔形文字的砖，被他用来在遗址旁的山包上建起一座巨大的城堡。城堡共三层，高达30米，如今被称为“考古宫”。据在二层整理楔形文字文物的考古学家阿卜杜拉·马吉德介绍，虽然把遗址的砖用来砌考古宫是对原古迹的一种破坏，但也是一种保存文物的妙招，否则这些具有重要文化价值的楔形文字砖早已流失或毁掉了。马吉德先生说，砖上楔形文字表述内容广泛，如“我是大流士，王中之王”，“宫殿原为土坯建造，我用砖来更替”，“此处×年坍掉，×年重新修葺”，等等。楔形文字自阿卡德王朝始，在这个地区曾被六个民族使用过。

在考古宫旁的皇城遗址上还发现两块奠基碑，碑铭分别用埃兰文和巴比伦文刻写，现藏德黑兰国家博物馆。碑文在赞颂至尊之神阿胡拉马兹达之后，以大流士自述的口气说道：

> 朕建此宫，装饰材料取自遥远的地方，印度、阿比西尼亚……地基深挖至朕能见到的坚土为止，掘一深沟，填以沙砾，砖瓦均系烧铸。工程建筑者系巴比伦民众。纳乌西纳（雪松）木材采自萨尔德（黎巴嫩）的山上。

距苏萨45公里的乔加赞比尔，系埃兰时期的杜尔·乌塔希塔庙。它被3000多年的历史尘封，埋在尘土之下，是勘探石油的英伊公司于20世纪初进行航空探测时偶然发现的。这座塔庙原高50米，是座梯形金字塔式的五层建筑。它与埃及梯形金字塔的区别是，埃及金字塔是国王坟墓，用石灰石垒成，这座建筑物既是陵墓，也是祭祀场所，外壳为砖，夹芯为土坯。塔内建有互不连通的拱形小屋，塔外层建有阶梯，可通往最高层。它由埃兰国王乌塔希·古尔于公元前1250年左右兴建，用于供奉苏萨城的保护神——英舒希纳克。乌塔希国王将自己的名字遍刻在塔庙的砖上，因为他信多神教，砖上除英舒希纳克外，还有20多个神灵的名字。

此塔庙是伊朗境内及整个美索不达米亚平原发掘的古建筑中保存最好的一个，遗址仍保有三层25米高的建筑。每登11个阶梯，台阶上都刻有楔形文字："谁若毁坏此庙，必将遭到恶报。"

以塔庙为中心，还建有皇宫、后宫、庙宇、祭坛、居民区和引水、蓄水、排水设施。在这样的遗址中曾发掘出重达1.5吨重的女人石像，现被保存在巴黎卢浮宫博物馆。发掘出的驼背马，藏于伊朗国家博物馆。我去参观时，碰巧天降大雨，道路泥泞，只好远远地凭吊，无缘就近领略。陪同的苏萨市市长助理表示，这里干旱少雨，难得一见这样的大雨，古代则风调雨顺、林木繁茂，成为波斯文明与闪含文明的重要交会点。波斯的崛起与吸收闪含文化的精华不无关系，埃兰文化应是波斯最早吸收的文化之一。

在此，不能不提及在苏萨出土的汉穆拉比法典，它是世界上现存的最全面最完整的古巴比伦法律汇编。古巴比伦第一王朝第六代君主汉穆拉比（前1792—前1750年在位）期间，将282条法律条文一字一句刻在一块不规则的闪长石石碑上，然后将此碑置于巴比伦民族之神马尔达克庙内。这些法律包括经济法（物价、关税、商贸）、家庭法（结婚、离婚）、刑法（盗窃、袭击）和民法（奴隶制、债务）。从这些法律条文中似乎不难感受到社会前进的脚步。尽管当时还有神明裁判，同态复仇（即以眼还眼、以牙还牙）的原始残余，但它不承认血亲复仇、私人报复和抢婚制度，无疑比部落习惯进步了许多，更广泛地实施这些法律，旨在将闪米特和苏美尔两个民族更好地凝聚起来。此块石碑是法国东方学者让-樊尚·施伊尔于1901年在苏萨发现的。我有幸分别亲睹真、仿两块石碑，碑文是用阿卡德楔形文字铭刻的，与比斯通摩崖石刻的阿卡德文毫无二致。真品被保存在巴黎卢浮宫博物馆，伊朗国家博物馆保存的是复制品。

古波斯留下的砖石信息，给人以诸多启示：

突出“君权神授”。从波斯波利斯、纳克希·鲁斯塔姆到苏萨、哈马丹、克尔曼沙赫，无论铭文还是雕像都贯穿“君权神授”的主线。拜火教主神阿胡拉马兹达主导了伊斯兰化之前的意识形态，成为波斯帝王统治与扩张的精神支柱。当然，太阳神密特拉和母亲女神阿纳希塔也曾例外地替代过阿胡拉马兹达。

张扬权威。大流士一世以后的古波斯帝王极力宣扬自己是无与伦比的“王中之王”，无所畏惧，无可匹敌；所有宫殿非修 20 米高的擎天柱不可，从波斯波利斯依然矗立的 13 根巨柱，透视出古波斯帝王彰显其权势高大无比之意；将狮、鹰、马、牛等最显优势的部位彼此相互嫁接，雕成巨石像，置于 20 米高的柱头上。如将马头的耳朵与马鬃以下接上鹰头的前半部分，包括鹰的嘴、眼与面部，取名为胡麻神，其形象现为伊朗国家航空公司的徽标。又如万国之门的四座人面、牛身、鹰翅坐像，皆戴有王冠，据说是依照波斯大帝的面容雕刻的。

记录了从奴隶社会向封建社会过渡时期的历史。在波斯波利斯发掘的泥版文书中，记载着支付劳动者报酬的内容。这说明当时最强大的奴隶制帝国通过东南西北征战掠夺大批战败国兵民，充作修桥筑路、建宫造墓的奴隶，还有相当一部分工程技术人员是本国自由民，或由奴隶变成自由人的外国归顺者。这无疑为波斯帝国的建设提供了充足的人力和技术支撑。

胡麻神

波斯帝国的强大是汲取各文明古国优秀文化，特别是埃兰、米底、亚述、巴比伦、古埃及和古希腊与古罗马的文化与技术的结果。大流士一世留下的铭文多以三种文字同时使用，其本意或许为了让更多的民族知晓“王中之王”，但也说明必须参照其他成熟的文字方能理解古波斯文准确的含义，况且古波斯文字母借用的是米底楔形字母，波斯帝国也允许不同宗教和信仰并存，其包容性与亚述帝国形成鲜明对比。其建筑和雕刻无处不留有古埃及和古希腊的痕迹。以几十根甚至上百根柱子支撑宫殿和金库，与埃及卢克索卡尔纳克神庙何其相似。人首、牛身、鹰翅坐像的创作灵感显然来自埃及开罗吉萨卡夫拉金字塔前的狮身人面像，其下颌厚且长的胡须像古埃及法老戴的髯套，不过它更像中国京剧老生的髯口，虽是超现实的夸张，但可彰显帝王权威，也说明从古至今波斯人的胡须比埃及人浓重得多。其鹰翅则是借鉴亚述、巴比伦的雕像。反过来，

波斯波利斯人头马身鹰翅门柱基

波斯文明对世界也产生了巨大影响，现今巴基斯坦、塔吉克斯坦、土库曼斯坦、阿塞拜疆、伊拉克、土耳其等国的首都名称都有波斯语的渊源。

石头、砖头和烧烤的泥版成为劫后犹存的古文明载体。古波斯帝王偏好以石为主的建筑，首先与伊朗高原多山多石的环境有关；其次与拜火教信仰分不开，拜火坛与寂没塔乃至陵墓都要远离地面，置于山崖山顶；此外与古埃及、古希腊等影响不无关联。我国古代同期许多的土木为主的古建筑已了无踪迹，而伊朗多数石结构的古建筑、铭文与浮雕至今清晰可辨，让一部厚重的古波斯历史深深地镌刻在砖石之上，传承千秋万代，这可谓大自然对古波斯的眷顾，令大流士的子孙们迄今仍徜徉在对往昔辉煌的骄傲与自豪之中。

几度演变的波斯语

如果说阿拉伯人统治波斯最成功之处是让波斯人改变了信仰，那么半成功之处应是让波斯人采用了阿拉伯文字母来表述波斯语。

毕竟波斯语与阿拉伯语不是“同母所生”，一个属于印欧语系，另一个属于闪含语系。也就是说，波斯语与印地语、乌尔都语、僧伽罗语、孟加拉语、尼泊尔语、塔吉克语、普什图语、奥塞梯语、库尔德语和俾路支语等同属于一个语系。阿拉伯语与希伯来语、柏柏尔语、乍得语、马耳他语、阿姆哈拉语、奥罗莫语、提格雷语、索马里语，以及消亡的腓尼基语、阿卡德语、阿拉米语、古叙利亚语、古迦南语等同属于闪含语系。

波斯书法

自公元前550年居鲁士大帝建立统一的中央集权的波斯帝国以来，波斯语的发展变化大致可以分为三个阶段，即古波斯语、中古波斯语和现代波斯语。

第一阶段从居鲁士大帝时期至亚历山大大帝公元前 331 年占领波斯，通行于西南部的语言为古波斯语，通行于东北部的系以拜火教圣经《阿维斯塔》命名的阿维斯塔语，均借用米底文楔形字母，共 36 个字母，从左至右书写。从居鲁士二世到大流士三世的石刻、摩崖石刻和泥版，均为古波斯语楔形文字。大流士一世奉行宽容属国属地的政策，也为了政令畅通，将阿卡德文、米底文、埃兰文、巴比伦文等同并用，虽语言不通，发音各异，但写出来的都是楔形文字。当然，楔形文字的首创者是苏美尔人，其初衷是用来记录神庙的账目。

第二阶段从公元前 250 年帕提亚人自塞琉西（希腊人）王朝手中夺得霍拉桑地区，建立阿萨息斯王朝（即安息王朝），经历萨珊王朝，直至阿拉伯人 636 年打败波斯人，651 年萨珊王朝末代国王去世，其家族逃往中国。这一时期的波斯语被称为巴列维语。巴列维语使用阿拉米字母，从右至左书写，在原有 22 个字母的基础上增加了 3 个字母，共有 25 个字母，分安息巴列维语和萨珊巴列维语（即钵罗婆语），两者区别不大，留存至今的巴列维语作品主要是萨珊王朝铭文、拜火教和摩尼教宗教典籍、箴言集以及史诗片段。我国新疆地区出土的摩尼教经文残片就是用安息巴列维语写成的。

第三阶段是阿拉伯统治的 200 年。波斯学者将霍拉桑东部地区方言用阿拉伯字母表述出来，形成达里波斯语，即宫廷波斯语。主要是原萨珊王朝的遗民逃至东部后，其语言与当地语言交汇后形成的。它有 32 个字母，借用阿拉伯 28 个字母，又在阿拉伯字母的基础上通过加点加撇创造了 4 个。从 8 世纪末形成，到菲尔多西 1010 年完成其不朽史诗《王书》时已经定型。这就是现今伊朗、阿富汗、塔吉克斯坦等国通用的现代波斯语。其语法比古波斯语和中古波斯语简单，也比阿拉伯语简单。特别是发音比阿拉伯语简单得多，以至阿拉伯语有 4 个字母的 4 种发音被波斯语一种发音所取代。另外，现代波斯语最后的非重读元音的脱落，重音往往落在最后一个音节上，类似我国辽宁沟帮子、河北乐亭地区方言的发音习惯。许多人认为，波斯语是世界上最动听的语言之一。

达里波斯语为伊朗进入以诗歌为代表的文学辉煌时代提供了载体，而诗歌又为波斯语的推广和普及插上了韵味美妙的翅膀。可以说，阿拉伯语为波斯语注入了新的活力，在波、阿两语交汇时期，正是波斯文学家、诗人灿若星河的光辉时代。

世界任何伟大民族的语言，都是不断吸纳其他民族语言优秀部分的结果，尤其是伊斯兰革命胜利后，波斯语吸收阿拉伯语词汇有增无减。有学者估计，阿拉伯语词汇在波斯语中的比例接近 60%。除纯粹的阿拉伯语词汇外，还有大量的复合词，如“无序”“先行”“风光旖旎”属波-阿组合；“洗车”“说话前后矛盾”为阿-波组合；“殖民主义”等词为阿-阿组合。波斯语动词的许多词根都是阿拉伯语词，但动词的格或时态则用波斯词语表示。

还有一些波、阿同义词同时并存，即用阿拉伯语词和波斯语词皆可，如“太阳”“邻邦”等。

伊朗宗教用语，往往直接使用阿拉伯语词汇，尤其逢宗教节日、忌日，街头巷尾悬挂的标语中阿拉伯语占半数以上。波斯人大多取教名，而教名也多来自阿拉伯语。两伊战争之后，德黑兰大多数街巷以烈士之名命名。从我居住的亚尔穆罕默迪大街到杜来特大街，经过的13条小巷，有8条巷名系阿拉伯语烈士名。

还有相当一部分阿拉伯词汇，其波斯语义与阿拉伯语义有别，多数情况属阿拉伯语在发展过程中已改变了原义，而波斯语仍保持千百年前的含义。如阿拉伯语的“可疑”，波斯语为“错误”；阿拉伯语的“罪过”，波斯语为“惩罚”；阿拉伯语的“相遇”，波斯语为“对撞”。

波斯文的数字基本借用阿拉伯语数字，只对“4”“5”“6”作了改动。由于阿拉伯语的“4”的笔画简单易写，在许多需用数字的地方，如汽车牌照常常用阿拉伯语的“4”。

波斯语除大量借用阿拉伯语词汇外，还借用不少欧洲语汇，如“代理处”“饭店”“旅游”“交通”“恐怖主义”等借自英语。20世纪20年代，穆罕默德·礼萨执政后在文化方面实行全盘西化，特别是崇尚法国文化，“二战”前法语几乎是伊朗宫廷和上层知识分子的时髦语言。因此波斯语也引进了不少法语词汇，如“谢谢”“电梯”“交通”“暗杀”等。一个有趣的现象是，有些借自英语的词汇，如“古玩”，来自拉丁语“古老”，而拉丁语“古老”来自阿拉伯语“陈旧”，波斯语似乎舍近求远了。

在讲汉语的人看来，波斯语序的最大特点是动词尾置。日本人和蒙古人也许习惯于这种语序。如陈述句：“我想兑换一些外币”，波斯语序为“我想一些币外国的兑换”（波斯语的形容词通常置于被修饰的名词之后）。而操汉语者会习惯于与汉语同一语序的阿拉伯语，不习惯的只是阿拉伯语同波斯语一样将形容词置于名词之后，当然还有阿拉伯语数字的个位与十位要颠倒着读。

波斯书法

另一方面，波斯语对阿拉伯语的影响也是多层面的。

伊朗人声称，阿拉伯语语法和书法是波斯人创制的。公元 7 至 8 世纪，波斯人要学阿拉伯语自然要先从语法入手，从为学而创语法的角度看是可信的。至于书法，不能不佩服波斯人的想象力和演绎力，可用“龙飞凤舞、变幻莫测”八个字来形容，甚至在一些城市的公路入口处，或街心公园里，或重要建筑物上，雕出镂空立体的阿拉伯字，即使在阿拉伯国家也属罕见。

阿拉伯语也借用了相当数量的波斯语词汇，如日常生活使用的“壶”“罐”“盆”“胡椒”“绿松石”等；如贝鲁特西区滨海的赫鲁（总统）大道中“大道”一词来自波斯语；至于《古兰经》中使用的波斯语则更多，如“明灯”“天才”“女婿”“强人”“铠甲”“大象”“海市蜃楼”“大高脚杯”等。

语言是人类相互交流的工具，也是民族与国家的符号。波斯语与其植根的民族与国家一样，几度辉煌，又几度衰败，以致当今的伊朗人，除少数语言学家外，已不能像中国人那样识读 2000 年前的文字与典籍了。然而，历经数千年的腥风血雨，波斯作为一个民族和独立的国家得以存在，归根结底，是它深深地植根于波斯丰厚的民族文化土壤之中。而波斯语虽几度蜕换躯壳，但它的波斯精神内核仍千古不变，承载着丰厚的文化内涵，呵护着伟大的古老的波斯民族绵延不绝。

盘根错节的两伊关系

2008 年 3 月 2 日，时任伊朗总统艾哈迈迪-内贾德访问伊拉克。他上台两年多来，曾多次向到访的伊拉克总统和总理表达了访问伊拉克的愿望，但都由于条件不成熟，延宕下来。这是 1979 年伊朗伊斯兰共和国建立以来伊朗总统首次访问伊拉克，无疑是两伊关系史上具有里程碑意义的一次重大事件。要理解其意义，有必要将两伊关系的历史与现实结合起来观察。

西方制造了两伊纷争

两伊都是西亚古国。自阿拉伯帝国公元 651 年征服波斯之后的 608 年里，伊朗、伊拉克同属于这个帝国。16 世纪初伊拉克沦入奥斯曼帝国的统治之下，伊朗则挡住了奥斯曼帝国的扩张。进入近代，两国都受到西方殖民列强的入侵和统治。

1913 年在英国殖民者主导下，席林堡以南以北原属伊朗的 700 平方英里土地（位于今伊拉克巴士拉省）被划给奥斯曼帝国。这一带边界沿东经48度向北拐了两个直角，这种非洲多见的几何边界在亚洲恐无二例。后来，在这片土地上发现了超大型的油田，伊拉克现在出口的大部分石油都来自该地区。

第一次世界大战后，伊拉克虽摆脱了奥斯曼帝国的统治，但又陷于英国的控制之中。1937年，伊朗又在英国的压力下被迫与伊拉克签订协定，除霍拉姆沙赫尔和阿巴丹一带水域外，整个夏台阿拉伯河航权归伊拉克所有。1969年，伊朗宣布废除此协定。后来，两伊就伊拉克北部库尔德问题达成一致，遂于1975年签署“阿尔及尔协定”，以夏台阿拉伯河中心线为界。萨达姆上台后不久，提出要重签协定遭伊朗拒绝，随后便对伊朗发动了战争。长达八年的两伊战争，给伊朗造成上百万人伤亡和1800多亿美元的经济损失。

1988年7月18日伊朗宣布正式接受安理会一年前通过的598号决议，一个月后，两伊宣布正式停火。最高领袖霍梅尼就此在致伊朗军政领导人的信中表示，鉴于伊朗军队短期内不可能取得任何胜利，他本人同意停战，并指出：“你们每一个人都清楚，这个决定对我来说就像一杯毒药。但是，我服从伟大真主的意愿，为捍卫他的宗教，保卫伊斯兰共和国，如果我有颜面，我会喝下它。”

两伊共同扶植了什叶派

定都于大马士革的倭马亚王朝的中后期，以伊斯兰先知穆罕默德家族（即圣裔）为代表的反对派，将伊拉克南部库法作为反倭马亚王朝的基地。公元680年，先知的第二个外孙侯赛因在伊拉克南部卡尔巴拉战死，这对什叶派的形成和发展起了决定性作用。作为二等公民的波斯人，踊跃参加反倭马亚王朝的起义，以求获得与阿拉伯穆斯林同等的地位。及至 8 世纪，什叶派中的波斯人比例逐渐增大。公元 750 年建立的阿拉伯阿拔斯王朝，就是由波斯人阿布·阿拔斯在东伊朗发动的起义最终推翻倭马亚王朝后建立的新朝。

什叶派在伊朗实为波斯化的伊斯兰教，它渗进了许多伊朗的传统与理念。如今伊拉克的卡尔巴拉、纳杰夫（第一伊玛目阿里墓地所在）、库法和伊朗的马什哈德（第八伊玛目墓地所在）成为两伊什叶派朝觐最多的地方。伊朗库姆神学院、伊拉克纳杰夫神学院和卡尔巴拉神学院成为连接两伊的精神纽带。

伊朗伊斯兰共和国缔造者霍梅尼曾长期流亡伊拉克。伊朗前司法总监哈希米-沙赫鲁迪出生并成长在纳杰夫，后成为霍梅尼的杰出门徒，曾任伊拉克达瓦党主席，伊朗革命成功后返回祖籍国。被萨达姆处死的伊拉克什叶派大毛拉萨达尔，作为伊朗伊斯兰宪法的奠基人，是伊朗伊斯兰革命的坚定支持者。其子穆格泰达·萨达尔如今成为什叶派中最坚定的武力抗美教士。当今伊拉克什叶派最高领袖西斯塔尼系伊朗人，出生在伊朗东部省份南呼罗珊。

在伊拉克什叶派的九大家族中，除萨达尔家族源于黎巴嫩外，其他均源于伊朗境内，在反萨达姆斗争中得到伊朗多方支持。伊朗曾收容过几十万伊拉克人，主要是伊拉克什叶派，如伊拉克过渡政府总理、达瓦党负责人贾法里曾在伊朗流亡九年，其中八年在库姆神学院进修，2005 年他访问伊朗时专程到库姆拜见各位大毛拉。目前在伊拉克政府中占主导地位的最高伊斯兰革命委员会，是由霍梅尼 1982 年一手推动流亡伊朗的伊拉克人在德黑兰组建的，其宣言由伊朗现最高领袖哈梅内伊亲自起草而成。

美国在伊拉克“帮”了伊朗大忙

伊朗自始至终反对美国侵占伊拉克，但这并不意味伊朗不愿看到萨达姆被美国推翻，而是伊朗担忧前门拒虎、后门进狼，令自己的主权和安全遭受巨大威胁。不过，后来伊拉克局势的发展恐怕是伊朗始料未及的，美国采取的一系列措施，对伊朗也产生了连带的影响。

美国要将伊拉克建成中东的“民主样板”，伊朗的天然盟友、占伊拉克人口 60% 的什叶派理所当然地在选举中拔得头筹。第一次世界大战后一直处于被统治地位的伊拉克什叶派从此扬眉吐气。

美国打击萨达姆所在的逊尼派及该派主导的复兴党分子，令占伊拉克 20% 的逊尼派人与美敌对，反美武装行动接踵而至，令美国焦头烂额，难以分散兵力对付伊朗。

美国上演的阿布·格莱卜监狱虐囚事件，令美国自己人权状况真实的一面暴露无遗，对伊朗人权的指责显得苍白无力。

美国要搞“新的十字军东征”，打击“伊斯兰恐怖主义”，将恐怖主义与伊斯兰挂钩，催化了反美情绪在穆斯林中蔓延，使伊朗的同盟军不断扩大。

伊拉克的乱局是导致石油价格猛涨的一个重要因素。而伊朗作为欧佩克第二、世界第四大石油输出国，几年来赚得钵满盆溢，综合国力大幅上升。

被伊拉克炮火击中的石油平台

与此同时，美国又因伊朗核问题在对两伊关系上进入了一个新的怪圈。美国虽层层加码对伊朗施压，扶植伊朗反对派、流亡在伊拉克的“人民圣战者”和库尔德武装从事颠覆伊朗的活动，不断推动对伊朗全面制裁禁运，而且不时发出武力恫吓，但又绕不开伊朗在伊拉克的重要影响力。美国一边谩骂伊朗是“世界上最大的支持恐怖主义国家”，另一边却主动与伊朗方面就伊拉克安全问题进行对话。

其实，伊朗对伊拉克的影响首先是精神和政治层面上的，其次才是经济。伊朗同伊拉克各派保持正常来往，率先支持伊拉克易帜后的历届政府。伊朗自 2005 年两次接待伊拉克总统来访、四次接待伊拉克总理来访，对伊拉克各党各教派代表人物来者不拒，作了大量感情投资。伊朗还花费巨资并出人力修缮在伊拉克的什叶派圣地设施和建筑，总数超过 350 个，每天都有大批伊朗人过境去圣地朝觐。伊朗当局参加历次与伊拉克重建相关的国际会议，并承办伊拉克周边国家部长级会议，还多次认捐；伊朗积极参与伊拉克经济重建项目，促进两伊经贸合作，现双边年贸易额已超过 20 亿美元。时任伊朗总统艾哈迈迪-内贾德访问伊拉克，又带去了一份厚礼——承诺提供 10 亿美元信贷用于伊朗公司参与伊拉克重建项目。伊朗期望伊拉克早日恢复稳定，避免分裂。

时任伊朗总统对伊拉克的访问，掀开了互为最大邻国的两伊关系新篇章，这意味着伊朗对伊拉克的影响还会持续加强。这是美国不愿看到的结果，但美国还是要为伊朗总统访问伊拉克开绿灯，其缘由在于，伊拉克局势注入了伊朗因素，令美国相当头疼，不得不求助于伊朗；倘若没有伊朗的参与，美国恐怕会在伊拉克碰到更大的麻烦，并将永无宁日。对此，美国左右为难，尴尬无奈。

波斯、犹太恩仇录

伊朗伊斯兰政权一再宣称它愿同世界上除以色列之外的所有国家（包括美国）发展友好关系。这意味着对伊朗而言，以色列是唯一不共戴天的对手，难有妥协和解的余地。

以色列以牙还牙，一有机会就跟伊朗较劲。2003 年伊朗核问题露出水面后，以色列曾多次威胁要像 1981 年对付伊拉克核反应堆那样，轰炸伊朗的核设施。法国媒体传以色列已制定袭击伊朗核设施的计划，拟对伊朗使用战术核武器，以彻底摧毁伊朗核能力。时任以色列总理奥尔默特则以另类方式威吓伊朗，他在访问德国时称，“伊朗明确而公开地威胁要将以色列从地图上抹去，当伊朗渴望与美国、法国、以色列和俄罗斯一样拥有核武器时，你能说这是平等的吗?”

伊朗即刻警告以色列，如敢对伊朗大胆妄为，伊朗会让以色列付出惨重代价。同时，伊朗指责美国、欧盟和联合国安理会奉行双重标准，对以色列宣称拥核不置一词，对伊朗遵守《核武器不扩散条约》，和平利用核技术，反而实施制裁。

随着伊朗核问题的激化，以色列不时地放风称伊朗已制造出高浓缩铀，一两年内就能造出核弹，还不断怂恿美国对伊朗进行“外科手术式”的打击。

这一对冤家死对头是否历来相互敌对？非也！其实，历史上波斯人曾是犹太人的救命恩人。公元前538年波斯大帝居鲁士征服了巴比伦，解放了被拘押约半个世纪的“巴比伦之囚”。传说犹太人与波斯人里应外合，引幼发拉底河水淹没了巴比伦城，使巴比伦王朝陷入绝境。这批犹太人获得解放后，一部分留了下来，一部分携带囚禁期间创作的《圣经·旧约》踏上返回耶路撒冷之路。公元前397年巴比伦犹太祭司以斯拉在耶路撒冷宣讲的律法书《托拉》，为犹太教确立了第一部法典。犹太教吸收了拜火教来世、复活、天堂、地狱、末日审判等观点，以及善恶二元论，还模仿拜火教，形成以巴比伦学者为主体的犹太祭司阶层。由此看来，没有波斯对巴比伦的征讨，就没有当今的犹太人，甚至没有《圣经》和《托拉》。

留下来的这批犹太人，散居在伊朗和伊拉克，成为最早的海外犹太人，所以犹太人也是伊朗古老的居住者之一。在此后各个历史阶段，犹太人都发挥了应有的作用。伊斯兰教什叶派成为伊朗国教后，犹太人与什叶派教徒和谐共处，享有同等的权利。20世纪初，犹太人踊跃参加立宪革命。1906年伊朗宪法规定，允许犹太社团选派一名代表参加议会，这一定例沿用至今。礼萨·汗登基后，将政教分离开来，废除了对犹太人及其他少数民族歧视的法律，取消什叶派的国教地位。其子穆罕默德·礼萨（即巴列维）嗣位后秉承其民族政策，并同以色列发展关系。1950年3月6日伊朗政府决定承认以色列，并于1953年3月在耶路撒冷设立了总领事馆，

1956 年向以色列供应石油。后迫于什叶派毛拉们的压力，1951 年 7 月 7 日伊朗宣布关闭驻耶路撒冷总领事馆，但并未宣布取消对以色列的承认。这一点对以色列至关重要，大批伊拉克犹太人得以通过伊朗的渠道移居以色列。以色列建国及阿以战争后，伊朗未出现歧视、迫害、限制本国犹太人的现象，犹太人控制着伊朗的黄金首饰、纺织品、制药和地毯业市场，过着小康的日子。

在美国的支持下，以色列曾提出要与伊朗、土耳其、埃塞俄比亚建立战略伙伴关系。1956 年，在美国情报部门和以色列情报局摩萨德的帮助下，巴列维国王组建“伊朗国家安全和情报局”（萨瓦克），派军官和情报人员到以色列接受培训。此外，以色列还帮助伊朗培训飞行员、伞兵、炮兵，以及农业和水利专家。

由于阿拉伯世界与以色列敌对势力和国内宗教势力的强烈反对，巴列维国王对以色列政策总体是低调的：伊朗 1947 年反对巴以分治；1948 年反对联合国接纳以色列；位于德黑兰市中心塔里卡尼大街的以色列大使馆不挂大使馆牌子，对外仅冠以商务处名义，以色列人也不与伊朗民众直接交往。直至以色列外长顾问罗文 1960 年访问伊朗，才掀开全面外交关系的一页。以色列时任总理本-古里安盛赞巴列维国王对犹太人的政策与居鲁士大帝一脉相承。

长期以来，犹太人与当地波斯人通婚繁衍。第二次世界大战前，伊朗犹太人总数超过 30 万，现犹太人已大多移居以色列。而今，伊朗的犹太人口只有 2.3 万至 2.5 万。以色列犹太人中约有 10% 来自伊朗，有的甚至身居高位，如前总统卡察夫。卡察夫 1945 年生于伊朗中部城市亚兹德，与伊朗前总统哈塔米是同乡，1951 年移居以色列。他本可任职至 2007 年 7 月，因被指控担任旅游部长期间行为不当而提前去职。

尽管伊朗与以色列势不两立，但伊朗伊斯兰政权自 1979 年诞生以来，一直善待其犹太国民。在全伊朗共有 100 多所犹太教堂，其中 70 多所保持宗教活动，最年久的教堂在哈马丹，有 900 多年的历史，而分散在西部和西南部各地的犹太先知墓和平民墓地，也都得到保护。

我在伊朗西部曾亲睹两处保存完好的犹太圣墓。一处是哈马丹市以斯帖和马尔杜查陵园。以斯帖是苏萨的犹太裔皇后、波斯大帝薛西斯一世之妻，马尔杜查是以斯帖的叔父。也有专家认为，以斯帖葬在苏萨，此处可能是另一位犹太裔皇后苏珊·杜赫特，即萨珊王朝国王伊嗣俟一世（399—420 年在位）之妻的陵墓。陵墓以砖石垒成，有大厅和门厅，圆顶及边墙上依稀可见希伯来铭文，两座墓对面有一石砌小屋，内贴羊皮纸，上书《摩西五经》（即《托拉》），专供朝拜者祈祷用。此陵即是伊朗境内犹太人最主要的朝觐圣地之一，也是全世界犹太人常去的朝拜之地。众所周知，犹太人对圣墓的膜拜不亚于波斯人。

另一处是苏萨（舒什）犹太先知但以理陵墓。但以理的著作《但以理书》系《圣经·旧约》的一卷，原收在犹太教正典第三类圣录部分，在基督教正典中列在先知书一类。其成书时间在公元前 6 世纪“巴比伦之囚”时期之后。但以理陵墓位于夏吾尔河东岸，大门和主建筑物底部与伊朗一般陵墓无大的区别，门柱上遍镶第一伊玛目阿里的名字，墓上部是一个高耸的锐圆锥体，用砖砌成一棱一棱，相互交错，外涂白灰泥，在整座城市中显得十分奇特。如今，苏萨的居民，无论是穆斯林，还是犹太人，都把但以理墓当作

犹太先知但以理陵墓

祭拜的圣殿。他们认为但以理的遗骸极富灵效，可变灾难为祥瑞，可在大旱之时降雨霖。不仅仅是苏萨人，几乎所有伊朗人都敬佩所有的先知。他们认为，古往今来共产生了 14 万先知。三大宗教（即犹太教、基督教、伊斯兰教）公认的五大先知是亚伯拉罕、诺哈（亚）、伊撒、摩西和穆罕默德，穆罕默德被穆斯林当作最后一位先知。

伊朗犹太人拥有两大社会机构，一为“犹太社会名流协会”，另一为“宗教之家”。它们出版月刊，成立体育俱乐部，拥有自己的医院、敬老院、犹太活动中心以及学校。学校只在周五上课，课程是希伯来语和宗教知识。

位于德黑兰老城约瑟夫·阿巴德街的犹太教堂颇具代表性，外表看上去它只是一栋普通的四层公寓楼，但进门后三层半楼高的大厅顶部挂着12盏大吊灯，辉煌的灯火与主色调为橘黄色的四壁相照应，令人双目为之一亮。通往厅中央祭坛的走道两侧的矮桌上摆满各种版本的《圣经》，供祈祷者取用。圣坛背面的后墙装潢得最为壮观，以金黄色的七枝灯为主图案，这是教堂最神圣的地方——约柜存放处；打开对开的大门，掀开半透明的金帐，并排放着六个装潢精致的圆柱形约柜，每柜之上都立有六角大卫王星，最高的约柜有一米左右。祭师打开最高的一个，露出用经典的希伯来文体书写的米黄色羊皮纸经卷，有250年历史。这座教堂可容纳400个人同时祷告，其堂皇程度不亚于以色列本土的犹太教堂。只不过以色列的犹太教堂发给参观者的犹太帽大多是纸制的，而德黑兰犹太教堂发的是真羊皮制的，顶面还印有金色七枝灯图案，里子印有“伊朗犹太人协会”字样。

自哈塔米政府以来，伊朗允许犹太公民以“另纸签证”的方式，自由地前往以色列探亲访友。但以色列不满足于此，筹募大笔资金，鼓励2.5万伊朗犹太人统统移居以色列。伊朗议会犹太议员莫里斯和伊朗犹太人协会主席萨亚马克回绝说，伊朗犹太人坚守其

德黑兰犹太教徒诵经

伊朗属性和本源文化，两者不可分割，威胁、强制或怂恿移民都是政治不成熟的举动。

其实，伊朗与以色列并无直接的利害冲突。伊朗有一部分思想活跃的学者也呼吁政府调整对巴勒斯坦政策，在阿拉伯国家纷纷同以色列改善关系甚至建交的情势下，伊朗不应比阿拉伯还“阿拉伯”。

说起阿拉伯人与犹太人，两者的确来自同一闪含语系的闪米特语族，该是“姑舅表亲”关系。而波斯人属印欧语系的印度—波斯语族，与印度人同是雅利安裔，与犹太人不是一个血缘。然而，波斯人与犹太人的民族性格却惊人地相似：内向、多疑、俭朴、沉思、精打细算、擅长经商，两者都是对人类文明作出巨大贡献的优秀民族。而今伊朗与以色列如此严重敌对，其根源在于以色列与伊朗前政权的特殊关系，以及伊朗的伊斯兰使命。伊朗认为，以色列帮助巴列维国王建立的情报机构萨瓦克是镇压伊斯兰革命教士的元凶。以色列占领伊斯兰三大圣地之一耶路撒冷，剥夺数百万巴勒斯坦穆斯林的生存权，伊朗作为伊斯兰旗手，理所当然地要支持巴勒斯坦的哈马斯、杰哈德，同以色列做拼死的斗争。还有一个不容忽视的因素是美国，伊朗在美、以、伊三角关系中，显然也把以色列作为最终与美国关系正常化的一个重要筹码。

世界在变，中东也在变。但愿终有这么一天，波斯人与犹太人，两者与阿拉伯人，共捐前嫌，握手言和，让久经战乱的中东地区吹进和谐的春风。

古波斯与中国

中国与伊朗，自古以来友好交往、彼此受益，从未相互对抗、兵戎相见，作为两个历史大国唯和不战，唯睦不欺，这在世界大国关系史上是罕见的。

我在伊朗工作5年，适逢中伊经贸合作高速发展期，经贸额度从2002年的36亿美元一跃升至2007年的200亿美元。大势逼着我——一个长期在阿拉伯世界工作，又不谙波斯语的外交官恶补与波斯相关的知识，从专家学者、书报杂志、广播电视以及网上汲取了不少新的营养。最后，得出了一个结论：中国向伊朗学到的东西，绝对不比伊朗向中国学到的少。

丝路商贸的主力军

自张骞开辟陆上丝绸之路，以及造船业兴起后由波斯湾通往中国南方沿海的海上丝绸之路的开通，一代又一代的波斯商人来到中国。无论路途之中及其延长线上有多少大大小小的国家，中国、波斯始终是海陆两条丝路之上最重要的贸易伙伴。自公元前 330 年，波斯屡遭外来入侵和统治，包括希腊人的塞琉西王朝、罗马帝国、阿拉伯帝国、突厥的塞尔柱王朝、蒙古的伊尔汗王朝和帖木儿王朝。有的波斯领土被租让给外国，如 1798 年至 1868 年，阿巴斯港、霍尔木兹岛和杰舒岛租给马斯喀特和阿曼的统治者。这就意味着外族统治和领土租让时期，波斯对中国的贸易未必以波斯人的名义进行，而中国人也将波斯人误认为阿拉伯人、罗马人等，在相当长一个时期将波斯与操波斯语地区、“大食”混为一谈。而波斯作为罗马通向中国的枢纽，许多地中海沿岸和阿拉伯半岛的商品是通过波斯或波斯商人输往中国的，否则难以解释为什么中国西北地区考古发掘发现那么多的波斯金币和银币，福建泉州一带有那么多波

公元前 10 世纪波斯彩陶

斯人的墓葬及其他遗存，洛阳博物馆馆藏那么多的刻画波斯人形象的陶俑瓷偶等现象。

波斯东来船舶在唐朝的典籍里多有记载，被称为“波斯舶”，唐人甚至搭乘“波斯舶”下南洋。

可以判定，2000 多年来，中伊之间的贸易往来是两国交往的第一原始动力，同时它还带动了其他各领域的交往。

中国引进物种的主渠道

张骞出使西域，揭开了中国引进物种的一页。西瓜、葡萄、菠菜、胡萝卜、豌豆、香菜、黄瓜、石榴、核桃等物种多原产于波斯，或经波斯驯化后输往中亚和我国新疆，沿着丝绸之路被引进中原。蚕豆原产于里海南部至非洲北部，系公元 1 世纪传入我国。从此中国人的餐桌变得更加丰富多样。还有其他作物如苜蓿被引种成功，当然也有不太成功的，如阿月浑子（开心果）、藏红花等。据专家考证，相互引种成功的植物多达几十种。

波斯语对我国西北边陲的影响

公元前 2000 年左右波斯的影响就深入中亚，并逐渐向东扩散。波斯语虽在历史上几经演变，但一直对我国语言有影响。我国塔吉克族使用的塔吉克语就属波斯语族塔吉克语支，维吾尔语中 40% 的词汇来自波斯语。古代西域龟兹、高昌、于阗、焉耆、疏勒等 36 个小国，均操古波斯语族语言。在中国西北地区，部分穆斯林做宗教功课和日常生活中使用的波斯语词多达120个，如“祈祷”一词用波斯语的“乃麻孜”来表达，“清真寺”则为“乃麻孜豪奈”；遍布南疆地区的坎儿井的“坎儿”即为波斯词汇，看来“坎儿井”的发明者应是波斯人；新疆人吃的“馕”，也是波斯语的音译。甚至，在当今伊朗已被西方词汇取代的波斯语名词，在我国新疆地区仍在使用，如“阿希豪奈”（饭店）。

多种宗教由波斯传入

伊朗可谓宗教的多产地。在历史的长河中，波斯的袄教、摩尼教、景教、伊斯兰教先后传入中国，且产生了深远影响。

袄教在我国南北朝时传入，传播范围很广，遍及蒙古、西藏、西北、中原以至江南地区。主要由波斯化的粟特人传播，并奉《阿维斯塔》为唯一经典，把火与光明当作公正的使者。北魏、北齐、北周皇帝带头奉祀，隋唐时东西两京均有袄祠，还设有萨宝府和祀宫，但信徒多为外侨。宋、金之时汴梁、镇江等地也有袄祠，民间有拜火习俗。直至1850年和1933年，来自印度的波斯人还分别在广州和上海修建火祠。

摩尼教于公元3世纪创立于波斯，公元6至7世纪传入新疆，762年曾为回鹘国教，武则天延载元年（694年）传入长安，曾为我国多次农民起义所利用，如五代梁末时期、北宋方腊起义、南宋初期。五代时被称为“明教”。元末农民起义，该教与佛教白莲宗结合，成为反朝廷的利器。红巾军的韩林儿信奉明教，被称为“小明王”，朱元璋投向韩并奉其为主。1367年小明王赴南京途中不幸淹死，朱元璋继续打着明教的旗号，建立大明王朝。

景教属基督教聂斯托里派，唐贞观九年（公元635年），由阿罗本从波斯带到中国，先是在长安传教建寺，后向全国发展。寺院先称“波斯寺”，后称“大秦寺”。781年立“大秦景教流行中国碑”，现存西安碑林。唐朝后期佛教衰落，景教也一蹶不振。

伊斯兰教传入中国，波斯人起的作用与阿拉伯人不分伯仲，除

阿契美尼德王朝的金杯（高23厘米）

了通过两条丝绸之路以及经印度、缅甸等第三国经商传播外，最主要的原因是蒙古大军西征开拓了波斯人东渐之路，且长期奉行色目人凌驾于汉人、南人之上的歧视政策。随着成吉思汗及其子孙回师中国，以随军从戎等方式来华的波斯人、阿拉伯人，屯居河西走廊、陕西、河南、山东、云南等地，逐渐入乡随俗。在中国穆斯林"四大门宦"中，格底林耶门宦即源自波斯人阿卜杜·卡迪尔·帖吉拉尼创立的苏非派卡迪里教团。在派系形成过程中，受佛教、道教的影响，具有浓厚的佛、道色彩，也行参禅悟道，默诵道祖的修道口诀——"无字真经"。

不少波斯人还当了元朝的大官，如赛典赤·瞻思丁，曾任燕京断事官，燕京路宣抚使兼吏、户、礼三部尚书，云南平章政事等高级官职，当今昆明市包括滇池的布局就是他主政时开始创制的。拥有千年历史的北京牛街清真寺也葬有两位来自伊朗大不里士的宗教学者。

唐朝盛极而衰与拜火教直接相关

位于中亚的粟特国曾是波斯阿契美尼德帝国的一部分，粟特语属东波斯语支。波斯萨珊王朝灭亡后，粟特人仍一直尊崇三大阿胡拉以及火神、胡麻神、月神、幸运神等。公元前 3 世纪开始与中国有来往，此后大批东移，至唐代在鄯善建起粟特人定居点。他们不仅传来了古波斯国教——拜火教，也带来西域的乐器，如箜篌、扬琴、琵琶；音乐，如唐代音乐中的"凉州歌"；舞蹈，如健舞与软舞，以及与之相匹配的舞曲。配健舞曲的有胡旋、胡腾、阿连等，配软舞曲的有凉州、绿腰、团圆旋、苏和香等。唐代诗人李端在洛阳观胡腾舞后赋诗："胡腾身是凉州儿，肌肤如玉鼻如锥……环行急蹴皆应节，反手叉腰如却月。"这些人来自古波斯（即安息），多为"安"姓，其乐被称为"安国乐"，从北周到隋唐，"安国乐"都被纳入宫廷乐府之列，这无疑丰富了中国文化。唐朝的强盛也正是对外开放，海纳百川，广汲外来优秀文化的结果。

粟特人安禄山最擅长胡旋舞，深得唐玄宗、杨贵妃赏识。白居易诗云："天宝季年时欲变，臣妾人人学圜转，中有太真外禄山，二人最道能胡旋。"安禄山甚至被杨贵妃认作义子，官至平卢、范阳和河东三镇节度使，成为全国最有实力的武将。755 年他在范阳起兵反唐，仅用 33 天就攻占东都洛阳，唐玄宗逃奔四川，杨贵妃魂断马嵬坡。近八年的安史之乱，使中国北方经济遭到极大破坏，唐朝从此盛极而衰，以至到五代的 200 年间，中国一直处于藩镇割据的局面。

安禄山、史思明之所以得手，还有一个重要原因是安禄山利用了拜火教，他自称为"粟特人最高的光明之神化身"，以教主的身份蛊惑人心，结党聚众，很快就拉拢了大批粟特人，势力迅速壮大。他还号称连自己的名字都与拜火教有关，"禄山"的波斯语意为"光明"，蛊惑人奔向"胜利之火"，结果导致一场空前的浩劫。

波斯对中国的影响远不止于此，自古以来波斯作为中转站和桥梁，对中国文明西传，以及中国商品和技术向地中海沿岸乃至整个欧洲输出，都起了至关重要的作用。

伊朗的什叶派

什叶派与逊尼派是伊斯兰教的两大派别。伊朗什叶派，既为“派”，又为“教”，是伊朗本土化了的伊斯兰教，它融进了伊朗以往的古老宗教如拜火教和摩尼教的精髓，掺进神秘主义和苦行僧的哲学，是伊朗各民族维护自身文化传统、应对外来压迫与威胁的产物。

伊斯兰革命领袖和伊斯兰共和国缔造者霍梅尼

什叶派产生与发展，与波斯人有着直接的关系。当初，波斯人借助什叶派这一护身法宝免遭阿拉伯同化。1502年，萨法维王朝将什叶派定为国教，有效加强了波斯人、阿塞拜疆人、土库曼人和库尔德人为主体的伊朗多民族共同体，从而西御奥斯曼帝国，东拒乌兹别克，实现了中世纪的复兴。

如今，什叶派在伊朗，已不仅仅

是信仰，也是政治，是长了宗教眼睛和翅膀的政治，同时，还决定了这个民族的性格、生活习惯和行为准则。

由正统嫡传观产生的教派

什叶派是以先知穆罕默德血统为基点、十二伊玛目为核心的宗教观，坚持安拉、法蒂玛与十二伊玛目绝对正确，无任何瑕疵。什叶派认为伊玛目是人世间最伟大的导师，阿里作为第一个伊玛目，承继了先知穆罕默德的一切学问和品德；他非凡人而是超人；只有阿里及其后代是正统合法的继承人——哈里发，是政教合一的领袖。如提及主圣五位，排序是安拉、穆罕默德、阿里、法蒂玛、侯赛因。如突出综合道德，常提阿里；提及殉教捐躯当推侯赛因；谈及女性典范必推法蒂玛；拯难救世唯有第十二伊玛目马赫迪。第八伊玛目礼扎是唯一葬在伊朗境内的伊玛目，伊朗人特以此为荣，视其安葬地马什哈德为圣地，到此朝觐是伊朗什叶派一生努力去完成的功课。第三伊玛目侯赛因娶了被推翻的萨珊王室的公主为妻，自此，圣裔有了波斯血统。伊朗人一般都以自己为圣裔而骄傲，名字前常冠“赛义德”，或后缀“侯赛尼”。如圣裔任神职当毛拉，必头戴黑头缠，非圣裔则着白头缠。领袖哈梅内伊为侯赛因第23世孙，故名为赛义德-阿里·哈梅内伊。

在伊朗，圣人的兄弟姐妹及儿孙后代也同样受到尊崇，如圣地库姆最大的清真寺即是礼扎伊玛目之妹法蒂玛·马苏梅之墓。德黑兰南部三圣裔墓葬的是伊玛目哈桑的后裔阿齐姆、伊玛目礼扎之弟哈姆宰和伊玛目萨加德之子塔希尔。

绘画：痛悼第三伊玛目侯赛因殉难

侯赛因修道院的作用

以侯赛因冠名的修道院（所）对伊朗什叶派的成长和壮大起了至关重要的作用。伊朗的宗教活动场所通常分成四种。第一种是在周五、节日、丧日举行大型聚礼，称之为“贾米阿”，目前首都此类活动主要在德黑兰大学举行，霍梅尼祈祷中心落成后，就可在此举办容纳百万人参加的聚礼活动；第二种是在举行常规祈祷和日常活动的清真寺，清真寺往往是伊朗最豪华的建筑，大街小巷随处可以看到清真寺指路标，现伊朗人均清真寺面积为0.29平方米；第三种是“侯赛尼亚特”，这是从萨法维王朝将什叶派定为国教后，设立的什叶派活动中心，可在此举行任何与什叶派相关的活动，从生死嫁娶到讲经释教；第四种为“塔卡亚”，即移动的“小侯赛尼亚特”。

什叶派建“侯赛尼亚特”的初衷是为了纪念烈士楷模侯赛因。而萨法维王朝最初半个世纪里逊尼派仍占多数。在什叶派看来，逊尼派程式化的教规是僵硬的，如何从宗教法学家的角度进行阐释，更适合伊朗社会实际，成为什叶派的头号课题，遂从黎巴嫩南部阿米勒山请来宗教权威胡尔·阿米利做诠释。如逊尼派中的哈乃斐派主张，逊尼派教徒如离婚，就不可与前妻复婚，除非前妻与他人结婚又离婚，方可与原配丈夫复婚；而胡尔主张，离婚后只要双方愿意，随时可无条件复婚。这一类新的教法为萨法维国王采纳，“侯赛尼亚特”与“塔卡亚”随之兴盛起来，成为什叶派政治、社会、文化和家族活动中心。

新政权建立后，什叶派又增设了两类宗教活动场所：一类是政府将全国文化中心的55%列为宗教活动场所；另一类是名人将自己的家变成非正式的“侯赛尼亚特”，如最高领袖之弟、改革派哈克·哈梅内伊，前内政部长阿里·穆赫泰希米。这种因名人而设的宗教活动中心在德黑兰有五十多所，其成员绝对效忠其主人。

完善的宗教法规、教阶与仪轨

什叶派除信守一般穆斯林关于真主独一、先知和末世普遍信仰外，尤其突出对伊玛目和公正的信仰。拥有本派圣训——“四圣书”，即《宗教学大全》《教法自通》《教法辨异》和《法令修正篇》，并认为《古兰经》隐去了阿里继位的内容。每位大阿亚图拉几乎对所有世俗事务都做了详尽的阐释，成为伊朗什叶派追随者言行的规范。

什叶派有严格的教阶，即大阿亚图拉、阿亚图拉、伊斯兰与穆斯林的霍加特、伊斯兰的塞嘎特、塔里班（宗教学校学生）。大阿亚图拉为最高教阶，系宗教效法渊源，伊斯兰共和国创建者霍梅尼为大阿亚图拉，这种最高教阶的大毛拉一般只有寥寥数人。现任领袖哈梅内伊属阿亚图拉，是三年前荣升的。大阿亚图拉必须有自己的学说，著作等身，拥有自己的学校和大批追随者，拥有充足的资金，从事卓有影响的活动。霍加特及以上共三级，合称为“穆基泰希德”，即“教法学家”，成为“被效仿者”，相当于获得博士学位，拥有教法创制权。最低一级宗教学者为“穆太达依尼纳”（意为“虔信者”），教阶为“伊斯兰的塞嘎特”，可以接受捐赠，处理小的教法问题，但其阐发的教义在其死后就不作数了。

伊斯兰共和国成立后，宪法强调不能更改的原则，几乎都与伊斯兰和什叶派相关，如伊斯兰体制、所有根据伊斯兰法制定的法律与规定、伊斯兰共和国的信仰与目标、伊朗国教和神权统治。

与众不同的宗教习俗

伊斯兰教创始者穆罕默德是从砸毁偶像起教的，但在伊朗是不禁画像的。每当阿舒拉节（2007 年除外），街上大大小小的侯赛因肖像比比皆是，最大的有四层楼高，而且几乎所有的侯赛因像都画有正在流血的伤口。许多公共汽车的后玻璃窗上贴有阿里、哈桑和侯赛因并列的画像或侯赛因头像。一些高层人士的居所也挂着侯赛

第十二伊玛目马赫迪清真寺

因像的手织挂毯。宗教祭品市场上，可购到铸有阿里和侯赛因头像的金属纪念章。

伊朗中小学生早晨的首场活动是念《古兰经》，或诵读什叶派圣人的章句，学生不时齐呼“阿里”。伊朗国旗是不能降半旗的，因为上书“真主至尊至大”。伊朗的广播、电视专为宗教圣地做天气预报，排序是麦加、麦地那、耶路撒冷、纳杰夫、卡尔巴拉、库法、马什哈德、库姆。伊朗人最钟情的结婚吉日是伊斯兰教历8月15日，这天正是第十二伊玛目马赫迪的生日。自诞辰日起一周内，在伊朗的城乡街头，经常遇见载着新郎新娘的婚车，车前车后布满或白或黄的鲜花。在德黑兰南城穷人区尤为看重马赫迪诞辰，足见他们对救世主、对未来的殷切期盼。伊朗什叶派通常将其信仰直接用文字体现在清真寺建筑物的外表与内部。在重要集会或仪式开始之前，都要诵《古兰经》7到15分钟。与其他伊斯兰国家不同的是，领诵者往往是西装革履（不系领带）的年轻人或非宗教人士。

伊朗人视祈祷为人与真主的沟通，是爱与知的纽带，故以特有的方式作祷告，每天祷告三次就是合乎法规的。祈祷前小净，顺序是：手臂要自肘而手，足要从脚尖至脚背，一次性地擦洗即可。祈祷时，双掌手心向上平置胸前方（逊尼派自欧麦尔哈里发起，双手交握垂于下腹部，礼毕双手摩面一次），然后双手自然下垂。头不可直接触地，要垫一块祈祷石与大地相通。祈祷石是由麦加的泥模压，经低温烧制而成，多为长方形、圆形和椭圆形，厚度多在一厘米，也有四至五厘米，图案与文字大多与什叶派信仰相关，如阿里、侯赛因墓地图案，或“阿里系真主的委托人”等字句。这些祈祷石不仅在清真寺免费提供，而且在全国大小旅馆一般都随同古兰经和祈祷毯一起放置在客房内供旅客随意使用。

什叶派丧葬，包括受什叶派（法蒂玛王朝）影响的埃及人丧葬，墓都要高出地面，以显示人死而精神不朽，仍与活着的人相

祈祷石

通。但沙特瓦哈比教派则不准墓高于地面，要与地面持平。伊朗的什叶派不但在世时期望与圣墓、圣裔墓为邻，而且希望过世后也以圣为伴，葬在圣墓、圣裔墓旁；尸体在埋葬前要抬到圣墓、圣裔墓前停放片刻，祈求圣贤佑护灵魂安渡。

极强烈的使命感

伊朗什叶派认为他们是伊斯兰教中最纯正的一派。在他们夺取政权，建立政教合一的伊斯兰共和国后，将自己当作整个伊斯兰世界的旗手。霍梅尼提出，“我们应当努力地向世界输出我们的革命，应当抛弃不输出革命的想法，因为伊斯兰是不分国界的”。为此，伊朗坚定地支持巴勒斯坦武装力量对以色列发动圣战。现领袖哈梅内伊强调，信仰、意志和圣战是穆斯林实现目标的三大要素。

时任总统艾哈迈迪-内贾德上台后宣布，要在全世界掀起伊斯兰革命的浪潮，强硬派占多数的议会马上呼应。多数派议员贾瓦德·阿利扬称，伊朗伊斯兰革命是解放、公正和泛全球的使命，向外国输出解放的革命信念不是干涉内政。世界上有些革命局限于本国界内，而另一些革命，如伊朗的伊斯兰革命则具有超越边界的特性。有些伊斯兰国家，如伊拉克和阿富汗受西方控制，具有接受伊斯兰信念的根基，应利用现代手段，如互联网、卫视、文化处或外交部的办事机构输出革命，这不能说是干涉他们的内政。另一位多数党议员侯赛因称，总统关于输出革命的思想符合领袖霍梅尼的思想，已故领袖也曾呼吁在全世界普及伊斯兰革命，黎巴嫩真主党的胜利和巴勒斯坦伊斯兰圣战组织的起义与成功就是佐证。

伊朗输出革命的理念不仅仅限于政界。一位与中国企业合作的伊朗年轻企业家曾询问我，他可否捐资在中国搞伊斯兰宣教项目。我反问他：伊朗是否允许其他国家在伊朗宣传社会主义、共产主义理念？他称这绝不可能。

伊朗怀着极大的热忱，积极主办与伊斯兰相关的各类国际会议、展览、竞赛，慷慨出资修缮伊拉克的各个什叶派圣地，对世界任何地方发生的涉及伊斯兰信仰和穆斯林权益的事，都要在第一时间里作出反应。

印裔英籍作家拉什迪 1988 年在英国出版《撒旦诗篇》（即《魔鬼诗篇》），伊朗认为该书亵渎了伊斯兰教，霍梅尼即颁布了处死拉什迪的教令。

罗马教皇本笃十六世 2006 年 9 月在德国一所大学发表讲演时引用东罗马皇帝的话称，“伊斯兰教先知仅带来邪恶和非人道的东

阿尔达比勒萨非教长陵墓

西，并用剑传播信仰”。此言一出，在伊朗立即激起轩然大波，领袖哈梅内伊谴责说：“欧洲丑化先知的漫画和某些美欧政治家与报刊（关于伊斯兰的）霸道的语言，是燃起十字军战火阴谋的不同环节，教皇的讲话是其最新的一环。此言出自高级天主教人士之口令人吃惊，显然与大魔鬼（指美国）不无关系。”

时为法国足球队队长的齐达内（阿尔及利亚裔穆斯林）在2006 年德国世界杯决赛场上，以头将意大利后卫马特拉齐击倒，起因是后者骂他“所有人都知道你是一个恐怖分子和妓女的儿子”。伊朗议会国家安全与外交政策委员会主席布鲁杰迪专门向这位法国足球队队长致电，对他维护穆斯林权益表达谢忱和敬意。

丹麦等国曾出现丑化先知穆罕默德的漫画，伊朗多个城市爆发数十万人的抗议游行，游行者以打黑旗、自抽铁链鞭的方式表达愤怒。丹麦、挪威、奥地利等六个欧洲国家驻德黑兰使馆受到冲击，丹麦大使不得已携其越南裔夫人回到哥本哈根。

完善的自我救助机制

伊朗什叶派穆斯林除像其他伊斯兰国家惯常将收入的五分之一义捐（即缴“伍一税”）之外，还有许多特有的规矩。在伊朗“伍一税”的一半，即个人收入的十分之一被称作“伊玛目份额”，如今的信徒通常将“伊玛目份额”交给自己选定的效法渊源（即大阿亚图拉）。不少有钱人则向清真寺、侯赛尼亚特和宗教学校大笔捐资。墓地也是什叶派捐资的重要平台，霍梅尼 1989 年逝世后，其陵墓即在德黑兰南郊动工，建设了二十余年方才竣工，其原因在于工程费用全靠捐献，每过数日，管理人员就要用大口袋收集灵柩四周的钱币乃至金银首饰。当然更多的资金是通过一般人看不见的方式筹措的。

走在伊朗的街道，行车到收费站，密集地树立着天课箱（即募捐箱）。伊朗人习惯于将缴费后的找零随手投进箱内。

伊朗各地清真寺、教区都拥有大量房产，前国王在位时与毛拉们的矛盾源头之一就是国王将大量教会财产收归国有。推翻巴列维王朝后，伊斯兰政府反其道而行，将王室大量财产纳入“弱者与见义勇为者基金会”（即所谓穷人基金会），现该会总资产逾百亿美元。它与烈士基金会、住房基金会、“3·15”基金会统归领袖直接领导，对救助弱者、维护公正、政策性扶持起了至关重要的作用。

拜火教三千年祭

伊朗的古代史是一部拜火教的历史，换言之，拜火教是古波斯文明的躯壳和依托。在伊朗，只要是伊朗公民，无论他属于哪个教派，都对拜火教给予充分的肯定，为拜火教的历史作用情不自禁地流露出自豪与惋惜的双重情感。中国人俗称的拜火教，在隋唐以后的史籍中一般称作“祆教”，不过伊朗人不那么称呼，而是称其为“琐罗亚斯德教”，它是由创始人苏鲁支的名字演绎而来的，波斯语的发音是“扎拉吐希特”，意为“能照看骆驼的人”。

苏鲁支画像

2003 年 12 月 11 日，全世界的拜火教代表聚集在德黑兰大学菲尔多西大厅，纪念拜火教文化诞生 3000 周年。联合国教科文组织总干事来电致贺，强调各宗教之间对话与和平相处。议长卡鲁比出席并致辞，他指出拜火教在伊斯兰教之前对波斯文明所作的贡献，迄今仍然是伊朗文化不可分割的一部分，其基本精神与伊斯兰无异；共同点将穆斯林与拜火教徒联结在一起，那就是坚信一神、先知与末世，伊朗人为此感到骄傲。

讲台中间，双头牛为底座的玻璃茶几上，放着苏鲁支的彩色画像，旁置一盏有玻璃罩的煤油灯，象征不灭的圣火。两侧立有仿波斯波利斯王宫国王与文官武将的浮雕，以及双头胡麻神（即马头与鹰脸、眼、喙的嫁接头像）、双头公牛柱雕，台背帐幔和边墙遍挂阿胡拉马兹达（即天神马兹达）飞越波斯波利斯神柱的宣传画。

大祭司穆斯泰里及众多祭司，或着白色长袍，或着白色制服，头戴乳白色圆筒型帽，高三至四寸，有三至五道横褶皱；除个别

拜火教入教仪式

祭司留小八字胡外，一般都不见胡须。女信徒的装束与穆斯林妇女全然不同，颇似印度妇女穿的纱丽，或淡绿、或深红、或土黄。领头诵经的女青年则着暗红色长袍，外披白纱，所有妇女均尽量不露出头发。

大祭司发言感谢哈塔米政府对拜火教重要作用的首肯，指出其历史远远超过3000年，而今依然是伊朗人民尊崇的最古老的文化传统，善良与和平将永远是拜火教的核心价值。

德黑兰拜火教协会会长鲁斯塔姆·阿巴迪扬是一位有40多年工龄的建筑师。他曾于2002年访问过上海，对中国既重视经济发展，又注重保护民族文化传统的印象深刻。他称，伊朗现有12万拜火教徒，议会里还有一名代表。德黑兰教徒人数最多，设两个祭坛，其次是亚兹德和克尔曼。拜火教提倡“善思、善言、善行”，认为此“三善”是人类普遍追求的行为准则。阿拉伯人入侵波斯后，许多拜火教徒逃往印度和中国。萨珊王朝末代国王的儿子俾路支去中国求救兵，但未能实现复国的目标。中国文化博大精深，海纳百川，盛唐时拜火教亦成为中国民间的一种信仰，拜火祭坛成百上千。当今最大的拜火教社团是在印度，不少宗教出版物，尤其是拜火教的经典《阿维斯塔》多在印度出版。印度最大的财团之一“塔塔”，系拜火教徒所创。

拜火教非常重视学识才智，在该会三楼会议厅的墙壁上，悬挂着几十幅拜火教先贤的照片，他们都是对文化、宗教和科学作出巨大贡献的人。

德黑兰的拜火教徒聚居于自由大街和东郊，为寻求更大发展，许多教徒移民海外，仅在美国就有四万多人。

左：拜火教跳火节
右：亚兹德火祠苏鲁支像

德黑兰最大的火祠位于俄罗斯大使馆——当年苏、美、英三巨头举行德黑兰会议的地方——向南百米，朝西的一条小巷，名为琐罗亚斯德巷。巷北为会所，巷南为火祠。火祠正门向东，正对俄罗斯大使馆南门的米尔扎库切克汗街。临街院墙上是浮雕拜火教徽——展开双翅的苏鲁支，下雕火祠名，周边刻有“善思、善言、善行”字样。院墙大门两侧分立方、圆石柱各一根，门上部形如瓷坛口，两个天使拥簇着火祠名及伊历 1286 年（公元 1907 年），下部为火祠浮雕。院内正前方 20 米处为廊柱式建筑，入内正面为玻璃窗遮掩的火坛，窗前三个募捐箱。其右为聚礼听经厅，厅内摆满椅子。其左是通向火坛北窗的通道，通道墙上悬挂苏鲁支的画像，教徒经此皆要面像膜拜。火坛的底座是铜制的，形如特大的高脚酒杯，喷发出红红的火舌，与亚兹德火坛相似，只是在亚兹德火祠院子里有一个大型的水池。祠名与教徽在建筑物的横檐正中，而此祠名“哈斯图纳莱”分别刻在外墙和墙门之上。火坛有专人看管，日落盖上铜盖，日出时开盖。

上：德黑兰拜火教火祠

下左：亚兹德拜火教火坛

下右：拜火教寂没塔（天葬场）

伊朗最大的火祠位于伊朗腹地亚兹德市郊外，远离交通要道，受阿拉伯影响较晚，因此一直是伊朗伊斯兰化后的拜火教中心，保存的火种也最久。据塔赫拉利祭司2003年介绍，该祠保存的火种是56年前从阿格达引来的，之前在那里已保存了367年；阿格达的火种则取自法尔斯省的卡尔扬，在卡尔扬火种保存了700年；卡尔扬火种又取自土尔克阿巴德，在彼地已保存了300年，所以该祠火种已有1423年历史。祭司说，火对人类文明起了至关重要的作用，它彻底改善了人类生存条件，被用来取暖、熟食、照明和阻吓野兽攻击。在人类发明火镰、火柴之前，火祠就成为人们取火种的去处，后逐步演变成祭祀、婚娶、丧葬和聚会的场所，波斯先知苏鲁支创立了“善恶二元学说”，把众多善神统称为“阿胡拉马兹达”，恶神统称为“阿赫利曼”。他告诫人们服从、赞美、供奉、膜拜善神，求助善神去战胜恶神。其经书《阿维斯塔》被称为“波斯古经”，共21章，用古波斯文写成，被广泛地传播到邻国，包括中国。

据1991—1992年统计，整个亚兹德省共有4685名拜火教徒。除亚兹德市外，其余分散在阿尔达坎（哈塔米总统故乡）、塔夫特和梅保德镇。在距亚兹德市60公里处有一座状似堡垒的圆形寂没塔，信徒死后被运到此处天葬。后来伊朗当局认为天葬污染环境，遂予禁止。1965年起，亚兹德拜火教徒开始使用公墓，而早在1937年德黑兰拜火教徒就废弃了寂没塔，建造了墓地。1939年克尔曼也建起墓地，为了不污染土地，遗体被放在棺材里，埋入水泥密封的墓穴。

遗留至今的最古老的拜火教圣火坛——什兹火坛，位于西阿塞

亚兹德拜火教祭司讲《阿维斯塔》经文（1890 年摄）

拜疆省苏莱曼殿所在地，建于公元前 250 年的帕提亚（即安息王朝时期）。该火坛与其邻近的萨珊王朝和伊尔汗王朝两处宫殿遗址一起，于 1993 年被联合国教科文组织列入世界文化遗产名录。

其实，火并不是拜火教徒的唯一尊崇，水、天、地、日、月、风皆为七大创造的组成部分，对天、对水的崇拜不亚于对火。拜火教将洁净作为信仰的重要方面，七大创造之物皆不容玷污。拜火教认为人的尸体乃不洁之物，要“放在最高处，让鸟兽啄食，而且用金属、石块或兽角将尸体头发、双足缚住，否则鸟兽会将其拖至水中或植物之上”，尸骨“可置于容器中，免与兽类接触，也不可玷污雨水”。位于波斯波利斯及其西北的纳克希·鲁斯塔姆的波斯

拜火教教士祈祷

帝王墓葬，或在几十米高的山腰上，或在十几米高的石壁上，在墓中岩壁上都有圣火坛的浮雕。现今在伊斯法罕、亚兹德市郊外山岗上，仍可见到形似碉堡的寂没塔。

拜火教作为古波斯国教，延续了千年，本身就是个奇迹。究其盛极而衰的原因，除了阿拉伯的统治、教规过于严格，波斯文字与字母的阿拉伯化，以及拜火教的繁文缛节、自我封闭、不主动向外传教、不接受非波斯血统的人入教之外，很重要的因素是伊斯兰教是几大宗教中最年轻的一个，它汲取了犹太教和基督教的精华，而此两教当初也吸收了拜火教的营养。所以，伊斯兰教与拜火教有许多共同之处，如天堂地狱说、末世论、最后审判、一日五次祈祷、祈祷前净面净手足、反对崇拜偶像等等易为改宗者接受。尽管卡扎尔王朝末代国王纳赛尔丁废除了强加在拜火教信徒头上千余年的人丁税，并允许他们与穆斯林享有同等权利和义务，但拜火教久挫式微，此举已没有太大的意义了。

当然，现代化的都市生活，客观上冲击了宗教传统。现今人们都改以电、燃气、燃油为燃料，拜火教人士家庭的家火火坛熄灭了，家庭祭拜宗教活动也随之消失，拜火教徒对宗教的兴趣也同样锐减。

在当代伊朗7000万人口中，拜火教徒的人数可谓寥若晨星，但他们信守“三善”，即中国所说的“思想美、语言美、行为美”，

卡尚火把迎亲图

在社会上他们往往是勤勉、谨慎、谦和的一群，成为波斯民族精英的一部分，备受社会尊重。伊朗政府又采取一视同仁的民族政策，令绝大多数拜火教徒生活安康。

伊朗重视对古迹的保护，将古迹统统编号入册。在古波斯遗迹中，凡涉及国王权威和战绩以及墓葬，往往可以见到拜火教教徽——双翅苏鲁支，如影随形。邻近伊拉克的西部省份克尔曼沙阿，被称为恰豪勒·高普的正方形拜火祠庙，在两伊战争期间曾遭到破坏，现正在修复之中。

固守优秀文化传统的伊朗人民，迄今仍坚持在日常生活中运用拜火教留下的遗产。以每年的 12 个月为例，伊朗虽不排斥使用伊斯兰历月名，也用格列高利历的月名，但平日常用的仍是延续数千

亚兹德拜火教教徒祈祷

年的拜火历月名。从 1 月至 12 月的名字分别为：保护灵、至善真理、健康、星空、长寿、上天、太阳、水、火、阿胡拉马兹达、善思、圣心。它们都是古波斯众神庙的神名，只不过在阿契美尼德王朝时用的是阿维斯塔语，萨珊王朝用的是钵罗婆语，自公元 10 世纪开始用的是阿拉伯字母写的新波斯语，即达里波斯语。如今，拜火教作为人类古老宗教之一已经枯萎了，但与之相伴生的波斯古文明却一代又一代地传承下来，生生不息。

伊朗的巴勒斯坦情结

当今世界上鲜有伊朗这样的国家，如此坚定地支持巴勒斯坦通过武装斗争、对抗以色列的道路，恢复巴勒斯坦人民的合法民族权利，包括帮助数百万巴勒斯坦难民返回家园，建立以耶路撒冷为首都的巴勒斯坦独立国的权利。

伊斯兰共和国刚建立，就向巴勒斯坦伸出援手。阿拉法特马上予以回应，迅即派他的老战友、法塔赫的十大元老之一哈尼·哈桑出任驻伊朗代表。哈尼·哈桑履新后最响亮的一句话是：“伊朗的今天就是巴勒斯坦的明天。”阿拉法特随后访问伊朗，最高领袖霍梅尼亲自出面接见，并强调，巴勒斯坦革命和伊朗伊斯兰革命同属于一个革命。伊朗一直认为，巴勒斯坦是伊斯兰的心脏，耶路撒冷是巴勒斯坦的心脏，巴勒斯坦应该通过武装斗争建立巴勒斯坦国，以色列是中东的一个毒瘤，应该把它铲除。

伊朗慷慨地将以色列商务处用房送给巴勒斯坦作使馆馆舍使用。这个建筑物坐北朝南，大门朝西开，地上三层地下一层，层高超过普通住宅楼一倍半，北院为入口及车库，南院为花园。所在的大街被命名为巴勒斯坦大街，街北十字路口被命名为巴勒斯坦广场，在广场正中矗立着一组高大的青铜雕塑，雕塑主体是直立中空的巴勒斯坦地图，其东侧为持枪的巴勒斯坦战士和投掷石块的巴勒斯坦青年，西侧为坐卧的母亲怀抱被以色列军队打死的孩子。十字路口东边的楼墙上绘有巨幅彩画，主体为黎巴嫩真主党战士，臂戴“真主”袖章，手持冲锋枪，上首为耶路撒冷萨哈拉清真寺，背景是破碎的大卫王盾星。

伊朗与阿拉法特为首的巴勒斯坦解放组织的“蜜月”很快就宣告结束。阿拉法特放弃武装斗争，走向和谈解决的道路，与以色列在奥斯陆举行秘密谈判，承认了以色列的生存权。伊朗对巴勒斯

矗立在巴勒斯坦广场的巴勒斯坦地图与人物雕像

坦的支持遂转向坚持武装斗争的巴勒斯坦圣战者组织——杰哈德、巴勒斯坦伊斯兰抵抗运动——哈马斯。伊朗允许杰哈德、哈马斯分别在德黑兰开设办事处，但仍视巴勒斯坦大使馆为巴勒斯坦解放组织合法代表机构。哈尼·哈桑大使只待了一年就离任了，接替他的是巴勒斯坦解放组织培训局局长扎瓦维。他自1980年就任到现在，已超过30年了，已成为固定的阿拉伯使团团长和各国驻德黑兰使团团长。其女儿也与伊朗人结婚。

伊朗对巴勒斯坦的支持是多方面的，有政治道义，有资金物资，有文化宣传，也有人员培训。

自领袖霍梅尼确定每逢斋月最后一个周五为“耶路撒冷日”以来，伊朗一直举行全国性纪念活动，国家主要领导人踊跃参加，包括大规模游行示威、德黑兰大学聚礼、专题演讲会。

伊朗伊斯兰革命胜利初期曾派大批军事与情报人员加入巴勒斯坦解放组织，在南黎巴嫩和贝卡谷地为巴勒斯坦培训敢死队队员。

伊朗许多机构、机关都悬挂耶路撒冷城照片或图画，中央银行发行的1000里亚尔面值纸币，其背面图案为耶路撒冷萨赫莱清真寺。

伊朗邀请耶路撒冷逊尼派的穆夫蒂阿克拉迈·萨布里访问伊朗。萨布里特别强调，当今世界上，阿拉伯国家人口近三亿，犹太人口仅1400万。以色列出生率在下降，仅1.2%，而阿拉伯国家出生率达5%。虽然耶路撒冷的阿拉伯人数只及犹太人一半，但巴勒斯坦人有信心在未来依靠人口的优势造成“南非现象”。以色列已成为种族主义国家，种族歧视是不可能长久的。

其实，伊朗各政治派系对巴勒斯坦问题的看法与做法还是有差别的。

哈塔米总统当政时主张，“以色列是强加的实体，是不合法的，但巴勒斯坦人民接受的解决办法我们就接受，尽管目前的方式不符合巴勒斯坦人民的利益，如果巴勒斯坦人民采纳，我们也无异议”。

艾哈迈迪-内贾德总统上台后奉行强硬政策，他一再呼吁伊斯兰世界不要承认以色列，“不管出于何种原因，以色列面临的都将是投降与失败，都将被伊斯兰愤怒之火吞噬”。

伊朗对阿拉法特的不满不仅仅由于他选择与以色列媾和的道路，还因为两伊战争时阿拉法特公开地站到了萨达姆一边。所以原定第一副总统（相当于总理）出席阿拉法特开罗葬礼的动议被高层否决，改为外长出席。但是，前副总统、阿拉伯族的阿卜塔希认为，不应贬低阿拉法特，他既是武装斗争的旗帜，又是和平斗争的旗帜，得到了大多数巴勒斯坦人的拥护，是巴勒斯坦革命的象征。

对于阿巴斯接任巴勒斯坦解放组织主席，伊朗反应冷淡。伊朗担心他在和解的道路上可能走得比阿拉法特还要远，于是加大对哈马斯、杰哈德等巴勒斯坦强硬派的支持，直至哈马斯于 2006 年初选举获胜并组成新政府，将巴勒斯坦传统主流派法塔赫赶出了加沙地带。

在以美国为首的西方世界合力打压巴勒斯坦新政府之时，伊朗频繁邀请哈尼亚总理等来访，并给予大笔现汇援助。哈尼亚等直接由哈马斯驻伊代表安排日程，完全绕开巴勒斯坦使馆。哈尼亚对伊朗评价甚高，称伊朗是巴勒斯坦的战略纵深，是巴勒斯坦强大的有力的稳固的大后方。

伊朗既为哈马斯获胜而高兴，也不愿意看到巴勒斯坦内部陷于分裂和内讧。伊朗一方面谴责美国等西方国家在中东推销西式民主，却不承认民主选举结果；另一方面呼吁阿巴斯调整心态，承认巴勒斯坦力量对比的现实。此外，伊朗还呼吁、求助友好国家和力量调停巴勒斯坦两大派的纷争，以大选结果为基础组成强势巴勒斯坦政府。

有人说，伊朗对巴勒斯坦问题的插手，令中东的局势更趋复杂化。但伊朗人认为，伊朗伊斯兰共和国出现之前几十年里巴勒斯坦问题的和平解决并无实质进展。阿拉法特要和平，以色列何故将他软禁在拉姆安拉直至病重不治？巴勒斯坦问题的实质是占领与反占领问题，归根结底是领土问题，绝非“插手”二字能一言以蔽之的。

人文伊朗

跳火的星期三及其他习俗

伊朗的习俗是古波斯琐罗亚斯德教（即拜火教）、摩尼教以及伊斯兰教、基督教等相互作用、各民族相互交融而形成的。

新年（努鲁兹）

伊朗人把新年称作“努鲁兹”（意为“新的一天”）。“努鲁兹”是伊朗人最重要的传统节日。它是伊朗诸多民族传统的核心，源于3000年前拜火教对大自然的崇拜，对一年四季循环往复、周而复始的变化，以隆重的仪式来表达崇拜之情。拜火教初始每年有六大节日（伽罕巴尔），分别纪念天空、水、土地、植物、牛和人的创造。后增加了第七大节日——努鲁兹，庆祝火的创造，火把生命和能量带给世间万物。波斯帝国把努鲁兹列为国家正式节日，举国庆祝，放假31天。在波斯波利斯的废墟上，仍可看到不少反映新年的各种传统仪式的浮雕。尽管亚历山大大帝想通过抹杀波斯传统来同化波斯，但2500年来，伊朗人民完好无缺地承继根深蒂固

购买新年（努鲁兹）祭品

的新年传统，把它作为内部和谐、抵御外侮、维护民族文化的一种方式。

传说天神杜牧子的妻子努鲁兹到地下旅行，以探究阴间的秘密，然而她去而不返。这可把杜牧子急坏了，于是决意亲往地下寻找失踪的妻子。这时，天神的贵戚给他出了个主意，作为天神在不明地下情况之前，不宜贸然亲往，还是先派位使者前去探究寻找。杜牧子采纳了这个建议，遂遴选了一位胆大心细之人，为其穿上红衣，带着环和鼓，出发入地了。这位使节不辱使命，终于在除夕之夜，用环牵着努鲁兹、敲着鼓从地下返回。天神杜牧子喜不自胜，将春分之日用“努鲁兹”命名，纪念其爱妻重获新生，从此努鲁兹就标志着新的一年的开始。

伊朗的努鲁兹（新年）分三个部分：

伊朗每年的最后一个星期三，即“恰豪勒·向贝·苏利”，俗称“跳火的星期三”。黄昏时刻，街头巷尾燃起火堆，男女老少跳过火堆，或绕着火堆转。在农村更接近原生态，人们围着篝火，不断地添加干柴，不停地跳跃，从傍晚一直跳到午夜，以求火焰烧去冬天的寒气，驱掉体内的邪气，从而在新年交上好运。现今，孩子们更喜欢燃放鞭炮，气氛类似中国的除夕。这显然来自拜火教对火的崇拜，也有点类似中国的腊月二十三，祭灶过小年，烧了灶神像，让它“上天言好事，下界保平安”。

春分（公历3月21日）正式进入新年。这天正是伊朗春暖花开的时节，是名副其实的“春节”。家家户户必在中堂放上供桌，供奉七种以波斯字母“S”开头的物品，称作“七宝”，各寓吉祥的意义：绿（菜）——充满朝气的新生命；酸醋——头脑成熟与长寿；沙枣——爱；硬币——财富；大蒜——医疗与健康；麦芽水和面制成的甜食——多产与繁荣；麦穗——美丽。实际上供奉的物品远多于七种，穆斯林居所必定供《古兰经》代表祥和、幸福与安康；对着镜子燃烧的蜡烛寓意创造灿烂的未来；各色彩蛋象征多子多孙；红金鱼标志生活与生命。伊朗人也有守岁的习惯，全家人围在“七宝”桌前，说说笑笑，尽享天伦之乐，直到新年一刻的降临。

新年期间人们的主要活动是出游和走亲戚。多数人选择游春色浓郁的里海地区或圣城马什哈德，其次是游波斯湾地区，也有人到东南亚、中国等地旅游。走亲戚者必带礼物，给孩子压岁钱也在情理之中，富裕者往往送有霍梅尼头像、阿里字样或自由塔图案的八克金币，囊中羞涩者也要送一定数额的纸币。

到第13天，进入新年的尾声——躲鬼节，它类似埃及的惠风

躲鬼节游春的市民

节。传说魔鬼会在这天潜入各家各户，带来疾病与厄运。于是全家出动，到郊外或公园躲鬼、避邪、畅游、野餐，尽情地享受盎然春意。在出行的路上要将置于汽车顶部的豆苗、麦苗甩掉，寓意丢掉晦气厄运。伊朗人称此日为“锡兹达·贝达勒”。

据伊朗前外长哈拉齐介绍，当今世界上有 18 个国家和地区众多民族的人欢度努鲁兹节。除伊朗外，塔吉克斯坦、阿塞拜疆、阿富汗等国家，库尔德人、俾路支人及部分伊朗裔印度人，还有我国新疆地区的维吾尔、哈萨克、乌兹别克、塔塔尔、塔吉克等民族，也欢度努鲁兹节。

冬至节

冬至是一年中白日最短，黑夜最长的一天。伊朗人几乎家家彻夜不眠，欢度长夜。这一夜，家家都备足各类水果，制“亚兹达迪”点心（蛋卷熟肉）。红心西瓜是此日最受青睐的水果。水果店一般提前数日备货，有的瓜农、商贩干脆将西瓜车停在马路旁，在距瓜车几十米处手举着剖开的瓜招揽驾车族买瓜。

为渲染节日的气氛，许多人家还在门口挂起彩灯。入夜后，亲友间相互串门聊天，多是子女到父母家聚会，向老人嘘寒问暖。老人给孩子们讲故事、诵读哈菲兹等伟大诗人的名句。

斋　月

伊朗的斋月大体上与其他伊斯兰国家类似，人们处于半工作半休假状态。不过，伊朗的斋月也有自己的特点。

伊朗以自己的定规宣定斋月日期。每年伊斯兰教历 8 月办培训班，训练大批观月员。8 月末，将他们派往全国各地观月，当全国 31 个省在日落之前看不到新月，即宣布翌日为斋月。

伊朗官方把斋月作为弘扬《古兰经》的重要契机，在全国 31 个省 85 个市举办《古兰经》展览会和诵读会。如举办国际《古兰经》诵读会，头奖可获 35 至 50 枚有霍梅尼头像的金币。国家电视台自 2005 年斋月起，专设《古兰经》频道。伊朗伊斯兰共和国创立者霍梅尼将政治融入斋月，确定斋月的最后一个星期五为“耶路撒冷日”，举国游行聚会，声援巴勒斯坦反以色列占领。伊朗普通百姓则利用斋月赴库姆和马什哈德两圣地，或其他安葬伊斯兰先贤之地，拜谒圣贤。

政府和团体在斋月期间一般都不接待外国代表团组，我原定

2005 年 10 月中旬考察阿尔达比勒省，也因斋月而推后。但关乎重大事务的代表团，伊朗接待如仪。

伊朗领导人出访，尤其出访伊斯兰国家，一般不受斋月影响。如 2005 年 10 月中旬适逢斋月的第二周，新上任的外长穆塔基照常访华。但是斋月期间到伊朗政府机关拜会，平日必备的开心果、点心和茶水就欠奉了，主人一般无须为此向客人表示歉意。但有一例外令我印象深刻，那是 2003 年 11 月初，李肇星外长访问伊朗洽商伊朗核问题，当时恰逢伊朗斋月，伊朗不仅热情接待，还安排会见了伊朗有关高级领导人。时任伊朗最高国家安全委员会秘书鲁哈尼在接见李外长时，自己不吃不喝，却特地为以李外长为首的中国客人沏茶送水，又端上各式可口点心，令李外长感动不已。

宗教体育

伊朗独有的健身习武会所——“祖尔豪奈”，是民族主义与外来宗教相辅相成的产物。它产生于阿拉伯征服波斯帝国的初期，因大批爱国主义者不甘外族统治，建立名为“祖尔豪奈”的秘密会所，用于聚会、训练和弘扬波斯民族精神。

伊朗伊斯兰化之后，特别是接受什叶派教义之后，第四任哈里发阿里被视为第一个伊玛目，阿里的武功与仁慈备受尊崇，遂将阿里德行引进“祖尔豪奈”，“祖尔豪奈”作为从道德到体质两个方面训练学员的场所，使学员既有强壮的体力与耐力，又具有高尚道德和民族精神。

“祖尔豪奈”有一套固定的程式。一般是在可容纳十几个人的

宗教体育会所“祖尔豪奈”（20 世纪 20 年代拍摄）

室内凹形场，周边挂上阿里或其他先贤的画像，由领队带头，边击鼓敲铃，边高歌菲尔多西《王书》的诗句，或颂扬什叶派的诗歌，十多名队员随着节拍挥舞着约两尺长的沉重的印度棒槌，反复做俯卧撑，并有节奏地挥动沉重的系有铁链的钢弓。有的围绕自身舞弓弄槌，有的做相互攻击状，搏斗摔跤，还有的双手执棒在场地上不停地自旋，如同阿拉伯国家苏非派（神秘主义）跳神。演武的前后都要向真主祈祷，尤其清晨操练结束时，由最年长者领诵对先知穆罕默德及其圣裔的崇拜之辞。

“祖尔豪奈”内部等级森严。初学者称“努契”；经过老学员的调教，掌握了传统功法后，晋升为“皮希开斯瓦特”，即训练有素的运动员；经过长期锻炼，综合素质俱佳，可晋升为首席斗士，即“巴赫拉旺-阿克巴尔”，可当操练的领头人（即教头）。

“尚武、健美、神秘、宣教”八个字可概括“祖尔豪奈”的特点。它目前分布在伊朗各地，仅首都德黑兰就有50多个。

饮　食

伊朗人的饮食有六“多”：肉多、炸烤多、酸食多、生菜多、甜品多、奶制品多。

古波斯人以游牧业为主业，世世代代好肉食。今日的伊朗人一如祖先，在晚餐时尤以肉为主菜，依次偏爱羊肉、牛肉、鸡肉，海鲜之类水产品不大受欢迎。各式烤巴巴（烤肉串）为首选肉食，不下十几种，以羊肉与小嫩鸡肉串居多。最受欢迎的是烤羊排的老字号店，节假日非订座或排长队不能饱口福。这类烤肉要提前一两天放在蒜汁和酸乳酪等佐料中渍透，五个一串穿在约两尺长的不锈钢钎上烧烤。另一种常见的肉串是“库比蛋”，它是将剁碎的羊肉加进各种佐料制成连体条状的丸子，放在带网的炉子上烤，适合老人或牙齿不利者。

伊朗人特别喜好油炸与烧烤食品，除牛、羊、鸡外，鱼虾往往也都是油炸或烤制的。德黑兰有的五星级饭店，将烤虹鳟鱼作为看家菜肴。除了肉类，伊朗人还喜食外皮烧焦的西红柿，面包和各类大饼也统统烤制，无一如中国的水蒸馒头或包子。最典型的是石子烤大饼，在炉膛里堆积尺厚的小鹅卵石子，将半稀的发酵面摊到上面烘烤，出炉时半焦半黄，足有一米长20厘米宽，饼上布满了石子凹痕，有的石子还留在饼上。

伊朗人几乎可以把所有的蔬菜都制成酸菜，有些酸菜在中国很难见到，如酸橄榄、酸菜花。以奶为原料的酸品也很多，如酸奶、酸奶稀释饮料——“杜嘎”、奶制的醋。宴请时多半配酸奶，烤肉店也必备酸奶。酸品有助于消化动物脂肪，与伊朗人喜食肉相辅相成。

伊朗人生食蔬菜的比例奇高，吃得最多的是黄瓜和葱头，绿色的黄瓜往往作为水果在餐前与其他水果一道上，葱头则是各烤肉店必备的一道小菜。在中国未见生吃的白蘑菇，却是伊朗星级饭店自助餐的常备菜。

伊朗年产鲜奶 700 万吨左右，即使不计大量进口的奶粉等奶制品，人均年消费鲜奶也已达 100 公斤。伊朗奶制品品种多、数量

烤石子大饼

大，是伊朗人的“家常便饭”。各类奶制品分成高中低档，即便是穷人也可以喝上合作社配给的简装奶，或在街头小店排队买简装牛奶；酸奶更是不分尊卑，成为日常食物的组成部分。伊朗虽经历了八年两伊战争，又长期受西方制裁，但人均预期寿命仍在 70 岁以上，应部分归功于酸奶。伊朗在举重、摔跤、足球等竞技体育方面一直很有实力，这与伊朗人饮食结构不无关系。

伊朗人钟爱甜食，人均年耗糖为 28 公斤。无论城乡居民，大家都爱喝加糖红茶，而且是先将一两块方糖放进嘴里，然后再饮茶。甜食的甜度和种类与阿拉伯国家相差无几，多掺和各类香料。伊朗盛产开心果，不少甜食夹开心果仁，以绿色为最佳。伊朗各省及每个大城市都有甜品特产，做得最成功并成为旅游名牌的亚兹德嘎兹糖，类似中国的芝麻糖，大多内包果仁，外敷糖粉，装在精制的铁盒或马赛克式木盒中出售。

肢体语言

伊朗人擅用肢体语言，但既不似阿拉伯人的夸张，也罕见中国人的拍肩膀，多为点头致意。对于初次见面的客人，除男性之间会握手外，鲜见有其他肢体接触。熟识的友人也相互拥抱，除非极亲密者，不一定左右贴脸。在伊朗不可轻易打手势，更不可伸出大拇指，伸大拇指暗指乱搞性行为；也不能伸中指，伸中指是骂人的。大会或仪式上奏罢国歌，或做完发言，无须鼓掌。发言中若提及真主或先知，听众当即异口同声，多以宗教赞语回应，如“向真主的使者穆罕默德和穆罕默德家族祈祷和致意！”非穆斯林外国人则不必作任何反应。对后到会者，无论地位高低，先到者必站立欠身表示欢迎，即使先到者贵为总统，也要向后来者行此礼。发言者起身与归位时也行礼如仪。伊朗男女在公开场合授受不亲，一般男女相互表示尊重，以右手抚胸口略微点头即可。对非常熟悉的伊朗女士，也只有在女方主动跟男方握手时方可握手，男方如主动要求握手是极不礼貌的。

此外，伊朗还有一些有别于他国的习俗。如无论在饭店还是到友人家做客，餐饮后决不可将杯子倒扣离开。常住者也不可到邻家借盐，否则就意味着诅咒人畜死亡。

伊朗的男孩是必须行割礼的，大多在出生后不久进行，年龄越大越痛苦，行割礼的年龄不超过六七岁，即在入学之前。与埃及等国家不同的是，伊朗女孩无须行割礼。

如家族中有人——即使是叔婶舅姨——去世，就不可远行，先期定的行程必须取消。如父母过世，一定要守孝 40 天，不参加任何礼仪活动。一般情况下，一年之内不远行。如家中有未成年子弟夭折或青年人早逝，要租用彩灯塔，置于房前路口，以致哀悼念。彩灯塔高约两米，由细铁条焊成，外以铝箔包裹，形如倒置铜钟，上面挂满五颜六色的灯泡和花朵，彩灯 24 小时点亮不熄，中间挂死者画像或照片，以及讣告。有钱人家则用较高档次的彩灯塔，且不止一个。

伊朗还有许多宗教节日，包括 12 位伊玛目诞辰和忌日，已在其他文中有所涉及，在此不另赘述。

与伊朗人打交道

自尊心极强

在伊朗不仅是政府官员，即便是普通市民、商人，对国家、对本民族的认同感、自豪感也溢于言表。他们可能对政府现行政策有所不满，但对波斯历史的伟大、文化的优秀，几乎是众口一词。对某一国度的评判，出发点往往不是经济和军事，而是从文化，从公正度，从独立性上考量。举行合资合作项目的开工、竣工仪式，如在中国，无疑会高度评价外方，借以增进互信、加深感情，为日后合作铺垫。伊朗方面一般耻于提及外方，提及并赞赏外方的是少数例外。伊朗对他国国家元首的代表——使节给予必要的礼遇与尊重，但不特殊对待，一些大型集会安排在第一排的往往是本国官员和宗教人士，使节常被置于第二、第三排。伊朗曾多次临时取消重要的外访安排，不为别的，只是对方没有满足伊方会见的规格要求，为此有时宁可罢宴或中断访问，在这方面伊朗人决不委曲求全。伊朗曾禁止美国的《国家地理》杂志、英国的《经济学家》

杂志在其境内发行，理由是它们分别将“波斯湾”写成“阿拉伯湾”和“海湾”。在伊朗看来，此事绝非仅仅是称谓之争，而是一个捍卫民族尊严的问题。伊朗极为看重自己的民族传统，几乎见不到有的国家那种非基督教徒追捧圣诞节、情人节的现象。此外，伊朗在对外交往方面十分注重对等原则，凡认为有损其外交形象的事件，必找机会予以回应。

2007 年 6 月 14 日，英国驻伊朗大使举行女王生日招待会，几十名伊朗男女青年堵住了英使馆北大门，三个小伙子骑着摩托车沿街飞驰，呼吁使节等客人不要出席英国招待会。事后才弄清，是因为英国政府前一年容许伊朗的反对派大闹伊朗驻英国使馆举行的伊斯兰革命胜利纪念日招待会。

2004 年 7 月 5 日，伊朗《和谐报》报道，伊朗保护遗产与弘扬神圣自卫价值观组织负责人宣布，正考虑在伊朗驻英国使馆的建筑物内安葬两具伊朗无名烈士的遗体，这是鉴于英国政府决定，将第二次世界大战中阵亡的部分英国士兵的遗骸葬到英国驻伊朗使馆的“夏馆”。伊朗认为此举并不违反国际惯例，希望英国政府从人道主义和旅英伊朗人宗教感情着想，与伊朗政府合作，满足这一要求。

还有一例是 2006 年 7 月的一天，我使馆接到摩洛哥驻伊朗使馆的照会，称其新大使日前已向伊朗总统递交了国书。我为之愕然，以为是摩洛哥使馆的秘书将日期搞错了。因为摩洛哥新大使 2 月抵德黑兰不久就向伊朗外长递交了国书副本，怎么会时过半年才向总统递交国书？隔日，在西班牙大使举行的国庆招待会上，我向摩洛哥大使求证，他答复确有此事，的确等了五个多月。原因是现任伊朗驻摩洛哥大使递交国书的时间被拖后了五个月。不仅如此，新任摩洛哥大使递交国书的时间被安排在早晨七时，总统启程赴当时的呼罗珊省视察之前，而此时大部分阿拉伯大使还未起床（阿拉伯人有晚睡晚起的习惯）呢！

伊朗人往往比外界更加看重自己，曾有一位伊朗高级外交官在众多亚洲国家驻伊朗使节在场的情况下，毫不掩饰地对我说，亚洲真正的大国只有三个，那就是伊朗、中国和印度。

内敛与戒心

伊朗人十分内向，对外人相当警惕。这与伊朗长期屡遭外来入侵和统治、什叶派一直处于伊斯兰少数派地位不无关系。伊朗人对历史上的受害事件永志不忘，他们会跟你讲起蒙古大军入侵围城，承诺“缴枪不杀”，当城里人投降后却即实施大屠杀；英国殖民者以欺骗的手法同伊朗签订不平等条约，干涉、欺辱、掠夺，无恶不作。而今，伊朗人也会大谈美国诈称伊拉克有大规模杀伤性武器而实施侵占，从而控制中东能源、围堵伊朗，让拥有15个邻国的伊朗变成只与美国一家为邻的孤立国，以达到最终“灭掉伊朗”的目的。

波斯人有一个专用词汇叫“他盖耶”，即什叶派笃信的“谨慎提防”之说，其释意为“谨言慎行”，含有隐瞒你的去向、财富和信仰的意思。凡与伊朗人打过交道都会发现一个普遍的现象：伊朗人不戴金戒指（男士多戴镶嵌绿松石的银戒），女性虽爱首饰，但决不会像阿拉伯与印度妇女那样穿金戴银，即使家财万贯，穿戴也相当朴素，忌讳珠光宝气。

我曾去胡齐斯坦省参观访问，这里是阿拉伯族聚居的唯一省份，但当地人并不具阿拉伯人直率的性格。有位县长在机场送行时问我：中国人最喜欢的品质是什么？我脱口而出：真诚、勤劳、勇敢，并反问伊朗人如何。这位县长答曰：不得而知。

对于军事情况、军警设施，伊朗人更是讳莫如深，即使来自友好国家的军事代表团，也回避编制多少人、如何进行训练一类的简单问题。至于误拍军警设施、建筑物等处的照片之人，伊朗会在第一时间将他们关押起来。

伊朗某部一位高官曾向我讲过，他在美国留学期间，一位心理学教授对他评说几种典型性格：德国人严谨，法国人浪漫，日本人内向，阿拉伯人感情用事，至于伊朗人嘛，十分复杂！

闲适不急

耐心是同伊朗人打交道的要诀。伊朗人喜欢慢节奏的生活与工作，凡事不急不慌，非到万不得已，总是不紧不慢。这大概与游牧部落的传统和良好的生存环境有关。伊斯兰革命后，老百姓亲朋聚会、登山、滑雪、旅游以及逛公园等活动一如既往，悠闲自得，乐在其中。特别是2003年以来，在伊朗核问题逐渐激化、美国对伊用武威胁日甚的情势下，伊朗人仍处之泰然，在德黑兰看不到任何“山雨欲来风满楼”的征兆，唯有一片安宁祥和的景象。伊朗也是世界上节假日最多的国家之一，其根本原因在于国民的生活理念：既然有吃有穿，何不慢中取乐，过田园诗般的日子，尽享人间欢乐。

在这种理念影响下，伊朗多数工程项目难以按期竣工。一座四层高的楼房建了四年；一座电视塔建了近十年；德黑兰霍梅尼机场2004年2月举行启用仪式，至2007年10月仍处试运行状态，贵宾接待系统尚不健全，也没有免税店。我国使馆签证处常会遇到这种情况：伊朗访华客往往在搭乘傍晚航班赴北京的当日才来办特急签证，在我们看来，是白白花了加急费。伊朗的商店节假日关门大吉，这与中国的商店刻意利用节假日营销恰恰相反。且不论节假日，成千上万市民郊游远足，即便周末，也常可见到一家几口，在十字路口的草坪上铺上地毯，在车来车往、众目睽睽之下，悠闲自得地品味野餐。伊朗人逍遥自在的一面，可见一斑。

减法经商

“波斯商人”在中国是精明商贾的代名词。自古以来，伊朗人就沿着丝绸之路来华经商，充当东西文明的使者。

如今的伊朗商人之精明不亚于其先辈，尤其从事商业谈判，伊方惯于不着急，谈判延续几年是常事。伊朗虽与西方不睦，但对西方的商贸规则与标准娴熟于心。西方的质量标准加中国的低价位，是许多伊朗商人追求的目标，即使到了签合同的最后一刻，伊朗人也不会放弃砍价的时机，以至许多合同是在对方启程回国前一刻，甚至将对方从返程的机场上拉回来签署的。如若伊朗商人能增强点“双赢”意识，其“精明”必将如虎添翼。

伊朗商人不相信“薄利多销”，凡购物打折一般只对买主一次有效，随行者欲购买或原买主再次去，这个打折即失效。例如叫价六元一只的杯子，还价五元，店主还有一元钱的赚头，照中国人的想法那么多卖一只就多赚一元。可是店主不这么算，他是按减法规则计算：你随行同事再买 50 只，本店就损失 50 元，你下次带来更多的人以此价格购买，本店可就亏大了。但一旦讨价成交，伊朗的店主都很诚实，不会以次充好、短斤缺两，钱不够可以先把商品拿走，隔日再还。或许正是千百年来一脉相承的诚信为本，令波斯商人享誉四海。

酷爱洁净

伊朗男人多蓄胡子，尤其是黑白相杂的胡子，给人一种不整洁的印象，这实在是误解。其实伊朗人是世界上最讲卫生的民族之一。这与宗教信仰相关，古代的拜火教和当今的伊斯兰教都讲究清洁，久而久之就变成人们的传统习惯。你到城市的任何一个公园，都很难见到随意丢弃的纸片和烟头。在新加坡,是“重罚之下必有畏夫”。在伊朗，公民的洁净则主要出于自觉和习惯。在北京的公园晨练，最不愿意看到的随地吐痰，在德黑兰的公园却看不到。不光大街、广场、公园干净整洁，即使偏僻小巷，也难以见到卫生死角。政府和相关职能部门非常重视环保，专设一位副总统负责环保事务，每年通过举办植树节等活动，提高公民环保意识。德黑兰的老树都有户口，不得任意砍伐。有的大树即使在马路正中也被保护起来，让汽车绕行。新植树木逐年俱增，许多原本光秃的山头也遍植绿树。

伊朗是个水资源缺乏的国家，然而，许多建筑物院内都建有大水池，用以净化空气，美化环境。德黑兰主要几条南北走向的大街两旁都建有明渠，渠水终年不绝，滋润行道树。虽有蚊虫孳生，但未闻有人罹患疟疾。

由于伊朗人讲究洁净，恪守有利于健康的清规戒律，所以一般在发展中国家易于暴发的传染病，在伊朗感染的比例是很小的。伊朗人均预期寿命达 71 岁，居于发展中国家前列。

震天恸地的阿舒拉节

伊朗每年伊斯兰教历 1 月 10 日都要举行规模浩大、令人震撼的阿舒拉纪念活动，以纪念 1300 年前在伊拉克南部卡尔巴拉壮烈牺牲的第三伊玛目侯赛因。侯赛因临危不惧、宁死不屈。公元 680 年，在伊拉克中南部卡尔巴拉，以区区 80 人与倭马亚大军拼搏，直至流尽最后一滴血。他被伊朗尊称为“烈士之祖”，成为伊朗人心目中的鲁斯塔姆（意为“英雄”）。每当阿舒拉节，伊朗把悼念演绎成凝聚民心、报仇雪恨的平台，其文化特质和宗教情感显现得淋漓尽致，令其敌人望而生畏，毛骨悚然。

先期的隆重布置

阿舒拉节前一周，各交叉路口、广场、政府与宗教机构就悬挂黑旗，广告牌上挂与侯赛因殉难相关的绘画、标语，商业和电影广告牌则缠上黑布条，街道两旁或交通要道正中的灯杆上尽挂条形布幅，上书主要内容不外乎“向侯赛因致敬”“侯赛因是烈士之祖、自由者之父”“为真主复仇”“天天阿舒拉，处处卡尔巴拉”。

每个街区都搭上帐篷，供施食和游行用。帐篷周边及每座清真寺和修道院门前都挂上横幅、竖幅，上印有“真主伟大”“向侯赛因致意”或12位伊玛目的名字。在街区醒目的地方挂上巨幅侯赛因头部或胸部中箭流血的画像（2007年不允许悬挂）。

这些标语、宣传画及侯赛因像的一个共同点是都画有淋漓的鲜血或血手印，似乎刻意使人们对先烈殉难时的惨烈感同身受。恰逢阿舒拉节揭幕的霍梅尼地铁站候车大厅正墙上，在阿拉伯语的“奉至仁至慈的真主之名”之下，以红油漆描绘一大片流淌着的鲜血！甚至利用现代媒体的动感，在电视屏幕显示的侯赛因烈士名字

伊斯法罕阿比亚奈村阿舒拉节活动

上汩汩流出一摊血，几尾金鱼在血中游动。最大的也是展示最多的画，是再现伊斯兰教历60年侯赛因在卡尔巴拉殉教的场景：几位身着黑夹布的妇女或匍匐在地，或依偎在白马身上痛悼亡主，黑袍、白马、红血三色对比极其强烈。尤其在随处可见的黑色条幅上由红色颜料书写“向侯赛因致意”，字下滴鲜血状，红黑两色，给人以铁与血碰撞的震撼。

阿舒拉节还要备好三种法器。

第一种是阿舒拉标。该标重一百公斤到三五百公斤，长3到8米，上设10到50个器物，以刀戟剑为主，间置鸟兽瓶或人面鸟身模型，两端为鸟头，由两侧向中部依次增高，中部最高的刀剑达两米左右，每个刀戟剑的顶部遍插尺许长的鸵鸟毛，多者五根，染成红色或绿色，刀戟剑之间为浇铸的羊、骆驼、鸽子、猫头鹰等模型。大型的标还要在中部最长剑下两旁置有巴列维王朝时期的伊朗国徽——一对持刀的狮子。横梁或刀剑上刻有颂扬侯赛因的字句，或刻上真主安拉及什叶派五大圣人（穆罕默德、法蒂玛、阿里、哈桑、侯赛因）的名号，或刻有“得佑于安拉，黎明在即”一类词句。标架之下是彩色条形布幔，上绣图案和圣名。最下方是立方体底座，座上刻有伊玛目的名字。标的通体由铁或铜铸造，镀上锡或银，个别的镀金。游行时由几位壮汉担任“扛标手”，居于队伍中段，轮流托行。所谓托行，必先将宽厚的跨肩背皮带缚好，凹形卡口置于小腹部，众人抬标插进凹卡，便由此壮汉自行托起前行，每走几步停一次，行数十米更换一人，意在再现当年卡尔巴拉战役的壮烈。

第二种法器为灯架。由数十上百个桅灯组成塔形或耸肩形的灯架，通常三排并列，长4至5米。每到夜晚点亮，供夜间游行使

阿舒拉扛标手

用。什叶派认为侯赛因是“指路的明灯”，灯架寓意不言自明。

第三种法器是扁鼓。直径 0.5 米到 1 米不等，游行时由鼓手组成方队，走在队伍的最前面击鼓引路，每击鼓一次，主队的男青年就要用铁链鞭或沙袋击打后背一次。儿童游行则使用直径仅 20 厘米的小鼓，铁链鞭也相应缩小。

有的街区还用椰枣树搭成棚房和土炉灶，展示伊斯兰初期信徒生活场景，同时为阿舒拉节烘托气氛。

施食行善

施食的帐篷一般都以治丧委员会、圣裔协会、市政绿化委员会等为单位设置，最密集的是德黑兰老城西区，每隔四五十米就有一处。食品原料多为大米和牛羊肉，按区按户自愿捐献。此外，也有不少私人自行操办，特别是富豪大户自家熬煮饭菜，借此机会大行其善。他们大多在阿舒拉节前两天（即伊斯兰教历 1 月 8 日）就开始煮肉烧汤备饭，9 日中午正式供应；有的则提前两天就开始施舍。离我居所不远的一处帐篷是从饭店订盒饭，每天 3000 份。一个小伙子见我路过，坚持拉我进修道院内用餐，我推辞说无处停车，他随即用一个大塑料袋装了 3 盒盖浇饭送上车，每盒有 3 到 5 片肉，一碗豆汤和藏红花汁浇白米饭。还有一处帐篷的主管见我不肯收，提出要我的地址，直接送饭上门。再三推脱，盛情难却，最后他为我盛了一大塑料罐伊朗风味粥，我带了回来，请同事们分

阿舒拉节施粥食

享。而我的富商邻居，更是个仗义疏财之人，每逢阿舒拉节，都令仆人们头一两天就在院内搭起大炉灶，灯明通宵，烹煮食品，待来日连续数天大搞施舍，前来领饭的人有时排队长达几十米。

一些家庭主妇也从家里端出一盘盘点心、热茶分送给路人；还有的年轻夫妇带着孩童沿街发甜点；有的人突然在街口停车，打开车后备厢，取出一袋袋食品分送过路人。最令我感动的是，一位走出清真寺的中年妇女笑盈盈地向我走来，将她要端回家的两碗流质甜食递给我一碗。这种和谐的氛围的确给人宾至如归的感觉。

清真寺、修道院悼念活动

清真寺、修道院以及先贤墓地是举办阿舒拉节悼念活动的中心，在伊斯兰教历 1 月 10 日前后近半个月之中，人来人往，络绎不绝。正式活动一般在上午九十点钟开始，一位主讲者在台上席地而坐，手抚《古兰经》，口对麦克风，以悲怆哀痛的语调陈述侯赛因为维护伊斯兰教真谛，为延续圣裔家族香火，英勇顽强抵抗倭马亚大军，不惜玉石俱焚、身首两端；什叶派信士永志不忘烈士之祖、为真主报仇的自由者之父的丰功伟绩，为反抗强权、消除不公、伸张道义不惜流血牺牲。与会者均席地而坐，大多手持《古兰经》，有的将《古兰经》顶在头上。主讲人说到激动处，全场群情激动，抽泣声、拍胸声连成一片，有些四五十岁的壮汉竟哭得不能自已。

聚会之后，老中青年聚在一起用铁链鞭抽打后背，且节奏不断加快，以致大汗淋漓、后背红肿，借此亲身体会 1300 年前侯赛因遭受的苦难，由身到心继承先烈的殉教精神——这是纪念侯赛因伊玛目所独有的。

而在阿舒拉节的大部分时间里，人们到清真寺等宗教场所，静静地读《古兰经》，默默地祈祷，低声地聊天，离开时不忘从门旁桌上的盘子里取一小块饼干，边吃边步出大门。

悲壮的“悼念侯赛因”游行

“悼念侯赛因”游行是阿舒拉节最为悲情、最为壮观的宗教纪念活动，也是阿舒拉节的高潮。除德黑兰市老城这些中下层穆斯林聚集的东区、西区和南区外，当属东、西阿塞拜疆省、阿尔达比勒省和加兹温省来得隆重，这四省与什叶派振兴并于 1502 年正式成为国教相关。

2007 年阿舒拉节适逢领袖霍梅尼自流亡地巴黎返回伊朗的纪念日，游行的规模和声势显得更大。我专程到总统府西侧的达鲁基大街观看“悼念侯赛因”游行。游行自上午 11 点开始，持续到下午 2 点。每支队伍代表不同的教区、街区或单位，游行者一律着黑衣，一部分人头系绿布条，上书红字悼语。一位手持麦克风的汉子随载有扩音器的手推车前行，高唱悲壮的悼歌，几十名全身包括头脸遍抹黄泥巴的小伙子走在队伍前列。这些泥是专程从伊拉克的卡尔巴拉运来的，意在展示当年侯赛因在卡尔巴拉浴血奋战、遍身泥土的场景。接着是鼓手队，鼓手们随着悼歌的节奏击鼓。排在后面的主体队伍，每四五人一列，有节奏地用铁链鞭整齐划一地击打自己的左右后背，汗水与铁屑黏到一块，在阳光的照射下闪烁着金属的光点。击打节奏最快时是二三十人围作一圈，愈击愈烈，此时警

阿舒拉节游行者用铁链鞭抽背

察会出面干预，令其减速。令人瞩目的是鼓手与击鞭手之间的阿舒拉标，托标者虽是经挑选的 5 至 10 名大力士，但一人托起 8 米长、数百斤的歇山式金属架也显得相当吃力，不时有路边观看的妇女携孩子走来，在标上摸过后再抚摸孩子头部，或将纸币塞到大力士嘴里，或挂在标架上，其用意或是鼓劲，或是祈福消灾，或两者兼而有之。

更令人瞩目的是游行队伍中的大型黑棺与小型绿棺，有持长方旗、三角旗或筒状幡者陪侍左右。小棺象征与侯赛因一道被杀死的所有儿子（三月大的儿子小阿里除外），伴护棺的多为不足 12 岁的男童。大棺后跟着几位骑高头大马的骑士，他们正向一位手持盾牌的人刺枪，持盾者象征侯赛因，他左躲右闪，一次次避过敌人的武器。还有人扮演侯赛因的家眷与孩童，侯赛因的“遗体”被盖在染满鲜血的白布之下，一头“狮子”在“尸体”旁嗅来闻去。一辆架着宝座的车上，“倭马亚国王”冠冕堂皇地坐着，眼睛恶狠狠地盯着殉道者的首级。此外，还有队伍吹着小号、敲着钹，从系满黑纱的绿树阴下和广告牌前缓缓行进。这一天，你走在街上可以看到许多私家车都装上或画上与侯赛因殉教相关的标志，有的挂三角黑旗，上书“向侯赛因致敬”，有的在车后窗玻璃上书写“我是侯赛因的疯子”，或干脆洒上红颜料，犹如鲜血四溅。此时此刻，领袖、议长和总统都聚集在霍梅尼修道院，悼念侯赛因。

中东其他地区的什叶派也过阿舒拉节，只是表现方式不同。在

阿舒拉节游行重演护送伊玛目侯赛因头颅场景

伊拉克，250 万信士赴卡尔巴拉，尽管多次遭袭，伤亡惨重，但仍阻止不了其痛悼伊玛目的决心，毕竟萨达姆统治期间，长期禁止什叶派过阿舒拉节。

殉教情结与烈士无上

伊朗是个慎终追远的国家，对烈士的推崇和膜拜到了无以复加的地步。

当你进入德黑兰市区，在广场、闹区、街口、路旁，许多高大建筑物的墙壁上都绘有各种彩色的巨幅画像，赫然醒目。除领袖之外，其余几乎都是烈士的画像。它们是对伊斯兰教什叶派殉教精神的一种颂扬和渲染。

伊朗的楼房大多两侧通体封墙，不设窗户，这就为画烈士像提供了广阔的空间。所有的画像皆为彩绘，有头像、半身像、全身像；有单人像、双人像或群像；有戎装像、便装像或西装像（但不系领带）；有伊斯兰革命前被国王镇压的烈士，也有革命后被恐怖分子谋杀的烈士，更多的是两伊战争中牺牲的烈士；还有外籍“烈士”，如 2004 年在加沙遭以色列谋杀的哈马斯领袖亚辛。但凡涉及先圣的画像，都以布遮面的方式处理画面。

在 2005 年竣工的新议会大厦会议厅低层与二层旁听席的中隔处，并排悬挂着 44 位议员烈士画像，正中最大的一幅为宗教头领、前议员穆达莱斯的巨幅头像。他是在王国时期被判颠覆罪而被处以极刑的。

伊朗城镇的许多街道不但以烈士名字命名，而且按烈士贡献大小和职位高低，依次命名主要街道，中、小街道，以及小巷和胡同。如德黑兰西北部的恰姆兰大道，即为纪念 1981 年 6 月在两伊战争前线牺牲的恰姆兰烈士。他从中学时代就参加反国王斗争，在美国留学期间被伊朗当局缺席判处死刑。革命胜利初期他赴黎巴嫩参与黎什叶派抵抗以色列入侵的战斗，后在伊朗的胡齐斯坦省顽强地阻遏伊拉克军队入侵，被誉为捍卫宗教、国家和全世界穆斯林的典范。最高领袖霍梅尼称他是“具有多方面知识、学养和圣战精神的人才”。

位于德黑兰市南北中轴带，从塔杰利希广场通往市中心的夏里阿提博士大街，是以一位有争议的世俗革命者夏里阿提的名字命名的。夏里阿提在大学期间曾两度被捕，1969 年自流亡地巴黎返国后，主办培训伊斯兰青年的讲习班，该讲习班以什叶派第三伊玛目侯赛因命名。1973 年讲习班被查封，夏里阿提与其父一道被捕，一年半后获释。1977 年他赴伦敦仅月余就遇刺身亡。夏里阿提曾大胆地提出许多新主张，包括应学习西方的某些经验用来服务于伊朗社会。最高领袖霍梅尼评价说，夏里阿提的思想虽常常引起宗教学者的争执，但他在对青年的伊斯兰教启蒙方面发挥了巨大作用。

伊朗许多城市大街是以 1981 年 6 月 7 日（伊历 1360 年 4 月 7 日）的遇难者名字命名的。那一天，伊斯兰共和党总部发生大爆炸，死亡 72 人，多为伊朗新政权的精英，其中包括最高法院院长巴哈希提和总理穆萨维。这也是迄今为止伊朗国内遭遇的最惨烈的一次恐怖主义袭击，造成了无可弥补的巨大损失。德黑兰市中心区的“四七广场”，即以此日命名。

德黑兰市中心有一座专为烈士建造的博物馆，陈列着巴列维王朝、两伊战争和黎巴嫩—以色列战争三个时期牺牲的烈士遗物及其事迹。

在伊朗人心目中，烈士墓地承载着烈士的亡灵，是非常神圣的，要用上好的石料修墓、立碑，甚至在墓碑上刻上烈士画像（除刻姓名外）。伊朗在两伊战争中有 20 多万人阵亡，这是一个独特的烈士群体，受到当局特殊的礼遇，上万名烈士安葬在德黑兰市南郊领袖霍梅尼墓的东侧，远远望去，仿佛毗连的民居。

德黑兰市后山 2700 米处，有一个巨大的山窝，在可以鸟瞰德黑兰市全貌的台地旁，修建了无名烈士墓，墓地依次排列八方黑色大理石卧碑，象征八年两伊战争中无数英烈浴血奋战，保卫了伊斯兰革命成果。我曾亲睹两位女中学生蹲在碑侧，抚碑默哀。询其是否有亲人在无名烈士之列，答案是没有，但称任何烈士的亡灵都与活着的人相通，都可以为生者带来好运。

伊朗有 91% 的人信仰伊斯兰教什叶派教义，该教义的最高追求是殉难，最令人尊崇的楷模是烈士。在什叶派的历史上，十二位伊玛目（大教长）中有六位遭暗杀或阵亡，包括第一伊玛目阿里、第三伊玛目侯赛因和唯一安葬在伊朗境内的第八伊玛目礼扎。为这些先烈报仇雪恨、流血献身是世世代代什叶派教徒义不容辞的天职。

什叶派作为伊斯兰教的少数派，在伊朗得以存在和发展，有其

绘在墙上的烈士群像

历史因由：自波斯大帝居鲁士一世定都于阿克巴塔那（哈马丹）至今的2600多年里，逾半时间伊朗都处于外来统治或征战之中，自保意识和反主流意识深深地积淀在伊朗人的血液中。到16世纪初期，面对逊尼派奥斯曼帝国的威胁，伊朗的萨法维王朝选择什叶派为伊朗国教。如今，伊朗已成为世界上最大的什叶派国家和唯一的什叶派政教合一国家。

在伊朗人眼里，他们的第一烈士是先知穆罕默德的女婿阿里。他作为伊斯兰国家的第四哈里发（正统继承者）、什叶派第一个伊玛目，其地位无人能及。公元661年他被什叶派内部分裂出去的“哈瓦利吉”派信徒刺死。每当伊斯兰教历9月21日阿里忌日，伊朗各清真寺、侯赛尼亚特修道所以及各宗教圣地，都普遍举行纪念活动。报纸头条、清真寺门脸、霍梅尼祈祷地（霍梅尼逝后入殓地）、过街天桥都书有纪念阿里的标语、颂词，桥侧路旁灯柱上挂满黑旗。阿里忌日的头天晚上，人们都赶往各清真寺或霍梅尼墓，为阿里守夜，或祈祷，或颂功，或以阿里高尚品德诠释当今为人之道，直至黎明。

伊玛目侯赛因的忌日又适逢先知穆罕默德得到真主启示、书成《古兰经》之时，所以各大小清真寺、修道所都要举行悼念仪式。人们或手捧，或头顶《古兰经》聆听主持者以悲怆哭泣的语调，颂扬侯赛因伊玛目的丰功伟绩和献身精神，台下听众或痛哭流涕，或捶胸抱头，缅怀与复仇的气氛凝重地交织。

伊朗东部重镇马什哈德（意为“殉难之地”），是埋葬第八伊玛目礼扎的地方。当年蒙古人帖木儿的大军攻陷图斯城后，伊斯兰信徒纷纷迁往邻近的马什哈德，集结起来保卫伊玛目礼扎的圣墓。1979 年伊斯兰革命胜利后，政府曾大规模拓展圣墓园，修建礼扎伊斯兰大学教学楼、图书馆、博物馆及其他公共设施。每到日暮，一车车地毯被运来铺在墓周巨大的环形广场上，四面八方的人们集中于此，随着扩音器传来的领祷声，众人整齐划一地祈祷，场面之壮观如同麦加的天房。现在每年到此朝觐的伊朗境内外什叶派信徒不下 1500 万人次。

已故最高领袖霍梅尼曾对烈士有过论述。他称，烈士是真正的贤哲，是民族的荣耀，是历史的胜利者，因为他们为真主、信仰、尊严和国家而战。殉难是人生的最高目标。霍梅尼于 1979 年 2 月自巴黎返国的第一个目的地便是烈士墓。正是在墓地，他庄严地宣布巴列维政权的垮台、伊斯兰政权的诞生。

霍梅尼在世时，烈士基金会属于霍梅尼直接领导的九个委员会之一，系专门负责优抚烈士遗属的机构，烈士基金会在稳定伊朗社会、巩固伊斯兰政权方面发挥了独特的作用。

艾哈迈德-内贾德就任总统后，努力践行领袖思想，并将烈士的殉教精神进一步提到了“献身文化”的高度。他称，献身是人类圆满的顶点，烈士是伊朗人民和政府继续革命的财富，是最宝贵的精神遗产；伊朗所面临的社会缺陷与腐败现象，正缘于在维护献身文化和激发革命精神方面的软弱无力。他在议会宣誓就职时，议会大厅从入口到主席台旁都摆满了烈士肖像。上任后，他还在各公园临街处修建“饮水思源亭”，可谓用心良苦。该亭底座为花岗岩，顶部为红铜薄板制作的，四边八角华盖，中部用大理石。中部在临街的一面书 3 至 4 位烈士的全名，余下三面镶有烤瓷的烈士头像，一般都是亭子所在街区的烈士，亭的下部设饮水台，装有水龙头，供游人和路人饮用。

总之，殉教的理念在伊朗早已深入人心，形成了一种特殊的民族情结。不但在各种忌日能看到建筑物上悬挂血淋淋的标语或画像，即使在新建不久的霍梅尼墓地铁站的候车厅墙壁上，在书写《古兰经》首句“奉至仁至慈的真主之名”之下，也以红油漆涂抹着一摊摊鲜血。

美国在“9·11”事件后入侵伊拉克，并以伊朗核问题为由，威胁对伊朗动武之时，成千上万名伊朗青年踊跃报名参加敢死队。这不禁令人联想到两伊战争刚刚爆发时，在许多国家对伊朗实施武器禁运的情况下，伊朗革命青年十几人或几十人一组，诵罢《古兰经》，端起破旧步枪，揣上手雷，无所畏惧地走上战场。如此理念，如此场景，让一切敢于来犯之敌胆战心惊。这或许正是“殉教精神”的实际效应。

烈士的作用及殉教精神在伊朗是民族凝聚力的源泉、国家持续前进的动力。伊朗伊斯兰共和国国歌的歌词就对此做了最好的诠释：“烈士们的呐喊，在全世界回响。伊斯兰共和国天长地久，地久天长。”

伊朗模式的临时婚姻

伊朗容许临时婚姻，它是伊斯兰什叶派习俗的组成部分，完全符合什叶派教法，顺理成章受法律保护。

众所周知，按照伊斯兰法，穆斯林男子最多可娶四房妻室。而现代，事实上“一夫四妻”的婚姻模式在伊朗社会已几近绝迹。由于多方面因素，“一夫一妻”更为大多数人所推崇。而临时婚姻并不属于“一夫一妻”或“一夫四妻”之范畴。它的存在是相对永久婚姻而言的，一次临时婚姻就产生一个“临时丈夫”和一个“临时妻子”，就独立的个体来说，一生中的不同时间段的临时婚姻总次数通常不限。

临时婚姻有诸多的前提条件。对于女方，要求甚严：可信度高，非声名不佳者，年满 18 岁，离异或孀居，处女在禁止之列，否则会有伤风败俗之嫌。而今，时代不同了，适龄未婚女子也有临时结婚者。对于男方的要求：须在远离家乡、妻室情况下，如同对待正式婚姻一样送彩礼（数额多寡可议），并供养女方。另外，双方必须都是穆斯林，在彼此完全自愿的前提下，具签临时婚姻契约，或得到清真寺阿訇认可，尽量不让其他人知晓，在秘密状态下进行。

临时婚姻与永久婚姻的目的以及它们各自所带来的结果都有所不同。临时婚姻一般不以生儿育女、繁衍后代为目的。而且，多数主观上是可以避免生育的，这对男方显然利大于弊：既满足了男方生理上的需求，又避免了承担永久婚姻所带来的财力过多支出，以及养育子女的责任。为此，男方在签订临时婚姻契约时往往会专门注上一笔："按照真主的意志，我愿与你结婚，我可以避免不道德行为；而你，则不能继承我的财产。在一段时间里，我不想要孩子，这样，我们俩如愿意，就能延长此次临时婚姻的时间。"如此这般约法三章，无疑使男方处于更为有利的地位。当然，临时婚姻也有不经意违约生子的。一旦子女降生，会促使社会上永久婚姻的倾向提高；如未育子女，则会使临时婚姻的现象增多，从而在一定程度上导致人口增长的减速。至于临时婚姻所生子女，不管双方事先有无约定，男方必须承担养育的义务，直至私生子长大成人。女方及私生子对男方的遗产没有继承权，但此类私生子拥有除继承权之外所有的民事权利。相当一部分临时夫妻生子后，共同的骨肉会令他们情感益笃，遂由临时关系转为终身伴侣，双双加入永久婚姻的行列。由于角色的转变，夫妻双方所享受的权利与责任亦随之转变。

临时婚姻彰显了什叶派灵活务实的一面，在正式婚姻和性产业之间，找到一种折中的解决方法，满足社会上特殊人群的生理和心理需求，特别是为结不起婚的贫困男青年减少心理和生理的压力提供了合法良机，为社会注入一针特别的和谐剂。伊朗在伊斯兰革命刚刚成功后就遭遇了长达八年的两伊战争，几十万男青年的流血牺牲，也给伊朗制造了成千上万年纪轻轻的寡妇。政府虽对这些遗孀抚恤有加，但解决不了她们的所有问题。时任伊朗议长、2007 年至 2011 年任专家会议（监督、弹劾和选拔领袖的机构）主席的拉夫桑贾尼心慈智睿，在一次群众大会上，公开号召未婚的士兵和男大学毕业生，与这些有恩于国家和民族的遗孀结成百年之好，或与她们临时结婚。虽然部分保守的宗教人士（拉夫桑贾尼本人亦为宗教人士，并已晋升至什叶派第二最高教阶——阿亚图拉）有异议，但毕竟为大多数遭难的家庭以及富有人情味的公民所接受。无独有偶，远在地中海东岸的黎巴嫩，长期处于与以色列的流血冲突之中，不少家庭也有类似的情况。2007 年，黎巴嫩的什叶派宗教领袖法达拉拉亦发布教令，重申临时婚姻是合法的。

据伊朗友人称，两伊战争给伊朗造成了至少 25 万名寡妇，由于政府采取怀柔政策，大部分战争寡妇已再婚或临时结婚，纾解了战争遗留的一大难题。

当然，所谓“临时”可长可短，短者几天，长者数年乃至更久，这完全由当事人按自己的意愿据情约定。

在容许临时婚姻的大环境下，与其寻花问柳，不如名正言顺地临时结婚。这对于穷困的寡居妇女不无小补，同时也避免或减少染病的风险。据统计，伊朗是世界上罹患艾滋病比例最低的国家之一，这与伊朗的临时婚姻政策不无关系。

凡事终归有利有弊，临时婚姻也为一些别有所图的人提供了机会。一位阿拉伯使节夫人告诉我，她的一位伊朗女友的临时婚姻次数惊人，男方彩礼使其过着极宽裕的生活。这恐怕是个极端的例子。

一些旅居伊朗的中东、南亚穆斯林，也成为伊朗临时婚姻政策的直接受惠者。有的因此弄假成真，相聚容易相别难，人走了却留下了一身孽债，斩不断理更乱。

自古崇拜狮子的民族

石狮，对于中国来说，那是家喻户晓的物件，是镇宅护门之宝，从天安门前金水桥旁到大户人家宅门两侧，所见多有。如今一些饭店、机关，甚至住宅小区的大院门侧，都摆上了石狮。目击日本帝国主义侵华暴行的卢沟桥上，大大小小或隐或现的石狮数也数不过来。中国福建的一个市干脆用石狮命名。中国大语言学家赵元任，曾以“狮”字及其谐音字编了一则绕口令的故事，题为《施氏食狮史》：“石室诗士施氏，嗜狮，誓食十狮……食时，始识十狮尸，实十石狮尸。试释是事。”

然而，“狮子”一词并非中国专利，是从波斯文“希尔”（意为“狮子、奶汁”）音译过来的。中国原创的“狮子”是“狻猊”，舶来了“狮子”丢弃了“狻猊”，这是发生在东汉末年的事，也算是中伊两个伟大民族通过丝绸之路相互交流的一段佳话吧。

在伊朗，自古以来，狮子就是图腾、是象征。它象征力量、威猛和强大。至于从何时开始崇拜狮子，谁也说不清楚，但可以肯定的一点是，波斯大帝大流士时代，古波斯人对狮子的崇拜已至登峰造极的程度。历史上，多个伊朗王朝以狮子的形象作国徽、王徽，如恺加王朝、巴列维王朝皆如是。位于设拉子市东北60公里处的波斯波利斯遗址，多处刻有狮子啃牛背的浮雕。为突出雄狮的力大无比，古代的能工巧匠刻意将狮子的四肢肌肉雕得极度发达，利爪如入木之钉，牢牢地扣住牛身，两目圆睁，双耳内立，锋牙利齿狠狠地嵌进牛脊，将狮子作为百兽之王的威武雄壮描绘得淋漓尽致。这些浮雕虽惨遭亚历山大大帝焚烧，又历经2000多年风吹日曝，迄今仍栩栩如生。

关于狮子啃牛背的含义有两种版本的解释。一说狮子象征春天，公牛象征冬天，雄狮咬死了公牛，冬去春来也；一说波斯波利

巴赫蒂亚里坟墓上的石狮

斯本是波斯大帝接见朝贡的属国属地使者的殿堂，让臣服者对狮子咬牛的场景望而生畏，警示他们并通过他们转告其主子，谁敢背叛波斯大帝，唯死路一条也。与此类浮雕形成鲜明对照的是刻在各殿堂石门内侧的立狮浮雕，雄狮虽依然强壮，但在国王面前，狮子的腹部被国王深深地插进了一把匕首。不言而喻，波斯大帝比强壮的狮子还强大。

而保存最完好的狮子浮雕，是波斯波利斯描绘23个波斯属国属地使节与代表在波斯新年庆典上进献贡品的场景。来自美索不达米亚平原的乌夫贾人（即苏萨人），高束发髻，肩背弯弓，腰插匕首，用皮带牵着一头母狮，这头走在前面的母狮回头观望另一位苏萨代表怀抱的两头幼狮，目光中充满了怜爱与忧虑，令观者无不为之动容，感叹不仅仅人类的母爱是伟大的！

石狮在伊朗的另一大功能是作为墓地的一种装饰，立在酋长、部落首领等头面人物墓地的石狮，既充当保护神，又彰显墓主的地位。墓主身份越高、地位越显赫，守护墓地的石狮就修造得愈高大、愈精美。位于伊朗西部扎格罗斯山区的恰哈尔马哈勒—巴赫蒂亚里省尤为盛行此习俗。

至于尚存世的早期石狮，只能到波斯古都哈马丹参观了。这尊硕果仅存的古石狮，长2.5米，宽1.5米，高1.2米，曾是立在哈马丹城门两侧一对石狮中的一尊。阿拉伯人6世纪统治该市时，称此城门为“狮子门”。公元931年，德拉米扬人攻占哈马丹时摧毁了城门，并一度试图将这对石狮搬到雷伊城（德黑兰东南部）。结果一尊被摔毁，另一尊狮爪被砸断。1949年，石狮经修复后迁到现今的石狮街尽头的方形广场。伊朗考古学者判定它是安息王朝的

哈马丹石狮

遗物，理由是在原来搁置石狮的石礅底下发现了安息时期的墓葬。1931 年，此石狮被定为伊朗第 93 号国家历史遗产。这尊石狮历尽劫难，虽然细微部都已模糊不清，但整体外形显得更加艺术抽象。哈马丹人称其为“狮子狗”，认为他们的城市由于有了这座石狮子，才把咒符镇住。

总体说来，伊朗的石狮比中国的石狮显得更加粗犷、质朴。无论是在设拉子市诗人哈菲兹墓园咖啡馆陈放的狗状石狮，还是在伊斯法罕市 33 孔桥下，尾巴刻在后半身的石狮，都显得简洁直白。

为保持这一石雕传统，位于伊朗西南的胡齐斯坦省拉利县的石匠们，模仿古代的石刻，大批量地制作石狮，一袭传统的样式：直背仰头嘴大张、四肢僵直肚皮扁；狮身刻有人、马、兽、刀、剑等图案；有的狮身图案则不再仿古，刻画的是现代的手枪与刀剑。

走遍伊朗，可见到的唯一一对仿真狮石雕，是当年立于巴列维王朝第一代君主礼萨·汗绿宫宫门两侧的石狮，现已被用有机玻璃罩精心地保护起来。但这对仿真石狮并未能完成保护主人的使命，巴列维王朝的两位国王礼萨·汗及其子穆罕默德·礼萨均半途退位，该王朝两代而亡，总共只维系了54年。

花的国度

假如你到伊朗旅游观光，或者工作生活，见得最多的应该是花。伊朗人爱花已经到了如醉如痴的地步。养花种花，卖花买花，雕花绘花，敬花送花，早已成为伊朗人生活中不可或缺的一部分了。

伊朗人居家过日子离不开花，别墅也好，普通民居也罢，从院落到阳台，从门厅到居室尽用鲜花布置。买不起鲜花的，也会在房里插上几枝绢花、塑料花，或者干花野草。

伊朗政府官员的客厅和办公室都有摆花的习惯，如外交部，且不说部长、司长的办公室，处长办公室的墙角案旁也都摆有套盆套篮的鲜花绿草。曾主管环保的前副总统马苏梅爱花成癖，她的办公室有三分之一用来放置各种奇花异卉，客人造访她的办公室如身临花丛之中。在伊朗，亲朋好友互访，往往以花为礼，设宴招待贵客，餐桌上的鲜花也是省不得的。甚至工厂厂长接待外宾来访也以花相迎。记得到前总统哈塔米的故乡亚兹德市一家工厂参观时，在厂长会见我们的客厅里，每位来客（不论男女）的座位前都摆放一枝红玫瑰。

在伊朗大城市，特别是人口稠密的商业区，几乎每隔几十米开设一爿花店，一年四季皆有时令鲜花供应。有的人干脆将花店仿作街头报亭，径直设在交通枢纽处，一盆盆惹人眼馋的花卉几乎摆到了人行道上。与朝鲜有“卖花姑娘”不同，在伊朗的街头卖花是男孩的专利。我每天必经的十字路口，是一个胖乎乎的男孩的卖花领地，每当红灯一亮，他就挤进汽车之间的缝隙中兜售他的水仙和夜来香。五年里，我看着他从一个小毛孩子长成一个大小伙子。他是在花香中成长的，到后来，红红的面庞上也布满了花一般的青春痘。

伊朗的街道也与花结缘。德黑兰市17000多条街巷中，除了以烈士命名外，居第二位的就是与花相关的称谓了，共达1000多条。其中，蔷薇园（花园）234条，郁金香164条，睡莲51条。我上班路上就有近10条街巷以花命名：香花、小花、花味、花瓣、蜡梅、先知花、指路花……

在伊朗，许多公共建筑物的门脸是以天蓝色调为主的雕花瓷砖镶嵌的。王朝时期的王宫和部委大楼，现已改作总统府以及确定国家利益委员会主席办公室等，后者就是穆罕默德·礼萨国王年轻时遇刺幸免的一处王宫，门楣均装饰模仿地毯的大型瓷砖装饰画，由抽象的花卉组成。王朝时期的国防部，现辟为外交部的一大群建筑，其每个门脸都如法炮制。更为壮观的是外交部南大门，从大门到其上的塔楼，或镂空、或雕塑、或彩绘各种花卉图案，精细又大方。

伊朗历史名城伊斯法罕的阿巴斯饭店，可称为以花为主题的大

上：街头花店
下：民居窗外的花卉

型艺术品。走进门庭，从墙面到楼梯直至顶棚，无处不雕花、绘花、镶花，连楼梯的背面，也精心地绘上花卉图案。小客厅的穹顶用石膏镂空成各色各样的花瓶，走廊两侧摆放的紫铜浮雕画以及厅正中摆放的白铜巨缸，都有高级艺术师一锤一锤敲打出来的花鸟人物图案，形象惟妙惟肖。

另一座历史名城设拉子，之所以被称为“玫瑰和夜莺之城”，是因为设拉子的菲鲁扎巴德玫瑰历史上曾是玫瑰中的珍品。

伊朗市区的建筑物，大多将两侧墙面砌死，不留窗户，以备邻家贴墙造楼，这倒为伊朗壁画家们打开了施展才华的天地。这些壁画的题材大多为烈士；其次是最高领袖霍梅尼和哈梅内伊的画像；少数是象征天堂的画。这些画的共同点是以鲜花来烘托，主要为玫瑰花。玫瑰象征爱情与幸福，代表圣洁与完美。波斯玫瑰举世闻名，因为海拔 1000 至 1400 米的伊朗高原，最适宜玫瑰生长，有的一株可同时开出几十朵花，还有的一朵花直径能超过 15 厘米。在伊朗人的观念里，天堂是由花、鸟、鹿、兔、风、水、美女加美酒组成的。从绘画、搪瓷蓝、木刻、铜或银胎瓶盘，到地毯、挂毯、台布、床罩，在描绘天堂的艺术品上，可缺一类或几类上述物品，唯独不可缺少花，因为花是天堂永恒的标志。

每年五月，在伊朗中部的卡尚市都要举办玫瑰节，该市郊区卡拉姆萨尔村，玫瑰四处飘香。当地村民用自产的玫瑰花，以土法蒸馏制成玫瑰水、玫瑰油，或干玫瑰花，向游客出售。少女沐浴后以玫瑰水抹身，可散发自然的香气；玫瑰油对治疗脱发有奇效，也可用来勾兑香水，其价格昂贵，不亚于黄金。此外玫瑰花还可制成饮料，或食品添加剂。

布满花卉的民居窗口

伊朗人嗜花如痴是有着悠久历史传统的。女孩以花取名的现象非常普遍。

伊朗13世纪伟大诗人萨迪最负盛名的两大诗集亦与花相关，一为《蔷薇园》（花园），一为《果园》。它们展示了诗人对普通百姓的博爱，诗的字里行间迸发着花一般的人道主义光芒："怜悯穷人的富人才是最好的富人，不指靠富人的穷人才是最有出息的穷人。"萨迪试图以歌咏大自然、赞美香花，来沟通人心、净化灵魂。他在阐述写诗集的初衷时称，一次他与友人在果园中散步，园中小溪流水潺潺，枝头鸟儿轻歌慢语；这边树上累累果鲜，那边郁金香五彩斑斓；风儿在绿树阴下，摊开绚丽的地毯。当朋友表示欲将鲜花带回城去时，萨迪道："鲜花虽美，无计永不凋谢；花园迷人，终有春尽之时。易逝之物，何足倾心。"朋友询有何应对之策，萨迪曰："我为观花人赏心悦目，写一部《蔷薇园》，园中蔷薇的花瓣不因秋风乍起而凋零，时节的更替也不会令春的明媚变作秋的凄凉。你与其欣赏瓶中花儿的艳丽，不如从我这园中摘取章句。鲜花五六日便不免枯萎残落，我这片不凋的园林将永予人以裨益。"

非同寻常的伊朗妇女

伊朗的姑娘高鼻梁大眼睛，的确是漂亮，且很爱扮靓。与中国姑娘追求鼻梁高挺相反，伊朗女孩以塌鼻为美。走在德黑兰的街头，常可以见到年轻姑娘的鼻梁上贴着橡皮膏，那其实是刚做完塌鼻手术，尚在恢复之中。到伊朗，生平第一次知悉塌鼻术，令我对美有了新的认识。在此隆鼻为美，在彼塌鼻为美，世事无定例。在伊朗，姑娘们要丢掉的一块骨头，中国的姑娘们巴不得取来替代硅胶。我曾与伊朗卫生部一位高官开玩笑，两国可以在美化姑娘上开展合作，在鼻骨上取长补短，岂不是两全其美的好事。

言归正传，伊朗伊斯兰革命胜利后，大力发展教育事业，使女孩入学率大幅提高。特别是改革派代表人物哈塔米任总统后，采取了不少关怀妇女的措施，哈塔米执政八年里，妇女就业率从 8.9% 上升至 14.8%；女子入学率从 64% 上升至 94%。在八位副总统中，专门任命一位女性副总统负责环保事务。第七届议会 290 名议员中有 13 名女议员，占总数的 4.4%。伊朗的中小学都是男女分校，大学则男女混校，但首都还有一所名为扎赫莱的女子大学。在不少大学里，女生过半，甚至占学生总数的65%。伊朗妇女拥有选举权，也拥有除总统之外的所有被选举权。维护妇女权益在伊朗有一定的社会与法律基础。在王朝时期，1963年颁布的选举法规定“妇女有权参加选举”，1967年又颁布了《保护妇女家庭法》，规定离婚须经法庭审理和判决方能生效，从此取消了男子可以随意休妻的特权。还规定男子最多只能娶妻两人，娶二房时必须征得头房同意。《保护妇女家庭法》修改后又规定妇女有提出离婚的权利。

伊朗妇女的正式服装是“黑夹布”（Hijab，源自阿拉伯语“遮蔽”“幔幛”之意）。常见的一般有三种：正宗的是“恰吐拉”（指用5至6米黑布缝制成一体的扇形宽松披袍，从头裹到脚踝，只露部分面部及手）；其次是“玛嘎纳”（指用来包头的头巾与披肩相连，类似搬运工人穿的带披肩的头罩），外加拖至脚踝的长袍或至少能盖过臀部的宽松外套；第三种是裹上头巾，上身服装与第二种同，这也算一种“黑夹布”。新政权实行政教合一制度后，要求用服装遮蔽妇女的头发、两颊和耳朵。霍梅尼宣布政府部门的女雇员必须穿“黑夹布”，以维护自己的尊严，如果拒不执行，就立即取消她们的工资和福利。之后，伊朗伊斯兰政权还规定男女不能一起游泳，不能一道理发，中小学男女生不能同校，未婚男女不能一起在大街上行走，更不可手牵手。但霍梅尼逝世后，伊朗的妇女政策有所变化。时任总统拉夫桑贾尼鼓励妇女参军、参加经济社会活动，强调妇女应在政治、宗教、教育和艺术活动中扮演更加重要的角色。哈塔米任总统后，妇女的社会环境变得更为宽松，许多政府机构、企事业单位都能看到妇女的身影。近30年来，伊朗社会发生了很大的变化。艾哈迈迪-内贾德作为强硬派的代表登上了总统宝座后，其夫人并未返回家中充当家庭妇女，而是继续教书。总统还建议在德黑兰修建5座妇女公园，专供妇女休憩。在那儿，她们可以毫无顾忌地脱下“黑夹布”，尽情沐浴在高原的阳光里。总统还鼓励妇女踊跃参加体育锻炼并与男子在体育馆同坐看台，观看比赛，但此想法立即遭到库姆圣地的大阿亚图拉（最高等级的教阶）反对。库姆妇女响应总统号召举办旱冰女选手赛，大阿亚图拉卡拉巴尼认为这像着魔一般，十分危险。从此，总统不再号召妇女锻炼身体。他于2006年6月出席上海合作组织峰会期间，派去了包括女演员在内的传统艺术团组，但他本人并未出席文艺晚会。他参加的其他宴请，也表示只接受男服务员服务。

尽管领袖一再强调妇女最重要的责任是家庭，但走上社会的妇女却日见增多。虽然警察每年搞一两次“整顿风纪”的运动，但除马什哈德和库姆两座圣城外，女人的穿着仍旧多种多样，几乎见不到其他波斯湾国家以及埃及、约旦、也门最保守的妇女蒙面遮脸或只露双目的装束。在沙特，妇女是不准开车的，而在伊朗，妇女不可驾摩托车，但可以开小轿车，也可以搭乘摩托车。

在伊朗的清真寺里、公众聚会上，甚至乘公共汽车时，男女必须分开。也有女出租车司机，专拉女乘客，而男出租车司机可不分性别地拉客，前往同一方向的乘客，还可半路招手搭乘，在这种情况下男女只好挤在一起了。在伊朗无须将每月11日定为“排队日”，排队以及为老弱病残者让座是天经地义的事，无须设此类专席，也不必由司售人员提醒。尽管如此，车内却设妇女专座，连机场内运行的大巴都有妇女专座。

关于伊朗妇女着装问题，议会多次议而不决。有的主张维持现状，用6米的黑布制成梯形长袍，从头到脚踝遮盖起来，只露双眼与鼻孔。有的主张效仿黎巴嫩真主党妇女的穿着，头巾与袍分开来，头巾可以是各种花色，长袍可制成平领口风衣状。既然议会莫衷一是，德黑兰的年轻姑娘就大胆地打擦边球，着五色缤纷头巾并尽量将头巾向后脑勺退，穿中短浅色衫，配以牛仔裤。即使着黑衫，也要在细节上做花头，如绣上暗花、打出皱褶、束出细腰，显出身材，夏日穿凉皮鞋并涂指甲油。虽然化妆在被禁之列，但仍有不少女孩大胆地抹粉、擦口红、描眼影，出现在公众场合。

伊朗官方对妇女着装的解释是：用宽大的袍子从头到脚遮蔽起来是符合伊斯兰教法的，只要妇女走出家门就必须如此；穿长衣长

穿着传统服装的伊朗少女

裤，即使完全遮蔽了身体，也不合法；如穿紧身衣，戴上头巾，但显出了女性的体型，不够合法；如穿半透明的衣装或大袍，在逆光下略现腰身，亦不够合法。总之，要把女性的所有特征都隐蔽起来的服装才真正符合规定。为此，伊朗在许多公共场所都有妇女着装提示语，最典型的是德黑兰梅赫拉巴德国际机场国内候机大厅的提示牌，上书："亲爱的姐妹们，你们好比美丽的珍珠，'黑夹布'好比贝壳，贝壳越是厚实，珍珠就越发亮丽！"也正是在这个机场，伊斯兰政权初创时，一架飞机降落前乘务员提醒要系头巾。于是，一队日本游客下飞机后不分男女都系着头巾。这令伊朗人感到新奇：难道日本男人也要着"黑夹布"？

除此之外，伊朗政府根据伊斯兰法，还制定其他一些妇女规则，如已婚妇女出国需丈夫签字认可，女人不可单独演唱，不可着高跟鞋踏出响声或当众喧哗。其实，伊朗对妇女还是相当宽松的：女孩无须行割礼；所谓出国需丈夫认可，只是第一次领取护照时由丈夫在申请书上象征性地签字；许多大商人的家宴上，女眷的打扮与黎巴嫩基督教徒无大区别，她们相拥曼舞，唱跳自若；女议员参政议政，敢于直言。第六届议会两位女议员就曾公开抨击男议员歧视女议员、议会国家安全委员会排斥女议员。2005 年初，伊朗成立了妇女通讯社，总部设在圣城马什哈德，侧重关注妇女社会权益问题。

伊朗妇女受教育比例日增，她们的聪明才智在家庭管理上得到充分的发挥，社会地位逐渐提高。在中国的所谓"妻管严"，在伊朗比比皆是，伊朗男士也毫不避讳，当着客人的面不无自豪地称自己能干的夫人为"主人"。如今伊朗仍禁止妇女担任法官，但可以当律师、检察官，在各部委及新闻媒体，处处可见妇女的风姿，从副部长到司局长都有女性担任。伊朗妇女的非政府组织（NGO）已达三四百个，遍及各省市乡镇，涉及文化交流、学术研究、慈善募捐等多个领域。农村劳动力中妇女占 40%，近 90% 的手织地毯是妇女制作的。

当然，伊朗妇女在海外的声望也非同一般。

伊朗女律师西林娜·伊巴迪获 2003 年诺贝尔和平奖，她也是伊斯兰国家首次获此奖项的妇女。伊朗外交部认为，这是对伊巴迪女士刻苦钻研的表彰，说明伊朗妇女发挥着独特的作用。

美籍伊朗裔女富翁安萨丽 16 岁移居美国，2006 年 9 月 18 日搭乘俄罗斯“联盟号”宇宙飞船遨游太空 11 天，携带了一面伊朗国旗参与实验。她为此行支付了两千万美元旅费。伊朗报刊自豪地评称，她是第一位太空女游客，也是第一位游太空的女穆斯林。

2007 年被列入世界新七大奇观的印度泰姬陵也同伊朗妇女相关。泰姬是莫卧儿王朝第五代皇帝沙贾汗的宠妃，御前大臣、波斯人阿沙夫汗的女儿，原名柏努·比古姆，封号蒙泰姬·玛哈尔，皇帝对她百般宠爱，并践诺为她修造此陵。该陵既创造了建筑史的奇迹，同时又留下一曲美妙的爱情长歌。

在伊朗，最受崇拜的女人是先知穆罕默德的女儿、第一伊玛目阿里的妻子法蒂玛，她被伊朗什叶派奉为圣母。最高领袖霍梅尼将她与阿里的家比作“真主使者之屋、天穹之顶”。哈塔米总统和艾哈迈迪-内贾德总统一致称颂她是“全人类完美的典范，穆斯林妇女最为卓越的榜样”。伊朗伊斯兰共和国建立后，将法蒂玛的生日（伊斯兰教历 6 月 20 日）定为母亲节、妇女节，并连续四天举行庆祝活动：妇女举行集会，领袖发表谈话，为年轻人举行集体婚礼。法蒂玛及形容法蒂玛“光芒万丈”的扎赫莱，是伊朗社会出现频率最高的一组词之一，女性取名“法蒂玛”的十分普遍。许多汽车的后玻璃上都印有“法蒂玛—扎赫莱”字样，它已成为虔诚什叶派的护身符，保佑平安。

伊朗太阳历的由来

伊朗是个固守自己优秀文化传统，而又善于吸收外来文化精髓的国家，其太阳历即为一例。

目前伊朗通用的太阳历（即伊历），是 1925 年 12 月礼萨·沙阿国王执政后实行的。它是古波斯拜火教的“大流士历”、伊斯兰教“太阴历”与欧洲中世纪意大利籍教皇格列高利十三世在位期间颁行的“格列高利历”（公历）三者结合的产物。

1935 年礼萨·沙阿国王决定将国名由波斯王国改为伊朗王国，通用公历与大流士历，国王更重视用公历；其子穆罕默德·礼萨登基后，则重视用大流士历，以彰显他的血统与 2500 年前的波斯王朝一脉相承。

拜火教的新年固定在我国二十四节气中春分这天，几千年流传至今，即公历的 3 月 21 日。古波斯人在这一天要举行盛大的迎春仪式。伊历仍以此日为一年的肇始，当今伊朗仍将其作为最大的传统节日。元年定在公元 622 年，即伊斯兰教先知穆罕默德率领大批信徒由麦加城迁往麦地那城，建立政教合一的宗教公社之时。月数和每月的天数沿用公历，但对后者作了调整：上半年六个月每月31天，下半年头五个月每月30天，12月为闰月，闰月29天或30天。

古波斯拜火教徒一直注重历法，它既是农耕、渔猎的时令指南，又是祭司安排祭祀主神阿胡拉马兹达及其他宗教仪式的晨钟暮鼓。2500年前，波斯帝国的雄伟宫殿——波斯波利斯行宫中，就有多处狮子啃牛背的浮雕。牛代表冬天，狮子代表春天，冬去春来，万物复苏，以春分为标志的新年即春天开始了，所以新年即春节的习俗至少自居鲁士大帝就成为正式的全国节日了。自7世纪始，波斯人逐步皈依伊斯兰教，然而对有祆教色彩的传统却倍加珍惜。虽引进西方格列高利太阳历（即公历），12个月份却依然沿用几千年惯用的祆教称谓，从1月的“法尔瓦尔丁”到12月的“埃斯弗德”。

伊历仅仅将伊斯兰教太阴历起始年作为其太阳历的元年，舍弃了伊斯兰教太阴历的其他部分，盖由于此太阴历不考虑历年同回归年的一致性，只反映月亮绕地球一个朔望的周期，不能反映地球绕太阳一周的实际天数，每隔36年太阴历比太阳历少了一年。也就是说，太阳年的365天里每天都可能是伊斯兰教太阴历的新年。

伊朗将“春分”定为春节，实在是名副其实。3月下旬，位于北温带的伊朗高原适逢春暖花开时节，而我国的夏历（即阴历），则通过闰年来保持与回归年趋同，二十四节气为农耕的时间表；我国的春节，比伊朗的春节早了三个节气，是在“立春”前，大部分地区仍处于隆冬时节。

伊朗伊斯兰共和国成立后，废弃了王国时期的历法。宪法明文规定，国家正式确认伊朗的太阳历以伊斯兰先知迁徙之年为起始的元年，伊历与伊斯兰教太阴历具有同等的地位。事实上，无论是政府机构还是平民百姓都习惯用伊历，伊朗政府的年度财政预算从每年公历的 3 月 21 日起始。伊斯兰教太阴历则主要用于与伊斯兰教相关的活动，包括伊斯兰节日和纪念日。而公历，主要用于对外交往的群体，如外交使团、商贾与侨民。故此，伊朗呈现三历并用的状态。最需换算日期的单位如银行和股市，每个工作人员都备有一个小本，上面有现成的两历对照表，可随时将伊历换成公历。

其实，伊历与公历换算十分容易。其公式为“公历年份 - 621 = 伊历年份”，如：2008 - 621 = 1387，即自 2008 年 3 月 21 日起为伊历的 1387 年。在德黑兰的街头，任何一个伊朗人都会很快答出当天为伊历的年、月、日，而北京街头的中国人却十有八九答不出当天是农历的几月几号。

值得一提的是，伊朗虽为能源大国，亦不忘节省能源。自 1991 年起实行“夏时制”，介于春分和秋分之间，即 3 月 21 日至 9 月 22 日。伊朗曾于 2007 年取消“夏时制”，议会在当年 8 月又投票通过决议恢复了“夏时制”。

别具一格的伊朗人姓氏

伊朗没有《百家姓》，然而伊朗人的姓氏比中国的《百家姓》繁杂得多。这主要与伊朗所处的地理位置有关。伊朗处于欧、亚、非三大洲的交会处，是南亚到高加索，中亚到地中海，阿拉伯半岛到远东的陆上走廊。历史上，伊朗高原是兵家必争之地，埃兰人、巴比伦人、亚述人、雅利安人、希腊人、帕提亚人、阿拉伯人、突厥人、阿富汗人、土库曼人、蒙古人都先后在这片土地上建立过政权或实行事实上的统治。而对当今伊朗姓氏影响最大的当属阿拉伯人，他们对波斯帝国的征服，带来了伊斯兰教，自1502年萨法维王朝宣布伊斯兰教什叶派为波斯国教后，宗教的影响无处不在，姓氏当然概莫能外。

伊朗人，确切地说，伊朗的波斯人，古代有名无姓；接受伊斯兰教后，以教名为主，以先知穆罕默德及其后代即“圣裔”为荣，尤以穆罕默德的堂弟和女婿阿里为首的十二位伊玛目（什叶派大教长）名字为至荣。这十二位伊玛目分别为阿里、哈桑、侯赛因、宰因·阿比丁（萨贾德）、巴基尔、加法尔、穆萨·卡齐姆、礼扎

（礼萨）、穆罕默德・塔基、阿里・哈迪、哈桑・阿斯凯里、马哈迪。

先知的女儿、阿里的妻子、第二与第三伊玛目的母亲法蒂玛被伊朗什叶派尊崇为“圣母”，伊朗女性以法蒂玛为名者甚多。

伊斯兰教来源于阿拉伯，因此伊朗人名与阿拉伯人名可比性甚强。伊朗什叶派与伊拉克什叶派同宗，两伊什叶派信徒凡属圣裔者，其名第一个字必取赛义德，如伊朗现领袖名为赛义德-阿里・哈梅内伊，他系第三伊玛目侯赛因的后裔，其第七代祖先哈桑・阿哥达斯葬在伊朗宗教圣地库姆，到哈梅内伊已是第二十三代。阿拉伯人也重视光宗耀祖，尤其出身名门望族的，在本名与父名之间加进十几个，乃至几十个先辈名字，中间用“本”或“伊本”（意为某某之子）隔开。伊朗人把父名看得较淡，往往以出生地为姓，如伊朗伊斯兰共和国奠基人鲁霍拉・穆萨维・霍梅尼出生在中央省霍梅内镇，现领袖赛义德-阿里・哈梅内伊祖籍系东阿塞拜疆省哈梅纳，确定国家利益委员会主席阿里-阿克巴尔・哈什米-拉夫桑贾尼出生在克尔曼省拉夫桑贾县。

98.8%的伊朗人信奉伊斯兰教，其中91%为什叶派。什叶派人与逊尼派人的名字区别是显著的。在逊尼派的观念里，信徒只能做真主安拉的仆人，而真主的尊名共有99个，如拉卜、瓦哈卜、杰利勒等，取名可称阿卜杜・拉卜、阿卜杜・瓦哈卜……而什叶派则可做伊玛目乃至先知的仆人，如阿卜杜・侯赛因、阿卜杜・拉苏勒（先知）。在伊朗就将阿拉伯语的仆人“阿卜杜”换成波斯语的仆人“古拉姆”，如伊朗前任议长古拉姆-阿里・哈达德・奥迪勒，其姓名中除“古拉姆”一词，其他词均来自阿拉伯语，可直译为

“公道的铁匠、阿里的仆人”。

为数不少的伊朗人使用复合词为姓名，有点儿中国复姓的味道。复合词的前词多为教名，常借用十二位伊玛目的名字；复合词的后缀则用波斯词汇，如内贾德（种、根系、种族、宗亲、家族）、普尔（儿子）、尼亚或尼扬（先辈、祖父）、加尼（生命的、珍爱的）、扎代（生、诞生），它们往往与伊玛目名字相连可组成复姓或复名，如：艾哈迈迪-内贾德、萨贾德（第四伊玛目别称）-普尔、扎曼尼-尼扬、侯赛因-加尼、哈桑-扎代。波斯人一般将复合词组连写，译成中文时中间的连线是可以去除的，如哈桑扎代。某些新闻媒体将伊朗总统马哈茂德·艾哈迈迪-内贾德的姓径称为“内贾德”，似欠确切。“艾哈迈迪-内贾德”才是总统的姓，犹如中国的复姓“司马”，对于一位姓“司马”的先生，一般情况下不可称其为“司先生”或“马先生”。

在男女两性名字上，波斯人与阿拉伯人也有不同，如穆尼尔，波斯专用于女性，阿拉伯专用于男性；胡达，波斯专用于男性，阿拉伯专用于女性；拉贾和苏阿德，波斯可男女性通用，阿拉伯只用于女性。

波斯语与阿拉伯语发音有别，同一个字会有不同的读音，如阿拉伯人读赛义迪的，波斯人读萨迪。

以圣裔命名上，波斯与阿拉伯既有不同之处，也有相同之处。波斯以赛义德，或其复数萨达特为名，北非和约旦、巴勒斯坦惯用谢里夫或艾谢拉夫，海湾阿拉伯国家则用纳比勒或努卜拉。埃及的大部领土曾属第一个伊斯兰什叶派政权——法蒂玛王朝，埃及穆斯林的习俗，从姓名到葬俗，与什叶派有许多相似之处。著名的开罗爱资哈尔大学的名字，就是从什叶派“圣母”法蒂玛的尊称中演变过来的。

伊朗是个多民族国家，波斯人为主流民族，占全国人口过半，其次还有阿塞拜疆人、库尔德人、阿拉伯族、马赞达兰族、俾路支族、土库曼族、亚美尼亚族和犹太人。少数民族的姓名与周边国家本族人的姓名并无大的差别。倘若你在伊朗碰到姓为库尔德斯坦尼的人，那一定是库尔德人；如在其他国家遇到姓德黑兰尼、设拉兹或阿杰米的，那肯定是波斯人后裔；若姓中有古拉姆礼扎，就可断定他是伊朗什叶派教徒，因为礼扎是唯一安葬在伊朗的伊玛目，备受伊朗什叶派尊崇。

波斯民族是一个文化底蕴深厚的民族，对他们崇拜的圣人是不能直呼其名的，必须避讳，或在名字后边缀上颂扬的形容词。如壮烈献身的第三伊玛目侯赛因，被尊称为“烈士之祖”；隐遁的第十二伊玛目马赫迪，被尊称为“时光之主”；对于“圣母”法蒂玛，则尊称为“光芒万丈的法蒂玛”。

艺术伊朗

将诗人抬上圣坛

我对几乎所有常驻过的阿拉伯国家都有一个相同的印象，那就是阿拉伯人爱诗如痴，大凡是聚会都要朗诵长诗。来到伊朗方发现，伊朗人爱诗比阿拉伯人有过之而无不及。尤其对诗人的挚爱与崇敬，到了把他们神化的地步。

2003 年 5 月，我利用到设拉子出席会议的间隙，拜谒了 14 世纪波斯伟大诗人舍姆斯丁·穆罕默德的陵墓。舍姆斯丁·穆罕默德的笔名为哈菲兹，意为“熟诵《古兰经》者”。他生于 1324 年，卒于 1391 年，享年 67 岁。其墓位于设拉子市内，是由后人迁来，并几经修缮的。最后一次修缮于 1938 年竣工，由一位法国工程师修建了 20 根廊柱。

哈菲兹年轻时就博通《古兰经》、阿拉伯文学、人类学，精通文学与典故，其诗风优美、流畅、简洁，内容丰富多彩，将人类的七情六欲以花一般的语言描绘得淋漓尽致，读来令人神魂颠倒。他痴迷伊斯兰教，却又倾慕美女与佳酿；他笃信真主，却不忌讳大自然与世俗一切美妙的事物；他一生居于一地，却博采他国众长。据说，他在世时被贵族与平民同样崇拜，赞德王朝还曾提议立其为什叶派第十三伊玛目。其实，今人已将他当作神来膜拜，无论男女老少，来到墓前，都要屈身抚碑祷告，祈求赐福。我来到诗人陵墓时虽已夕阳西下，仍有众多放学后路过的中学生站在碑石周围，以右手抚碑，口中念念有词，一脸的虔诚，或许在祈求期中考试取得佳绩吧。

以哈菲兹诗文占卜是伊朗的一大特色。非正式的占卜在设拉子的桥头巷尾都可以见到，一只黄雀随心所欲地叼出一纸笺来，上书

诗人哈菲兹墓

哈菲兹的诗句，卜者按照自己的理解为求签者算命。而正规的占卜，求签者要随意翻开《哈菲兹诗集》的一页，如诗目不在页首，则要翻到下一页，按诗的内容占卜吉凶。陵墓管理处主任穆罕默德·塔阿里请我许愿，我许中伊两国关系世代友好。他遂对着我翻开的一页大声而兴奋地朗诵起来，大意是："那是一轮旭日，让霞光普照，为人类带来和煦，让万物充满生机。"我笑答这正是自古以来两国友好关系的写照。

转年10月，我应时任呼罗珊省省长的邀请往访省会马什哈德，参观了东北郊25公里处的图斯——马什哈德市前身，它是另一位享誉天下的波斯伟大诗人菲尔多西（940—1020）的故乡。诗人的墓原建在自家庭院里，一直保留到恺加王朝，1926年重建，于1934年对外开放。人们普遍认为陵墓缺乏波斯特征，1964年至1968年又效仿居鲁士陵墓重建了更具波斯风格且更加宏伟的新陵园。在大门与陵寝之间有大型方形水池，水池右侧树立着白色大理石质的菲尔多西坐像。陵墓为二层，基座上为两重方形顶，上刻《王书》（即《列王纪》）章节。墓下为阔大的地宫，正中为大理石棺，四周壁上系《王书》的神话故事情节的白色浮雕，没有实物展品，显得有点儿空旷。

《王书》被列为伊朗有教养的人必读的四大名著之一，其他三部是莫拉维的《玛斯纳维》，《萨迪全集》和《哈菲兹诗集》。《王书》的近6万行英雄史诗，分为神话传说、英雄传奇和历史故事三部分，从雅利安人西支伊朗民族的起源写到651年阿拉伯人推翻萨珊王朝，是菲尔多西耗时35年的心血巨作。据传说，当时的马哈茂德国王答允他，每写一行对句酬劳他一枚金币，当这部巨作完成后，属逊尼派的国王受心怀妒意的朝臣挑拨反悔了，要改为银币支付。菲尔多西一怒之下分文不取，远走他乡，直到晚年才重返图斯。

菲尔多西被伊朗尊崇为拯救波斯文化的伟大民族主义者，他通过写传说神话和历史上四大王朝50个国王的兴亡盛衰之事表达了强烈的反对外来入侵的情感，使《王书》成为新兴的达里波斯语的基石。菲尔多西曾自豪地说："我30多年辛劳不倦，用波斯语拯救波斯。只要你有理智、见识和信仰，在我死后定会对我热情赞扬。我不会死的，我将永生，我已把语言的种子遍播域中。"菲尔多西在千年前就深刻地阐明了知识的作用。他在《凯斯拉国王第三次赐宴》中写道，"一个人若有了智慧，他就能在两个世界受

诗人菲尔多西陵墓

惠”，“那么知识便是最好的东西，有知识的人无可匹敌”，“凡掌握了知识的人，便是伟大而坚强的人，无知无识者比泥土还要卑贱，这种人无所作为，无以行善”。

与菲尔多西、哈菲兹一起被公认为古波斯诗坛“四大支柱”的另外两位是萨迪和海亚姆。

诗人欧默尔·海亚姆（1048—1122）是波斯历史上一位伟大的数学家和天文学家，也曾出任塞尔柱王朝宫廷御医。他的四行诗集《鲁拜集》与他的数学、天文学成就一样光彩夺目，成为穆斯林学者论文的范本。郭沫若早在1928年就翻译出版了这本诗集，此前19世纪英国人菲茨杰拉德将其译成英文并引起轰动。海亚姆认为：来世、天国与地狱都是虚幻的，都不可信，应该珍惜现实世界。海亚姆死后葬在距马什哈德百余公里的内沙布尔，由于路途遥远，我无缘造访。

另一位伟大诗人萨迪（1207—1291）的陵园，我则有机会多次前往，它位于设拉子郊外一条山沟的尽头。墓室墙壁和墓廊刻满萨迪的名句，懂波斯文者无不驻足诵读，并为诗情哲理打动以至忘情。萨迪是一位旅行家诗人，他像托钵僧一样遍游中东、北非、南亚次大陆，还到过我国新疆和田地区。长达30年的漫游为他积累了丰富的阅历，他用笔墨将人生百态描写得入木三分，集中体现在他的诗歌、韵文以及散文集《蔷薇园》和诗集《果园》里。萨迪还是位杰出的训诫诗人，他对道德、善良和正义的颂扬，具有典型的伊斯兰理想主义色彩。他认为，善意的谎言较之煽动性的真理更为可取，主张天下博爱，其诗云：“亚当子弟皆兄弟，兄弟犹如手足亲。造物之初本一体，一肢罹病染全身。为人不恤他人苦，不配在世枉为人。”

伊朗人酷爱这些伟大诗人的作品，每年都印刷出版各种版本的诗集，甚至出版以 30 种文字集于一册的《哈菲兹诗集》。伊朗人还经常把这些诗集作为馈赠贵宾的珍贵礼品。德黑兰最大的公园——国家公园，将诗人们的青铜雕像分列在石阶的两侧。最令人感动的是，大不里士建起一座巨大的诗人陵墓，安葬 142 位诗人。他们有古代的，也有现代的；有境内的，也有境外的。每位诗人都有一幅铜版浮雕头像，还有各种样式的诗歌艺术品，有木刻、铜丝嵌、蚕茧雕等，扩音器里不断播放已故当代诗人朗诵诗词的录音。令我吃惊的是，远在伊朗西北边陲、靠近土耳其的西阿塞拜疆省马哈巴德县县城入口处还立着一座半裸上身的诗人雕像，出口处则是

诗人萨迪墓

“母亲”雕像，将诗人与母亲相提并论，足见伊朗人民对诗人和诗的热爱之深。

诗歌是语言的精华，文明的结晶，是一个民族文化素质的标志之一。伊朗千百年来，多次遭受外来入侵和统治，竟能独善其身，未被外族同化与销蚀，与伊朗在不断吸收外来文化营养的同时，固守自己的民族文化特征，以自己优秀文化为自豪密切相关。所以，在物欲横流的今天，伊朗人仍如饥似渴地吟诗数典，说明伊朗绝非等闲，其精神层面的潜力不容小觑。

伊朗传统建筑一瞥

伊朗的传统建筑是别具特色的。其用材基本上是取之于当地的石块、砖或土坯，很少用木料和金属，所以不会因锈蚀或腐烂造成坍塌。以拱形和圆柱形作为构建的主要几何形状，其稳定性和牢固度大为提高。其次墙体厚重敦实，保温隔热效果较好。

伊朗传统建筑形式特点主要体现在寺与墓、巴扎、桥、门、王宫与民宅。

双色花门

清真寺和圣墓、圣裔墓是伊朗传统建筑的精华，伊朗人口的98.8%系穆斯林，清真寺和圣墓、圣裔墓是他们的精神寄托，他们把艺术才华和建筑技巧最大限度地发挥到寺与墓的建造上，其影响流布近至高加索、中亚，远至印度和我国的新疆。

在伊朗每个大城市或人口聚居

地，都建有典雅堂皇的清真寺，而这些清真寺的共同点是以天蓝色为主色调，至少有一个尖圆形穹顶，有一对或多对宣礼塔，门框、门楣、外墙、穹顶乃至寺内遍写什叶派“五圣”名号或《古兰经》经文，或什叶派专用语汇。有的清真寺如伊斯法罕伊玛目广场的卢图夫拉清真寺，在其入口到正堂几十米过道的墙壁上也嵌有经文。而阿尔达比勒萨菲丁墓主体建筑几乎 3/4 都被文字覆盖。

最大的穹顶是伊斯法罕伊玛目清真寺，其穹顶分内外两层，内层高 38 米，外层高 54 米，站在穹顶正对的地面喊话或跺脚可听到多重回音。

许多清真寺与圣墓是结为一体的，如马什哈德伊玛目礼扎墓与礼扎清真寺，清真寺是帖木儿的皇后出资修建的。圣城库姆的法蒂玛墓、德黑兰南郊雷伊的三圣裔墓、阿尔达比勒的萨菲丁墓、设拉

设拉子纳赛尔清真寺内部结构

子礼扎伊玛目兄弟萨迪克墓，以至伊斯兰革命领袖霍梅尼墓，都具有清真寺的功能。寺内装潢极为精美，大多用上好的大理石铺地，主厅甚至镶嵌各种规格的小镜片，使人仿佛置身在水晶宫中。没有装饰的清真寺，往往用砖砌得凸凹不平，并有各类立体图案，造成奇特美观的效果。越是历史久远的清真寺，越用本色砖来显现无梁无柱、张弛有度的墙壁和精巧多变的穹顶，如大不里士建于伊斯兰早期的贾米伊清真寺，其拱墙就用红砖砌成水波纹形。

波斯民族是争胜好强的民族，建筑物的柱子可显现波斯民族的性格，柱子往往最大限度地延长，以至超过建筑物本身的高度。许多清

大不里士的古老大巴扎

真寺将宣礼塔和门柱合为一体，挺拔向上，超出门高一半左右，如伊斯法罕伊玛目清真寺、亚兹德的乔麦清真寺。位于德黑兰非洲大街的霍梅尼祈祷中心仍在建设之中，其双宣礼塔高耸入云，高逾百米。

伊朗的传统市场巴扎有两种建筑方式，一种是以砖石垒成的，另一种是水泥、钢筋、玻璃或塑料板建造的。本文所涉及的是前者，多是中世纪建造的，最典型的是大不里士、伊斯法罕、克尔曼、加兹温、卡尚和设拉子的巴扎。巴扎的地面略低，进入拱砖门，有窑窖状延伸和分叉，交叉处穹顶高大，顶部设圆形通气通光孔；两侧或砌成窑洞式，或隔成单间式，主廊顶部留通风口，透气又透光。大不里士大达拉赖赞巴扎或许是世界上最大的伊斯兰风格市场之一，总面积达6平方公里，有400多年的历史。其最精美的是马兹法里地毯批发市场，有半个足球场大。当年开业时国王曾亲

卡尚市古建筑

临剪彩。这里最好的商品当数地毯和毯画。店铺大多非常狭小，看上去只有十几平方米。为扩展销货面积，不少店铺自建二层销售毯画，装上可容纳两三个人的、类似煤矿竖井用的自控吊梯，但无边护栏，运行时发出吱吱呀呀的声音，仿佛告诉人们，这是跨越传统与现代的时空走廊。最精美的砖砌巴扎当属18世纪卡里姆汗在设拉子建的设拉子巴扎，无论在整体结构，还是细部工艺均称得上一流，既坚固耐用，又赏心悦目。

这类传统巴扎最大的优点是绿色环保，天冷不须加热、天热无须降温，厚厚的砖石土坯既保温又隔热，而且可保持稳定的温度和湿度，有利于保证库存商品质量。此外，建筑物本身不带任何易燃材质，可起到防火的作用。

伊朗是世界上古遗迹最多的十个国家之一，也是现存古桥最多

库尔德斯坦古桥

的国家之一，大多分布在西南部胡齐斯坦省。那里地势平坦，河网交错，水资源占全国 1/3。典型的古桥是位于迪兹富勒镇的卡伦河大桥。它是 1700 年前由萨珊王朝国王沙普尔一世俘虏的东罗马战俘修建的，由东罗马女设计师设计。修桥的目的是用于战时交通运输，因桥的防守需要而形成迪兹富勒镇。原始桥身仅存于河岸两侧，右侧存十一孔，左侧存二孔，中间三大孔是补修的，以使残桥连成一体。为保护这一历史古迹，在上游 400 米处另建起一座新桥。古桥只供小轿车单向通行，陪同的镇长带我们到桥下侧观看 400 年前的水磨遗迹。古波斯人利用建桥形成的水落差，用砖砌成水槽，在槽的出口端安置水磨，用来舂米磨粉。

在卡伦河上游的舒什塔尔镇，其引水工程与中国四川都江堰工

舒什塔尔瓦莱里安水坝桥下侧

程十分相似，顺势导、分流，坝、桥、渠、库相协调。以砖石坝将河水两分，分流直流入渠，渠上建坝为桥，桥下装许多水磨，出水口形成 12 道小瀑布，与坝前落差 30 米。有的水磨已有千年的历史。主流拐道斜行，在坝尾与砂岩小山之间，一部分水流入地下储水库，备旱季补充渠水。而绝大部分水擦砂岩山而过，向下游奔腾而去。

位于加兹温省的两墩三孔砖桥也颇具特色，其拱与清真寺葱头状圆顶相反吻合、桥墩之上增设上下一大一小拱洞，既省砖材、减轻桥重，又可在洪水到来时减少对桥的冲击。

桥梁最密集的是伊斯法罕市。扎扬代河穿城而过，河上建了 9 座不同形状、不同材质的桥。其中 3 座古桥已不行车，只供游人休憩。地位最高的是哈柱桥，建于萨法维王朝阿巴斯二世时期，其建桥初衷是既连通两岸，又作水坝，通过水闸抬高水位，将水引入两

伊斯法罕 33 孔桥

岸水渠灌溉农田。桥拱之下是国王招待使节的地方，纵拱上有高0.7米、长3米、宽1.3米的石台，充作宴会餐桌，可放食品、茶水，每个石台安排一位使节和夫人及扈从。功能最多的是33孔桥，它始建于阿巴斯一世当政时期，除与其他古桥一样具有行人、调节水位、观景、休憩的功能外，桥下还设茶馆，游客可在桥洞水上乘凉、饮茶、品点心、吸水烟，下侧建宽敞的人行道和斜坡的水道，每到夜晚许多水鸟聚集到桥旁，人声、水声、鸟声连成一片。谢赫尔斯坦是当地最古老的桥，其特点是有桥头堡，每座桥墩之上开设下窄上宽的拱洞，遇特大洪水时可增加泄水量，提高桥本身与行人的安全系数。到枯水季节，这些古桥又可充当看台，坐在桥上可欣赏在河床上演出的文艺节目。夜幕降临，灯光开启，这些古桥犹如半透明的水上长龙，透出别样韵味，与几十米高的人工喷泉相映成趣。

门在伊朗是货真价实的“门面”。波斯是讲面子顾尊严的民

设拉子古城门

族，对门有着有别于其他民族的偏爱。除城堡外，一般城市未见中国式的城墙，但不知伊朗是受中国影响还是受西方的启示，主要城市通常都要修一座孤零零的门，以其城命名。

设拉子的门建在通往波斯波利斯的路旁，被称作“古兰经门”。原系白益王朝（935—1055）建的一座装饰性城门，赞德王朝建立者卡里姆汗在城门顶部的小房间里放置了一本鹿皮纸手抄《古兰经》，从此人们路过，必入此门，以求真主保佑。城门现已重建，紧靠山崖，远离交通繁忙的主路。

加兹温城门为品字形砖结构，中间最大，门为尖拱，两侧各两个门为圆拱，最边上的圆拱为装饰门，中间三个拱门及门脸贴黄蓝相间装饰瓷砖，两侧为本色红砖。中间四脚及两侧立有六根类似宣

加兹温古城门

礼塔的圆顶柱子，伸出门顶数米高。此城门曾为通衢之门，现辟为花园景观。

艾哈迈迪-内贾德总统故乡赛姆南的大门与加兹温城门的布局相似，但只有主门洞开，其他四个门封上本色砖，或以彩瓷装饰。中间三拱门四柱形体外露并直冲天际，以蓝黄白彩瓷嵌成图案。主门的正面为小弧形顶拱，背面则为尖拱，门上的瓷画为士兵与大炮，门上方半圆女儿墙绘的是国王与狮子，紧靠主门的小拱门上各嵌一副全身戎装的军官像。其上嵌巴列维王朝国徽图案——狮子持刀，太阳升起。

德黑兰国民门则是罗马与波斯风格、拱门与塔顶结合的产物，共分两层，下层八根砖砌柱子分立三个拱门两侧，主拱门上侧以铁花图案装饰，正中为城徽，两侧拱门上部的墙上分立四面红白色

塞姆南之门

旗，上层位于主拱门之上，银色平肩塔上置蒙古帽式塔尖，平肩两侧置小银塔，肩下设一大两小三个拱窗，窗上有蓝地白色《古兰经》经文。八根柱柱头绘黄、蓝、粉各色图案，下嵌波斯文书法。

1971 年，为庆祝波斯帝国建国 2500 周年，建筑师侯赛因·阿马纳特吸收萨珊王朝和萨法维王朝建筑特点，在德黑兰市偏西的自由广场设计修建了 45 米高的自由塔，又称“伊朗之门”。它犹如面向四方敞开的大门，托起坚固的城堡。四射的张力，挺拔的造型，成为德黑兰乃至伊朗举国的标志性建筑，超越了德黑兰国民之门的地位。以钢筋水泥为骨、石灰石为皮的自由塔，堪称当代卓有特色的伟大建筑之一。

伊朗还有一些老宅门，分别在两扇门上装有不同的铁环和铁

男女有别的门环

坠，或铜环和铜坠。来客女的敲环，男的敲坠。主人根据声音，决定由男主人还是女主人出面接待。

至于宫殿，前王朝虽建了不少，但值得称道的甚少。其根本原因在于两位国王太过崇拜西方，忘记了“越是民族的，才越是世界的”这个道理，没有民族特色的艺术难以在国际舞台上占一席之地。倒是恺加王朝、萨法维王朝的一些宫殿历久弥新，散发着不衰的艺术魅力。

位于德黑兰的古勒斯坦宫是恺加王朝的典型建筑，在设拉子、卡尚等城市都能见到同类建筑的影子。其共同点是对称，用雕刻、绘画、镶嵌极度装饰门、窗和墙壁，立方形的建筑能最大限度地使用拱形，如拱门、拱窗、拱廊道、拱形连厅阳台，以亭子、半圆或

伊斯法罕四十柱宫夜景

半梅花女儿墙或风楼装饰顶部，主阳台正对的是长方形水池，水池两侧种花植树。古勒斯坦宫内部精雕细刻，大量使用小块多形状的玻璃装饰，宝座系大理石仿古造型。巴列维王朝的两个国王均在古勒斯坦宫举行加冕典礼，可见此宫的地位。

萨法维王朝的典型建筑是伊斯法罕的四十柱宫，是专供国王接待贵宾和外国使节的地方。以 18 根细长的木柱撑起巨大的黑瓦华盖，三向通透，立于一米多高的平台之上。平台正中有雕狮喷泉，与宫前百米多长的巨大长方形水池相呼应。月色之下，18 根长柱倒影水中，远观台上台下有许多根柱子。波斯语中的“40”在伊朗一些地区与“许多”是同义词，故名“四十柱宫”。宫殿入口处为镜厅，因年代久远，多已剥落。殿内四周布满大小壁画，描述三

伊斯法罕的阿里·考普宫

四百年前征战、欢宴的场景，主要是阿巴斯一世宴请土耳其国王，其祖父塔赫马斯普一世接待印度国王胡马雍，伊斯玛伊尔一世抗击奥斯曼人等内容。石砌的地下室内展示文物实物。

伊斯法罕伊玛目广场的阿里·考普宫，是 17 世纪早期伊朗的最高建筑，通高 48 米。其背面正对萨法维皇宫的正门，是六层宫殿，但从正面看仿佛只有两层，即从第三层顶部竖起 18 根高高的

村屋层叠的吉兰省马苏莱村

木柱，支撑着木雕天花板，上面镶满镜子。18 根木柱正中是一大型水池，水池以大理石和铜制成，可以喷起高高的水柱。当年萨法维王朝的帝王和宾客常在此观赏广场上举行的马球比赛，还可由螺旋形楼梯上下楼，或到每层装饰不同的精致小房间欣赏绘画或其他艺术品。可惜许多绘画与镶嵌已不复存在。

宫殿镶嵌是伊朗一绝，其所费人力物力远远超过中国宫殿的雕梁画栋。除玻璃镜片镶嵌和石膏微雕花朵外，最精细的工艺是以骆驼骨丝与铜线黏合，切成薄片，像装饰名贵首饰盒般将一个大厅镶嵌起来。确定国家利益委员会主席拉夫桑贾尼办公的“绿宫”及新建的议会大楼接待厅皆如是。

亚兹德风楼

伊朗传统民居的特点是取材于本地，与当地气候相适应。克尔曼的民居形似截去两头的法式面包，以土坯砌成横卧半圆柱状半埋地下，门开在截面上。中部纳坦兹附近的阿比亚奈村，以红泥依山垒房，透光又保温。波斯湾沿岸居民则厚墙白面，以椰枣树干作顶，反光隔热。西北山民以茅草、石片、木片盖屋，夏季防晒，冬季防雪。

伊朗大多数地区夏季炎热难耐，于是人们创造出一种独特的建筑格式——风楼。在主体建筑物上方，建造四棱体或多棱体砖砌风塔，塔的上半部为百叶窗式的纵格风楼，它与客厅、卧室、地下室乃至坎儿井，以风道相通，利用物理学热空气上升、冷空气下降的原理，将地下冷空气抽上来降温。我印象最深的是访问哈塔米总统故乡亚兹德地区，那儿的沙漠一望无际，夏季气温高达五六十摄氏

院墙花窗

度，年降水量仅有150毫米。民居以厚实的干打垒筑成，外砌一层黄砖。将远处山麓的地下水以坎儿井引向每家每户，坎儿井连通风楼，绝对环保的空气动力降温系统就形成了。

伊朗与中国均属东方国家，但建筑理念的差异饶有趣味。中国人往往将“歪门”与“邪道”联系起来，而伊朗人却热衷于建“歪门”。在德黑兰的居民区转上一圈就不难发现，许多住宅和店铺将大门开在院墙或房屋角上，达鲁斯区的哈达亚特十字路口就有三家店铺将门开在角上。我的隔院邻居也将大门开在院角，斜对着大街。细细琢磨，庭院之内利用率最低的部位就是墙角，在此处开门，岂不是用活了死角，这恰恰显示了伊朗人的高明之处。

此外，具有古典风韵的铁制门花、窗花亦值得一提，尤其是大

在院墙角开的大门

都市的高级住宅区如德黑兰北区，每家每户都装有精心制作的铁花门、铁花木门，或铁花车库门，包括窗花与阳台护栏，没有两户重复一种格式。花式千姿百态、惟妙惟肖，集世上图案之大成，融波斯精妙于一体，可谓赏心悦目。这在萨法维王朝就常用的建筑艺术，现如今遍地开花，已成为现代有品位的民居不可或缺的组成部分。

流入民间的贵族艺术——细密画

我1977年途经伊朗回国，在德黑兰停留的两天里，大使馆安排参观波斯帝国建国2500周年纪念碑，即现今的自由塔。给我留下最深刻的印象是挂在塔内墙壁上的细密人物画，相当于中国的工笔肖像画，但比中国工笔画色泽鲜活、刻画细腻，更富有装饰性。

25年后重返伊朗，我参观了不少画展，对细密画的印象也进一步加深。在德黑兰艺术研究院我参观了胡贤克·加齐扎德画展。胡贤克1933年生于伊斯法罕，12岁习画，师从穆罕默德·萨法、贾瓦德·设拉兹等名师。他曾两度到中国举办画展，对中国画推崇备至，认为中国是东方艺术的故乡。仔细玩味他的画作，其人物勾勒手法颇有几分中国画风，其武将、长者和仕女画尤为明显。他对中国龙的诠释一反多数受西方影响的

现代细密画大师法尔希扬

画家们的传统，从正面角度描绘。其圆画蛟龙，瘦骨毕现，因以黑色为主调，仿佛为龙装上钢爪铁牙，尽现威武。他很擅长圆画，让圆圈之内每个线条皆如行云流水，连猎手的腰带也如风吹云卷，景物、留白疏密有致，色调搭配适中，凸显古人质朴情调。

到德黑兰北部的萨阿德·阿宝德王宫参观，穆罕默德·法尔希扬绘画馆乃必去之地。法尔希扬也是伊斯法罕人，生于 1929 年，师从阿卡·艾马米和伊萨·巴哈杜里，从伊斯法罕艺术学院毕业后到欧洲求学。他擅长将写实与印象结合，色调艳丽夸张、极富动感，无论人物、花鸟及背景都处于旋转升腾之中。他对老翁与美女情有独钟，常伴以鲜花与灵鸟、惠风与美酒，这大半也是他本人对天堂的理解。法尔希扬技法飘逸浪漫，画思深邃，为观者留下无穷

法尔希扬的现代细密画

的想象空间。如题为《战争》的画作，以一只红了眼、断羽横飞的白公鸡为主题，背景黑中透红、阴森莫测，令观者既深感战争之惨烈，又欣赏雄鸡勇士胜败皆威武的英姿。《希望的诞生》只画了人物长袍的下半部分和两只翘立的赤脚，身体的其他部分都升腾到蓝白色的云雾之中。右前上方一弯新月，微光穿过重云，若隐若现，仿佛希望之光始于足下。《伊甸园》以双白凤亲吻为主题，表现百鸟百兽百花和谐共处，相安俱乐，以至山羊可以骑在老虎的脖子上，松鼠、野兔、猿猴、獐狍、夜莺俱成双成对嬉戏，寄托了作者普天下和睦友好的良好愿望。

穆罕默德·法尔希扬作品逾千，是一位多产的现代细密绘画大师。他本人现旅居美国新泽西州，几年前他将 54 幅工笔与超现实

伊斯法罕四十柱宫壁画

主义结合的作品捐给伊朗国家博物馆。他的画作被印成各种规格的画页、画册，甚至织进挂毯，深受人们青睐。1991 年，联合国教科文组织出版了《穆罕默德·法尔希扬画集》，这是该组织成立以来第四次为世界名画家出版绘画专集。

从以上两位画家可以窥见，伊朗的细密画深受中国影响，近现代又受西方文化感染，糅进固有的民族传统、习俗和追求，使伊朗细密画别具一格，在国际画坛上占有一席之地。

蒙古人和塞尔柱人的入侵和统治，将中国宋元绘画的技法带到

波斯古细密画

波斯，后来又有一些波斯画匠被派往中国学艺。伊斯法罕四十柱宫凤上龙下的画作，就显现清朝慈禧太后听政时的画风。至于中世纪之后的人物画像多为蒙古人种的形象，且头大脸圆，脖子侧歪。近代西风东渐，抽象、唯美、超现实、印象派渗入，给伊朗细密画带来生机。

细密画是伊朗60多年前被确认的画种，大致可分为五个画派：

阿巴斯巴格达学派。主要表现形式是描金抄本加装饰花纹与插图，多收藏于布哈拉和撒马尔罕。在塞尔柱、蒙古、帖木儿王朝时期已扩大到镶嵌和地毯编织上。

蒙古学派。伊朗本土风格上升，开始远离中国画风，彰显伊朗传统的一面。其中心是伊斯法罕、设拉子和木鹿（今为土库曼斯坦境内的马鲁）。

阿巴斯大帝时代的绘画

赫拉特学派（亦称帖木儿、撒马尔罕与布哈拉学派）。因帖木儿王朝三位哈里发（即继承者）以赫拉特为首府，三位哈里发均积极倡导推动。最具代表性的画家是卡马勒丁·巴哈扎德，他的时代是该画派最重要的发展阶段。

萨法维学派。该派使绘画中心从赫拉特转移到大不里士，从册页迈向壁画，且更为精细。开始传入欧洲、中亚，在西方各大博物馆均有收藏。该派主要代表人物是礼萨·阿巴希、霍查·纳希尔、法尔哈·比克和米尔扎·穆罕默德等。

近现代学派。近百年来，尤自 1908 年卡马勒·马立克学校成立以来，采纳欧洲现代艺术手法，取得了优异的成果。为保护这一文化遗产，1930 年建立了艺术学校，由名师侯赛因·塔希尔·扎德遴选教员，且每学年开学前对教员进行一次考试，最优秀的教员是哈迪·塔杰维迪。侯赛因·塔希尔·扎德本人成为现代细密画的奠基人。伊斯法罕成为伊朗现代艺术的中心亦得益于细密画。

综观伊朗的细密画，它从 13 世纪蒙古入侵后形成至今，融合了东西方艺术技巧，从书籍装帧走向画卷、壁画，是一个渐进吸纳发展的过程。传统画古拙朴实、精致细微，充盈饱满，几不留白；现代画动感强烈、动静结合、虚实相间、潇洒流畅。两者的共同点是强烈超现实的唯美主义始终主导细密画的取向。宗教色彩浓郁。深受伊斯兰教的天堂、地狱、救赎、末世转世、善恶报应说影响，将玄妙、虚幻、劝善、祈福融入画中，但又不完全拘泥于宗教的清规戒律。色彩运用夸张大胆，往往将反差极大的颜色集于一处，如黑与红、蓝与白，给人以强烈的视觉震撼。

伊朗细密画是伊朗的文化瑰宝，它真切地反映了伊朗人民的审美与偏好。在先是吸收东方，后又吸收西方艺术养分的基础上，张扬伊朗人自己的追求，且不受清规戒律束缚，在不断创新之中迸发着强大的艺术生命力。

伊朗的亮丽名片——波斯地毯

大凡读过阿拉伯名著《一千零一夜》者，无不对波斯飞毯留下深刻的印象。到过伊朗的人，都晓得伊朗有三宗宝，皆以英文字母 C 开头：地毯（Carpet），鱼子酱（Caviare），波斯猫（Cat）。而波斯地毯的文化承载量，使之成为伊朗当之无愧的名片，广为天下知晓。

波斯地毯一向以选料上乘、编织精细、花色繁多而著称，从选料纺线，到剪烧洗晾，需十几道工序，方可进入市场。传统的波斯地毯，所用染料均取自纯天然的植物（树皮、水果皮、草根）和矿物，使地毯色泽绚烂多彩、经久弥新。

波斯地毯讲究结数，在一指长（约 6.5 厘米）的宽度里打的结数越多，织出地毯越细密。工艺地毯、挂毯和肖像毯往往需要 120 结，甚至 150 结。西北、东北地区流行土耳其打结法，中南地区流行波斯打结法。前者是用钩针系结，织出的地毯背面显得平整，后者用手直接打结，因而织出的地毯背面不够平整。土耳其打结法编织肖像毯、风景毯更具优势。

伊朗的许多省份都生产地毯，著名的是大不里士、卡尚、马什哈德、伊斯法罕、克尔曼、加兹温、设拉子、亚兹德等古城，及它们周边的农村、部落。其风格各有不同，行家一眼就能分辨得出来：大不里士地毯织工精细；卡尚的色彩华丽；克尔曼的图案简洁明快、质地柔顺；库姆的以真丝织的居多，且质量上乘。

地毯在伊朗是身份、地位、财富的象征，颇有点像我国古代的鼎。达官贵人、富商巨贾的宅第必配有上乘地毯或丝毯，前国王宫

精美的丝毯

殿里的地毯从质地、工艺到款式，无不是极致的精品。现陈列在巴列维国王的白宫二楼大厅，当时专用于宴请贵宾和接见外国使节，覆盖大厅整个地板的手工地毯计145平方米，系阿尔达比勒市萨菲丁墓最大地毯的仿制品，淡淡的底色、流畅的线条，交织着波斯传统的花卉图案，美轮美奂，透露出皇室的奢华与高雅。但这还不是伊朗最大的地毯，最大的地毯当是白宫礼仪大厅用的那块，达243平方米，现已收藏起来。富人的家里，往往从门厅到客厅、寝室都铺上地毯，在最令人瞩目的客厅，甚至会铺上名贵的丝毯。现今领袖及其顾问们的办公室、确定国家利益委员会主席官邸、总统府、议会贵宾厅铺的都是一流的地毯。伊朗人将他们的信仰、理念、追求和对大自然、对外界的理解统统都编织进地毯。他们把信仰伊斯兰教当作进入天堂的大门，用于祈祷的小毯上编织大门或圣地的图案，上书“真主至尊至大”等字样，以便在每次跪拜时都可以看到真主称号。在描绘天堂的挂毯上，花、鸟、树、鹿的图案是不可或缺的。描述王公贵族或神话传说的地毯，冠带、美酒、弓箭、骏马是常见的图案。由于伊朗近代与西方交往多于与东方，对西方人物的描绘往往惟妙惟肖，编织的拿破仑、丘吉尔肖像，几乎是真人的复刻，而织出的孔夫子像却显得有几分滑稽：瘦瘦的面庞，光秃秃的头，留着长长的八字胡，身上穿着的却是清朝的黄袍马褂。

波斯地毯有多种功能。派用场最多的是清真寺、祈祷场所，少则几十块，多则上百块，乃至上千块。在圣城马什哈德，环绕第八伊玛目礼扎圣墓的巨大祈祷场，逢周五聚礼，需上千块中号地毯方可铺满。凡经济条件过得去的家庭都要选一两块地毯铺上，彰显其

地毯博物馆的古地毯

品位和修养。即便是生活在下层的普通百姓，只要有房子，也要省吃俭用，铺上块价格便宜的地毯。在公共场所，包括露天和室内集会，主席台铺地毯是少不得的。伊朗许多市民，尤其是偏远山区的部落居民一般不用床，白天用作起居室、客厅的房间，晚上当作寝室，席地而坐或卧，地毯是最好的选择。令我印象深刻的是参观马什哈德郊外的教会农场，在尘土飞扬的阡陌和奶牛场环绕的农场场部，场长出面会见和宴请。所有宾主都须脱鞋入室，因为上百平方米的会客厅连着宴会厅，统统铺满了地毯。所以在伊朗做客会友，一双干爽的脚配上得体的袜子是最起码的要求。

仅次于实用的是装饰功能。地毯图案题材中居多的是风景画、肖像画，取材于伊朗本土的最具特色，例如描绘西部山民赶着毛驴跨越山涧，北部山区小潭绿树瀑布，乡村土屋斜径配金秋落叶；人物肖像大多脱离现实，男人着西装不系领带、女人着黑袍不露鬓角，极尽夸张与时尚。我在设拉子大巴扎见到过一幅伊朗少女挂毯画像，稚气但有神的双眸，线条柔顺的面庞，嵌在飘逸的秀发之间，一束侧光从她左后方射来，将一位天真无邪的少女编织得惟妙惟肖，呼之欲出。还有以陶或瓷瓶为胎编织的瓶套，看上去就像是毯制的花瓶，质地柔软细腻。

值得一提的是，我在德黑兰西北的加兹温市一家餐馆见到的一幅挂毯，图案的设计可谓巧夺天工：一对老夫妇的五官竟由两男一女三个人形构成，一个男子所弹的琵琶构成老者的头、鼻，手臂和盘着的脚构成老者的上下嘴唇，耳朵则由偷听琵琶的女人组成；另一男人头顶瓦罐构成老妇的鼻子，其长袍褶皱处形成无齿老妇的皱唇。这种奇思妙想令人叫绝，使人情不自禁地都跑到这款挂毯前留影。

波斯地毯与其他国家地毯的款式颇多相异，如中式地毯厚实，着色浓重且留白较多。波斯地毯单薄，色调淡雅，构图细密紧凑，尤其丝毯奇薄，但纬线坚挺并不易皱。波斯地毯主色调多为淡米黄、浅蓝、淡粉和灰白，这大概与波斯人收敛内向的性格有关。毯如其人嘛！波斯手工地毯图案设计的种类逾千，居世界第一位。

波斯地毯的花色图案主要有以下几种：

直线条的几何图形。系直线加三角形或多角形图案，即使是人物、动物，也将其“直化”“角化”成几何图形，显得古拙、简洁，呈现原始格调。此类毯主要由部落和偏远农村妇女编织，现多为薄毯。

奎心图案。以星形、多角形、圆形或多花瓣、多叶片，用其一种或几种结合，作为地毯整体图案的中心。也有在长方形地毯的两头再设计两个小奎心，保持整块地毯图案的协调与稳重。奎心图案的地毯占波斯地毯的绝大多数。

宗教色彩图案。主要用于日常祈祷或宗教节日、忌日祷告，多为每块不足一平方米的小型地毯，仅够单个人使用。地毯以清真寺穹顶为主图案，《古兰经》的经句和颂扬真主及其使者、几位深受伊朗尊崇的伊玛目的言词，是出现频率最多的字句。这类字句如出现在挂毯上，通常不惜用金、银丝及蚕丝、羽毛来编织，体现尊贵与华丽。

挂毯写实图案。以风景、花卉、人物、动物为主，或以历史故事、神话传说、巡游狩猎为题材，或径直从风景照、细密画、油画等艺术作品拿来拷贝编织。有的还将中国的祥云图案结合起来，或将中国的十二生肖与欧洲的十二星座结合在一起。还有的将风景毯修剪成立体感浮雕状，镶上边框出售。

人物肖像图案。这类毯画尺寸相对较小，可镶在画框之内。设计分电脑与手工两种，前者可大批量生产，但明显有斧凿呆板的痕迹，多仿名画，以单人头像为主。大不里士的设计与织作最佳。

伊朗文字借用阿拉伯字母，波斯地毯惯常在边缘上织字，有诗句、经句、注释、产地、制作者和年代，别具情趣。如 18 世纪描绘恺加王室生活的挂毯，讲述国王为了在女友面前显示自己的箭术，将鹿蹄射到鹿腹之上。下侧织出的一段波斯文，注释此情此景。一些年代久远的地毯，虽见其名，不见其地，或被历史湮没，或已成为他国的城邦。编织者名字出现在挂毯上时，往往巧妙地隐藏在图案之中，如织在深色的绿叶草丛中或挂毯上不起眼的边角之处。

现代伊朗制作的规模最大的地毯名为“世界之宫殿”，面积 6000 平方米，系阿联酋阿布扎比的谢赫扎耶德清真寺订制的。在

在德黑兰展览中心展示的巨型地毯

伊朗东部拉扎维呼罗珊省内沙普尔县的三个村分成9块编织，动用了1200名织工，历时近18个月，使用了38吨毛线，打了22亿个结。所用的25种颜料，全由天然植物提取。如由一个织工干，需1250年方能完成。2007年7月交货前，先在德黑兰市霍梅尼祈祷中心展出，132.96米×48.5米的超大地毯，令观者大开眼界。造价自然也不菲，达850万美元。

伊朗是最早编织地毯的国家之一，其编织历史可追溯到2500年前大流士时代。1949年在西伯利亚南部冻土层发现了最早的波斯地毯实物，属于阿契美尼德王朝时期。这是一处王室的墓葬，地毯是用来裹尸的，上织6层图案，自外向内分别为马、骑手、十字、麋鹿、驼和四瓣花，大约织于公元前5至前4世纪之间。

部落编织的地毯

平织地毯

伊朗伊斯兰化之后，波斯地毯的制作工艺又被推向一个新的高峰。阿拉伯国家与其他伊斯兰国家之间以及两者同西方的贸易均逐年递增。对地毯的消费不仅限于宫廷贵胄，也遍及市井社会，对祈祷毯的需求尤多。这大大地刺激了波斯地毯的设计与生产热情。西班牙和葡萄牙的地毯编织技术，就是由征服安达卢西亚的阿拉伯穆斯林传授的。土耳其的地毯工艺是奥斯曼大帝苏莱曼二世于 16 世纪中叶从大不里士引进的。他召去大批养蚕织毯的农户，迄今地毯业在土耳其的一些地区依然兴旺。

伊朗的地毯文化已渗透到伊朗人的血液中，连总统府、外交部等重要建筑物的门楣都镶有地毯图案。

伊朗的地毯业从业人员多达 140 万人，年产地毯 666 万平方米，其中手工地毯占总量的 60%。手工地毯中的 6% 由偏远地区的部落的居民织造，至今那些地区还保留一家一户编织地毯的家庭手工作坊。各地也有较大规模的手织作坊，近年来，因雇主支付织毯工的工钱愈来愈少，手工织地毯这一传统工艺正面临危机。与此同时，成规模的机织地毯厂有所增加，至今有 300 多个，遍布全国各主要城市。当然，机织地毯价格比较便宜，每平方米在 60 至 200 多元人民币之间。每年伊朗将 40% 的地毯销往世界各地，主要市场是德国、美国、意大利、阿联酋、日本、加拿大和法国。地毯出口值占非石油产品出口值的 9%，约七亿美元。地毯在国内主要靠三个渠道销售：每个市镇的大巴扎都设有地毯或挂毯展销区，传统的大巴扎都是以大厅周边设小厅的形式展卖，小厅用于展示和议价，大厅用于堆积和挑选；其次是分散在各街区的专卖店和各大饭店专卖部，定向采购；第三是用户或经销商通过中间人或直接向加工者按样订货，自用或包销。

到了德黑兰而不参观地毯博物馆者会留下遗憾。建于 1978 年的博物馆，外形犹如地毯织机。它收藏着 400 多条珍贵地毯和挂毯。最古老的地毯有 500 多年历史；还有 2500 年前地毯复制品；打 120 结的宫廷用毯；凸起两三厘米的浮雕式挂毯，两侧有不同图案，类似苏州双面绣，用作门帘的挂毯；还有王后法拉哈从匈牙利购回的 200 年前卡尚织造的地毯。

令来自中国的参观者瞩目的是博物馆的展品，从一个侧面映照出中伊两大文明古国通过丝绸之路友好交往的历史。博物馆大厅山墙上挂着一条巨幅挂毯，上织的图案除花卉外，大多是真实的动物，如虎、狮、豹、鹿、羊、兔、鹊和鹦鹉，这些是不分国界的。唯独龙和凤，一看就会联想起中国。在此挂毯上，无论是龙戏凤，还是龙追兔，显然都是寓意吉祥。与受西方影响、将龙当作恶势力化身的大多数伊朗艺术作品大相径庭，凤凰的形象在伊朗都是正面的，然而伊朗笔下的凤往往是四尾、六尾或八尾，此毯上的龙和凤与整个画面融洽流畅，使画面充满动感和生气，尽现人与大自然的和谐之美。而风景人物画挂毯，大多取材波斯细密画，类似我国所谓的工笔画，明显带有我国宋元画风。

其实，波斯地毯与中国蚕丝早已结下不解之缘。波斯地毯且不论纯丝毯，即便是上好的毛质或棉毛混织的地毯挂毯，通常都用丝来“画龙点睛”，衣装、马鞍、雪景以丝织绣，再配上金丝银线，更显珍贵。而伊朗所需蚕丝，古代是依靠从中国引进的养蚕、缫丝技术，现今仍需从中国大量进口。看来，蚕丝不愧为两国数千年来友好关系纽带的有机组成部分。

伊朗领袖哈梅内伊 1989 年作为总统访问我国新疆喀什时，特将织进他名字的地毯赠送给喀什大清真寺。这块地毯被摆在寺内大厅中部，以象征着中伊两国通过丝与毯的交流结下的友谊。

独辟蹊径的伊朗电影

作家王蒙 2006 年访问伊朗时称，现今中国流行的“四大怪”之一是看伊朗电影而非美国大片。据说伊朗导演马基迪拍的《小鞋子》在中央电视台电影频道播出后，打动了不少中国人。该片虽然只投入了十万美元，但在美国创造了近百万美元的票房价值，给人以事半功倍的深刻印象。

伊朗伊斯兰革命胜利初期，电影曾一度陷入沉寂，但 20 世纪 80 年代中后期情况发生了变化。长期从事文化教育工作、后来担任总统的哈塔米，1982 年被现领袖、时任总统的哈梅内伊任命为文化兼伊斯兰指导部部长。1986 年起，哈塔米开始努力推动伊朗电影事业的发展。在他的鼓励之下，伊朗的电影业不仅恢复到革命前的状态，而且取得了新的进步，年产 80 部影片，远远超过阿拉伯电影王国——埃及。80 年代末、90 年代初，出现了一批对伊朗政治、社会状况进行反思的优秀作品，并打进国际电影节，恢复之快出人意料。

在伊朗，对电影的审查是非常严格的。它除了要恪守政治规定外，还必须遵守伊斯兰法。多漂亮的女孩出镜也务必穿“黑夹布”，不可浓妆艳抹、打情骂俏、男女牵手、搂抱、接吻……这倒迫使伊朗电影绝处逢生，不靠煽情，也不靠现代技术制造的幻象，而靠传统、艺术、情节和人文的内在魅力打动观众。

以朴实、深沉见长的伊朗电影，已引起全世界的关注。伊朗电影本来就具有深厚的民族文化传统积淀，加之伊朗是中东最早向西方开放的国度，众多导演对西方电影技巧把握得相当娴熟。因此，十几年来在故事片、儿童片和纪录片上获得了近百项国际大奖。著名导演阿巴斯·基阿鲁斯塔米执导的《樱宴》，1997 年获戛纳电影节金棕榈奖。他导演的《随风行》，1999 年获威尼斯电影节评委会大奖和银狮奖。他的电影充满了伊斯兰宗教精神、人道主义关怀和东方的审美情趣。这也是伊朗电影整体取得成功的关键所在。除阿巴斯外，马吉德导演的《天堂之色》获 1999 年蒙特利尔电影节最佳影片奖。他执导的《天堂的孩子》同年获奥斯卡最佳外语片提名；贾法尔·巴纳希导演的《苍穹》，2000 年获威尼斯电影节金狮奖，其执导的《白气球》获戛纳电影节最佳导演奖和最佳影片金奖。年轻女导演萨米拉·马赫玛巴夫的作品《苹果》《黑板》和《下午五点》等也相继在国际电影节上获奖。在伊朗与西方政治上长期敌对的情势下，伊朗电影仍受西方观众青睐，这绝不是一件容易的事情。当然，西方国家，尤其是美国对伊朗仍存有偏见。2006 年美国好莱坞电影《三百勇士》，通过对希腊—波斯战争的描述，丑化波斯人，遭到伊朗举国一片抗议声。多数人认为这是美国借古讽今，通过歪曲历史，以达到反伊朗、反伊斯兰的目的。

在一些人的眼里，妇女在伊朗银幕上的形象就是“黑夹布”、黑头巾。电影《永远的儿童》的女导演达尔哈贤代却不这么认为。她说自己总是尝试将伊朗妇女最美好的形象体现在影片里，用有别于西方的伊斯兰视角，体现出伊朗的价值与原则。女影评家瓦里·马拉德表示，妇女作为人，首先应具备人的尊严与地位，遗憾的是我们的一些文艺工作者赋予女性的特性是可以在售票口出售的商品，把“黑夹布”当成完美的镣铐，把妇女当成煽情的工具。唯有电影工作者自身模范地遵守伊斯兰规则，才有可能消除现存的对女性理解的缺陷。还有的伊朗女导演认为伊朗电影对女性关注不够。米哈尼导演称，在男性主导的社会里，人们不太关注妇女问题及妇女的遭遇，譬如人们观看电影《红色》时，对片中男人打女人的场面并无非议。导演描绘妓女或女吸毒者的影片容易，导演涉及妇女活生生受压迫和欺侮的影片则很难。女导演塔希尔布尔却充分肯定伊朗电影，她说伊朗导演的影片体现高尚的人性和对人的价值尊崇，不拿女体做交易，也不充斥暴力，不依靠刻意渲染，而尽显朴实无华和现代伊斯兰理念。

我曾观看过伊朗一部描写阿富汗难民女孩在伊朗遭遇单相思的故事。影片中，女孩跟随爸爸为避战火流落到伊朗，为了生计只好女扮男装到建筑工地当小工。一次偶然的机会，她在洗手间梳理长发的举动被一个伊朗小伙瞅见，从此他就紧盯她不放，更多的是远远地追踪与欣赏。卡尔扎伊上台后，伊朗遣返阿富汗难民。这位小伙得知消息奔向女孩寄居的土房时，已是人去房空。他疯了似的奔向河边，遥望车影远去。他俯视河滩上新留下的车辙，愁绪万千。整部电影没几句台词，演员表演也极为朴实，全部用象征与含蓄的电影语言，留有深深的伊斯兰宗教痕迹，表现的是重大主题和深邃哲理，给观众留下广阔的想象空间。

伊朗历届政府都重视电影产业建设，全国现有 250 家电影院，仅 2006 年一年，就兴建影院 22 家，整修旧影院 35 家。自 1982 年起共举办了 25 届伊斯兰革命胜利日（曙光节）电影节，参展的战争、社会题材与喜剧片分居前三位。中国也有多部影片在此电影节上获奖，如《一个都不能少》《红河谷》等。

伊朗电影业也面临一些挑战：因长期受西方制裁，制片设施设备陈旧，传输受到一定限制，难以满足互联网时代的需求；虽年产 80 部片子，但存在题材单调、技法重复问题；许多影片脱离生活实际，缺乏针砭时弊的精品；制片费用增加，资金匮乏等。但无论如何，伊朗仍是个文化基础厚实的国家，民间蕴藏着巨大的创造潜力，且地处东西方文化相互碰撞的交界点，伊朗电影界有能力克服遇到的暂时困难，拍摄出更多为世人喜闻乐见的影片。

钱币上的伊朗

伊朗货币史大致可分为两个阶段，即伊斯兰化之前与伊斯兰化之后。第一阶段自公元前 6 世纪大流士大帝时期，经过塞琉西王朝、帕提亚王国（即安息），到萨珊王朝 7 世纪中叶被阿拉伯帝国推翻。第二阶段自阿拉伯帝国逐渐将伊朗伊斯兰化后，经过塞尔柱王朝、蒙古人王朝以及萨非、阿夫沙尔、赞德、恺加、巴列维诸王朝，直至现在的伊斯兰共和国。

公元前 547 年波斯居鲁士大帝征服了吕底亚王国。吕底亚王国是西亚最早制造金属币的国家，其制币过程是将河里捞起的矿砂冶炼成金银合金，打制成所谓的琥珀金币，主图案是狮子对着公牛呈吼叫状。波斯帝国受吕底亚王国启发，自大流士开始铸造大流克金币和谢克尔银币。金币主要用于陆军军饷，银币主要用于海军军饷。主图案是左手持弓、右手握箭、右膝跪地，准备射箭的国王全身凸像；也有的银币主图

3 世纪末萨珊王朝银币，币面人像为巴赫拉姆二世国王与其妻儿

案为弯弓射箭状。大流克金币尺寸和重量为现代伊朗发行金币所沿袭。

在各属国行省发行的帝国货币，大多具有本土特点，如腓尼基（地域大致相当于现黎巴嫩）发行的1谢克尔银币，正面是航行在海上的多桨船，背面是坐在马拉的车上的波斯国王。埃及发行的银币正面为雅典猫头鹰，猫头鹰前方有“埃及的法老”字样。乞里基亚省发行的银币正面为闪米特族崇拜的太阳神——巴阿勒，它左手执神杖，右手持雄鹰，背面为狮子啃公牛背，犹如波斯波利斯象征春天降临的浮雕。

帕提亚币，从币称、图案到文字、纪年都深受希腊影响。如本位银币称1德拉克马，背面多为置于方框之中的希腊式图案，方框四周为希腊文赞语；纪年用塞琉西历，即以公元前312年为元年。直至帕提亚中后期，部分钱币背面出现用巴列维文或阿拉米文书写的当朝国王称号，正面国王头像大多左眉之上有痣，且钱币背面往往用希腊字母或符号标示打制地，当今美国等国家也都模仿这一铸币传统。

公元前57年至公元前54年，米特拉达特斯三世银币德拉克马首次出现星月标记，后被安息其他国王以及萨珊王朝广泛地使用到硬币之上。

帕提亚属国埃兰、查拉塞尼（今伊拉克南部）、帕尔西斯（今伊朗法尔斯省一带）、印度—萨克王朝（今阿富汗东南及巴基斯坦北部）等，也曾自行发行货币。公元前180年至公元前140年，帕尔西斯国王奥图弗拉达特一世发行的1德拉克马银币，钱币背面有火坛和双翼阿胡拉马兹达像，开了将拜火教标志用到硬币之上的先河。

萨珊王朝以帕尔斯为根据地重新恢复波斯文化，建立了以拜火教为国教的政教合一国家。该王朝货币的主要特点是国王尊称、纪年、打制地全部用巴列维文（即钵罗婆文）书写；钱币背面主图案始终是火坛，火坛的区别只是有无祭司、具象或抽象，少数火坛的火以国王头像或阿胡拉马兹达像取代；绝大多数货币有星月标志；正面35位国王胸像的王冠各不相同，甚至一位国王拥有三四种王冠；首次出现国王正面胸像，即萨珊王朝第二十三代国王霍斯罗二世；由于萨珊与中国北魏、隋、唐王朝交往密切，萨珊银币成为中国古代历史上流通最多的外币。

古波斯帝国如同中国的唐朝，也有女王执政，而且有两位。这两位女王即萨珊王朝第三十一代国王布拉尼和第三十二代国王阿扎米杜赫蒂。她们的登基是出于迫不得已。这两位女王均系霍斯罗二世之女，她们的兄长卡瓦德二世为保持自己的统治地位，杀死了所有兄弟。在卡瓦德二世突然病故后，为延续霍斯罗二世血统，军队遂将卡瓦德二世的姊妹之一布拉尼推上王位。不幸的是布拉尼上台仅16个月就过世，其妹阿扎米杜赫蒂被拥上王位。阿扎米杜赫蒂

霍斯罗二世银币

与其侄子霍尔密兹德五世结婚，不久她将霍尔密兹德五世谋杀，而自己也被其子废掉。这段谋权灭亲历史故事的发生年代，相当于我国唐朝初年。布拉尼女王当政时期发行的钱币，正面均为梳有两条发辫、头戴金冠的女王侧面胸像，在我国也有出土。

公元 651 年，阿拉伯哈里发奥斯曼征服波斯后，由于伊斯兰教否定偶像，并考虑到波斯人的适应过程，直至 9 世纪初，部分地区仍流通有萨珊霍斯罗国王胸像和拜火教火坛图案的银币。只是初始阶段在萨珊币的币缘打上阿拉伯文库法体“以真主的名义”；其后在萨珊国王胸像两侧和守火坛的两位祭司像侧，用巴列维文打上阿拉伯总督名号和伊斯兰教历纪年，正面币缘用阿拉伯文库法体书一组或两组“以真主的名义”；到倭马亚王朝末即公元 733 年至 9 世纪初，币文上的总督称谓往往是阿拉伯文与巴列维文并用。

突厥人和蒙古人进入西亚后迅即被伊斯兰化，其文字借用阿拉伯字母，硬币上也多直接用阿拉伯语表述“以真主的名义”“奉至仁至慈的真主之名”“万物非主，唯有真主，穆罕默德是真主的使者”。蒙古人将中国使用的纸币“宝钞”引进伊朗。帖木儿王朝 1294 年发行的纸币，依然保留中国的“钞”字。1502 年什叶派成为伊朗国教后，打制的金、银、铜币以及铜镀银币，多有“阿里是真主委托之人”字句。什叶派与逊尼派的首要区别，就在于什叶派认为，阿里作为先知穆罕默德的女婿，他本人及其子孙才是合法继承人哈里发。该王朝为了突出阿里，竟在一枚币上五次提及“阿里”。如 1685 年发行的 55.4 克苏莱曼金币，其背面主图案为“万物非主，唯有真主，穆罕默德是真主的使者，阿里是真主委托之人”；币缘书“阿里、哈桑、侯赛因、阿里、穆罕默德、贾法里、穆萨、阿里、穆罕默德、阿里、哈桑、穆罕默德”十二位伊玛目简称，其中4次提到的“阿里”，分别代表第一、四、八、十伊玛目，“阿里”的分量可见一斑。

1736年建立的阿夫沙尔王朝废弃了什叶派，币文全用波斯文，但该王朝只存在了11年就被赞德王朝取而代之。赞德王朝开创者卡里姆汗不称王，但崇尚十二伊玛目，他在1762年打制的金币背面写道：“得益于时光之主伊玛目（指救世主、第十二伊玛目马赫迪）的庇佑，将全世界的金子和银子打造成太阳和月亮。”尔后，1787年建立的恺加王朝将什叶派正式定为国教，恺加王朝发行的普通流通币——铜币多以太阳、狮子、公牛作为币的图案，其太阳为人面——双目、鼻与口。若单独出现时，在射出的12道直光之间还刻有12道神似火焰的曲线。若在狮背出现，则只露半个人面太阳。而金银币的正面一般都打上国王名号、打制地与纪年，钱币背面书“万物非主……阿里是真主委托之人”。

布拉尼女王银币

1666—1694年发行的萨非王朝金币

恺加国王法塔赫·阿里为该王朝开了先例，蓄尺把长胡须或长长的八字胡、束细腰、娶妻逾千，有史料记载的就达170个。有一天，这位国王询问宫廷总管：“花园里那位女人真漂亮，不知来自何方，但愿娶之为妻。”总管答曰：“她就是你的妻子！”这位多情的国王大概碍于伊斯兰教规，未能将其娇妻头像搬上硬币。

巴列维王朝建立后，取消什叶派的国教地位，开始了世俗化、西方化进程，发行的纸币和硬币一律以国王像为钱币的正面图案。1979 年伊斯兰革命胜利后重新恢复了什叶派的国教地位，实行币制伊斯兰化。发行的硬币突出第一伊玛目阿里，将其名字和坟墓作为金银币及流通币图案。被用于钱币图案的还有第八伊玛目圣祠、其妹马苏梅墓地、伊斯法罕伊玛目清真寺、耶路撒冷萨赫莱清真寺、麦加卡尔白等。伊斯兰共和国创立者霍梅尼，被奉为第十三伊玛目，其胸像在金币、纸币中多次出现，金币正面是霍梅尼胸像，背面是阿里圣祠。2007 年发行的 50000 里亚尔面值纸币，正面为晚年霍梅尼胸像，背面为原子结构图，旁书先知的圣训：“知识即使远在天边，来自波斯大地的人们亦会求之。”自 2003 年以来，伊朗就伊核问题与西方国家抗争不断，此图此训的针对性是显而易见的。

由于通货膨胀，小面额硬币、纸币已退出流通，2007 年在发行大额纸币的同时，还发行 500 里亚尔夹芯双金属币，背面图案为凤凰戏花。

伊朗钱币博物馆位于德黑兰米尔达曼德大街，建于 1997 年，隶属于弱者与见义勇为者基金会。展厅面积为 2000 平方米，展出伊朗各时期硬币 1400 枚，纸币 750 张。硬币多为银币，其次为铜、金及陶币。其中多为打制剪边不规则圆形币，也有少量异形币，如公元 1688 年的银叉（类似女性所用的发卡）币、公元 1854 年的方形金币、公元 1717 年至公元 1721 年的椭圆形币。伊朗另一处藏品丰富的钱币博物馆位于德黑兰霍梅尼大街的塞帕银行。在各省市博物馆均可见到钱币展品，但侧重各不相同。

伊朗馆藏中最古老的钱币是形似手镯的青铜巨币，上雕刻花饰，按大小斤两计价。陶币上有凸起的弯角羊。最小的币只有0.5克，直径0.5厘米。最漂亮的是萨法维王朝的金币，其书法如行云流水，笔画粗细有度，富有节奏感，宛如跳动的音符，既贵重又优雅。

我作为中国钱币学会理事，曾多次接待中国钱币代表团、钱币学专家访伊，中国、伊朗双方决心在现有的合作基础上，加深对丝绸之路货币的研究，以增进两国和两国人民之间的认知与友谊。

风土伊朗

得天独厚的德黑兰

德黑兰位于伊朗西北部高原上，处于厄尔布尔士山怀抱之中，全年少风，冬天不冷，被誉为“温暖的地方”，“德黑兰”三字的本意即为此。

德黑兰正北的图恰勒峰高达3965米，与50公里外的伊朗最高

德黑兰国民门

德黑兰大巴扎大门

峰达马万德峰遥相呼应，形成一道天然的屏障，挡住了北来的寒流，也留住了南方过来的暖气流。所以每年 10 月到翌年 3 月，不断地降雨下雪，年降水量达 750 毫米，山坡上的雪直到 8 月上旬才完全消融。冬季市内积雪虽常达一两尺厚，但南城的很快融化，北城虽覆雪时间稍长，但也很少低于零下七八摄氏度。高山积雪为十几条河流提供了充足的水源，更为从山麓到市中心、分布在街道两旁的水沟供给长流不息的泉水。生长在水沟中的梧桐树、柳树、榆树郁郁葱葱，从未见人工浇水。一些老街区道路两旁的梧桐树在空中交织到一起，行走其间有如穿越绿色隧道。

德黑兰作为首都的历史不长，与美国的国龄差不多。1555 年它还只是一个小镇，大部分区域是兵营，用来屯兵习武。城东北的一些街区的名称迄今仍留有当年驻军的痕迹，如军队大街、卫队大街、指挥广场。而今陆军司令部、军工机构、军事学院也分布在这一带。赞德王朝的创立者卡里姆汗·赞德曾于1759年抵此巡视，深为德黑兰的环境所吸引，敕令一些王国机构在此设立官署，并一度打算将首都由设拉子迁至德黑兰。恺加王朝取代赞德王朝后，其开国者穆罕默德汗即决定于1788年定都德黑兰，德黑兰由此飞速发展起来。目前的德黑兰是在20世纪初的雏形上演变过来的。

德黑兰省面积1200平方公里，人口1300多万，下辖40个市镇，工业产值（石油工业除外）占全国总产值35%以上，主要产业是汽车、纺织、医药、服装、机电、水泥、食品、家具、炼油等。其中德黑兰市作为首都，主要为厄尔布尔士山环绕的750平方公里区域，人口730万。德黑兰公路、铁路、航空交通发达，是欧亚、亚非大陆桥重要的枢纽之一。

德黑兰南郊雷伊古城遗址，该城1220年被蒙古军摧毁

以菲尔多西广场为中点，从伊玛目霍梅尼大街到“四七广场”为德黑兰市中心区，其南为穷人区，是伊斯兰气息最浓的区域，也是伊斯兰革命最坚实的基础，总统艾哈迈迪-内贾德的家就位于该区。其北为富人区，是后开发的新区，王宫豪宅大多集中于此，最大的豪华建筑群是萨阿德·奥保德宫，共有 18 座宫殿，占地 410 公顷。伊斯兰革命后有七座对外开放，开放的最大宫殿是白宫，现称“国家宫”，1982 年变成博物馆，馆内除国王当时的用品和收藏外，还有各国元首包括中国领导人赠送的双面苏绣、玉制盆景和玉雕仕女等礼品。在宫殿台阶右侧有一双一人半高的青铜靴子，是巴列维国王青铜雕像被锯掉的残留部分，它守在这里，见证过国王在寝宫接待各国贵宾和使节的盛况，也见证了巴列维王朝走向灭亡的结局。

德黑兰的城市格局相当复杂，它完全是依山沿坡、顺势就位自由发展起来的。与北京的棋盘式格局截然不同，德黑兰几乎找不到一条直通东西或南北的大道，唯一一条连接南北的通道是瓦里阿斯尔大街，从山麓的泰杰利希广场到德黑兰火车站，全长 20 多公里，经过国家公园、议会和总统府等。

伊斯兰革命之后，德黑兰 17000 多条街巷一半左右改以领袖、革命及烈士命名，如伊玛目霍梅尼大街、革命大街、巴哈希提烈士大街。没有更名的大街重名的极多，尤以花园、春天、天堂一类重名居多，如称花园街的达 234 条。还有十几条街道以国名、洲名等命名，如巴勒斯坦、阿根廷、黎巴嫩、非洲、伊斯兰布勒。最新命名的是玻利瓦尔，是在委内瑞拉总统查维斯访德黑兰之后命名的。

纳迪尔王宝座

珍宝地球仪

德黑兰建城只有200多年，其文化氛围却相当浓厚，形形色色的博物馆、艺术馆上百个。还有些独特的专题博物馆，如地毯博物馆、珍宝馆和时辰博物馆。

地毯博物馆建筑本身就像一部地毯织机，收藏来自伊斯法罕、卡尚、克尔曼、呼罗珊、大不里士等地的地毯精品135块，也有一些部落山民编织的传统花色地毯。

珍宝馆在百余平方米的空间里展出了成千上万件无价之宝，多是镶在王座、王冠和地球仪上。地球仪是1869年制成的，外框和基座用纯金制作，镶了51366颗珍贵的宝石，总重量达34公斤，其中珠宝、钻石18200克拉。还有一块世界最大的粉红色钻石，名为“光明之海”，重182克拉，长38毫米，宽25毫米，高10毫米，上面刻有恺加王朝二世国王法塔赫·阿里的名字。

“光明之海”这块稀世珍宝有一段不同寻常的历史：1722年阿富汗人灭了萨法维王朝后，将首都伊斯法罕王宫的珍宝洗劫一空，将其中一部分珠宝带到印度。1736 年纳迪尔当了国王后，遣使赴印度索宝。得悉印度不肯归还，便于 1738 年亲自率军远征。印度莫卧儿皇帝穆罕默德出于畏惧，不仅归还珠宝，还贡献孔雀王座、钱财和武器。除“光明之海”外，珠宝中还有一颗更重的“光明之山”钻石，几经周折，被英国东印度公司占有，并于 1850 年进献给维多利亚女王。

德黑兰时辰博物馆收藏各种与计时相关的物件，从水漏钟到沙漏钟，从戒指表到祈祷钟，还有各式各样的日历、挂历。我应馆长的要求向该馆赠送了自用的戒指表和几十本中国新旧挂历。

伊朗人环保意识很强，市里建起上百个大大小小的公园和街心花园，周边山坡大面积绿化，有许多参天大树是 20 世纪 20 年代国王下令栽种的，而今德黑兰市每年举办植树节，各国驻德黑兰使节也踊跃参加，我还在电视塔旁栽植并认领了一株桉树苗。每天凌晨，成群结队的德黑兰市民穿过公园和山谷去爬山，这是他们最喜好的体育运动，其次是滑雪。德黑兰后山有三个相当不错的滑雪场，分别位于 2935 米和 3730 米高处，一直开放至夏季。如果自驾车，可以到距德黑兰五六十公里的滑雪场。

德黑兰良好的生态环境引来了几十种鸟雀，除常见的灰乌鸦、喜鹊、斑鸠、麻雀外，还有鹦鹉、戴胜鸟、大山雀、布谷、白鹇、猎隼、黑头莺等，另有一些在我国从未见过的不知名鸟雀。每到凌晨，尤其是春夏季，由黑头莺牵头，四点多钟就开始鸣叫了。伊朗有黑乌鸦，但在山上；占领德黑兰地盘的是灰黑相间的乌鸦，该鸟只有头、尾、腿是黑色，其他部分为灰色。它是城市的天然清洁工，专吃腐败的垃圾，减少疫病的传播。

德黑兰滑雪场

从 18 世纪起，欧美列强对伊朗影响巨大，迄今这些国家的使馆馆舍用地依然是最大的。英国、俄罗斯使馆相邻，各自跨四条街道。俄罗斯、土耳其、德国大使官邸占地都在 15 万至 17 万平方米之间。意大利使馆有多处馆舍，主馆舍占地 5 万平方米。2007 年意大利大使就新出版的《意大利馆舍建筑艺术》一书专门举行了一场大型的招待会。

德黑兰是一个重要的国际大都市，多次举行重要的国际会议。

当今世界热议的人权话题就与德黑兰有关。1968 年 4 月，第一届国际人权会议在德黑兰举行。大会通过了由伊朗起草的《德黑兰宣言》，宣言指出：“国际社会各成员履行其增进激励对于全人类人权及基本自由的尊重的神圣义务，不分种族、肤色、性别、语言、宗教、政见或其他主张，乃当务之急。”此次会议对于探索促进人权的途径和方式作出了重大贡献，在国际人权领域产生了积极影响。第一次明确提出“人权及基本自由既不容分割，若不同时享有经济、社会及文化权利，则公民的政治权利决无实现之日。且人权实施方面长久进展之达成，亦有赖于健全有效之国内及国际经济及社会发展政策”。

与中国核心利益攸关的另一次著名的德黑兰会议，当属1943年英、美、苏三巨头会议。

为协调“二战”立场、开辟欧洲“第二战场”并为“二战”结束做准备，1943年下半年同盟国首脑举行了三次重要会议。10月，美、英、苏三国外长举行莫斯科会议，并在月底由美、英、苏、中四国政府代表发表四国联合宣言，中国四强之一的地位得以确认。11月22日至26日，举行开罗会议，盟国领导人丘吉尔、罗斯福与蒋介石共同发表宣言，提出日本应从它侵占的所有土地上退出。这为中国收复自1894年甲午战争以后被日本侵占的领土奠定了法理基础，使中国第一次凭借国际条约收回被侵占的领土主权。11月28日至12月1日，丘吉尔、罗斯福、斯大林又在德黑兰继续开会。会议期间，希特勒派特工图谋暗杀丘吉尔等人，有6个特工在行动之前被击伤捕获；另一个被击毙，藏在其身上的炸弹同时爆炸。于是，三巨头将开会地点转至苏联驻伊朗大使馆，当时在主楼门外平台上拍照的背景是拱形落地窗，而今已是砌死的石墙，三巨头的照片就挂在大门内隔厅斜对大门的墙上，下方附有一铜牌解说。

罗斯福总统在这三次会议之后提出，战争结束后应由美、中、英、苏四国充当“国际警察”，组成国际机构联合维护世界和平。

1943 年德黑兰三巨头会议旧址——苏联驻伊使馆主楼

还有一次德黑兰体育盛会与中国体育崛起密切相关。

1974 年 9 月我国参加第七届亚运会，缘此契机，恢复了我国在亚运会联合会的合法席位，实现了进入亚洲体育组织和参加亚运会的双重突破。此后自第九届亚运会开始，我国金牌总数一直处于第一的位置。

伊朗伊斯兰共和国成立以后，中国与伊朗的经贸合作不断增进。迄今为止，经济与社会综合效益最好的是德黑兰地铁与郊铁项目，这是中国公司首次在境外承建的商业性地铁工程，也是德黑兰首个地铁工程。1958 年德黑兰就决定修建地铁，1975 年法国公司开始承建，伊斯兰革命后法国撤出，在前总统拉夫桑贾尼极力主张下，1986 年地铁项目重新上马，设计了 9 条线，全长 200 公里。

德黑兰至卡拉季的城铁

1 号线从城北米尔达曼德至霍梅尼墓，2 号线从城东达尔达什特到城西萨迪基耶，由中信公司承建；5 号线地铁西行到卡拉季市再延至梅沙和古尔谢赫尔的郊铁由北方公司承建。截至 2007 年末，中信公司已交付并投入运营的有 46 公里，正在执行的有 8.7 公里；北方公司已交付并投入运营的有 47 公里，正在执行的有 42 公里。地铁每天可载客 300 万人次，承担着德黑兰及其郊区 13% 的运力，大大减轻了德黑兰的空气污染，深受各界欢迎。

伊朗长期实行石油补贴政策，导致汽车数量激增。德黑兰汽车保有量已超过 200 万辆，道路经常拥堵，汽车尾气成为德黑兰的主要污染源，有时污染严重到学校不得不放假的地步。一位欧洲使节在离任时表示，他对德黑兰的生活相当满意，稍感遗憾的是常遇堵

德黑兰自由塔

车，还有就是蚊子太凶，尽管咬了也无患疟疾之虞。

德黑兰市议会前议长不无感慨地说，德黑兰已经变成缓慢移动的停车场，如不采取果断措施加快轨道交通建设，就将变成巨大的固定停车场了。德黑兰市政当局在政府的支持下，加快改造现有的道路，以桥涵等方式疏通特别拥堵的街区，并规划加快地铁建设，甚至设想效仿中国北京、上海修建城市高架路，以彻底改善目前的交通状况，让德黑兰成为更宜居的大都市。

里海——伊朗的后花园

里海是世界上面积最大的内陆湖，总面积达 37.1 万平方公里，形成于五六百万年前的上新世，曾与亚速海、黑海和地中海相通。里海平均盐度为 1.27%，蒸发最烈湖区盐度达 13%，水位低于海平面 28.5 米。里海海岸线总长 7000 多公里，其中伊朗 657 公里，占伊朗边界总长度的 7.5%。由西向东的厄尔布尔士山将里海与伊朗内地分割开来，里海南部的亚热带气候，使伊朗的里海领水及沿湖地区成为伊朗的鱼塘、粮仓、茶园和最大木材蕴藏库。如今，里海地区已成为伊朗的旅游胜地和对外的经济开发区。

鱼米之乡

里海水面低于海平面，加之厄尔布尔士山作屏障，其附近一带年降水量达千毫米，空气湿润，四季分明，夏季最高气温达 44℃，特别适宜种植水稻，沿湖三省遍植水稻。伊朗年产

350 万吨稻谷，大部分来自里海沿岸，这里的稻子多属可作捞饭的籼稻（即长粒米），只是在中东部的马赞达兰省生产少量糯性圆粒米。伊朗人喜好米饭加藏红花汁，或各类果仁、葡萄干、陈皮，食用时拌上肉块、肉汁，所以长粒米备受青睐。政府也鼓励农民扩种水稻，以填补每年从东南亚和埃及进口 50 万吨大米的缺口。

里海鱼资源丰富，种类有 114 种，其中 14 种属珍稀鱼类。里海是世界鱼子酱主要产地，产鱼子的鲟鱼性喜深水，里海深度由北

里海鲟鱼

至南渐次加深，靠近伊朗一侧最深处达980米，是鲟鱼最集中的地方，所以伊朗是里海沿岸产鱼子酱最多的国家，占里海总产量的2/3。

里海鲟鱼共有6种，主要有俄国鲟、闪光鲟等，寿命可达百岁，最重的欧鳇个体重量可达1300公斤。而只有3种鲟鱼的子可作鱼子酱，即大白鲟（Beluga）、欧西塔鲟（Asetra）和闪光鲟（Sevruga）。鲟鱼被称作活化石，诞生于2500万年前的更新世早期。由于全球性气候变化、里海水域减缩、产卵场干涸，加之水质日益污染，尤以石油及其产品污染为烈，自20世纪70年代以来，里海鲟鱼数量减少了90%，百年老鲟仅占总量的25%。里海的鱼子酱产量随之从20世纪80年代的250吨，剧降至目前80吨左右。里海沿岸五国捕鲟总吨位为1071吨，伊朗的配额为450吨，可出口鱼子酱47吨。其他四国的出口配额分别为：俄罗斯26.4吨、哈萨克斯坦14.5吨、阿塞拜疆7.3吨、土库曼斯坦4.8吨。五国鱼子酱产量占世界总产量的92%。

现今国际市场上里海鱼子酱的价格已飙升至数千美元一公斤，被称为“黑金”。自1998年起，《国际濒危物种贸易公约》将里海和里海野生鲟鱼列入保护名单，在伊朗国内除国际机场、高级饭店等特定场所外，已禁止自由买卖鱼子酱。

伊朗重视对鲟鱼资源的保护。为此，伊朗采取了多种措施：建立鲟鱼苗养殖场，每年向里海放流3000多万尾鱼苗，其数量仅次于俄罗斯；对违规偷捕者罚以3倍于猎物的价款，并处以监禁；2007年初政府宣布将提供优惠贷款，在里海沿海40个村镇建立80多个鲟鱼养殖中心，争取8年内产生效益。

植物的天堂、旅游的胜地

里海地区有500多种植物，是天然的生态乐园。里海不仅是伊朗稻米、茶叶的主产区，也是水果、蔬菜和橄榄的主产区。伊朗境内的里海森林面积达190万公顷，是伊朗的商品木材基地。沿着海边公路行进时，向厄尔布尔士山脉远眺，郁郁葱葱的森林连绵不断。当你爬到海拔千米的密林深处，云腾雾绕，凉风习习，仿佛置身天外。许多参天大树上长着寄生冬青，挂满了灰白色的丝状松椤，可惜这儿没有金丝猴来享用。

伊朗种植茶叶的历史只有100年。茶叶是20世纪初，伊朗驻印度孟买总领事苏尔坦尼自印度引进的。众所周知，印度茶是英国人从中国引入的。伊朗茶场集中在里海南岸的吉兰省和马赞达兰

吉兰省茶场

省。年产红茶7万吨，其中4万吨产自吉兰省。位于沿海平川和山地交会的拉合江镇还专为这位总领事建立了茶叶博物馆，馆内中堂立有他的铜像，并立了碑。博物馆展出各种种茶、制茶工具，以及相关的历史图片。这里的茶大多种在坡地上，有的坡很陡，看上去有45度。由于里海光照好，水汽充沛，茶园垅窄株密。每年4月至11月采摘5至6次。曾一度用机器采，现一律改为手采。伊斯兰政权建立初期曾对茶场实行国有化，后又全部退为私有。茶场所需农药、化肥和种子靠合作社提供。

伊朗人普遍喜欢喝的是红茶，年消费红茶逾13万吨，现尚有近半的缺口，主要从斯里兰卡以及印度进口。距拉合江镇不远的纳木乃茶厂规模虽不大，但颇有代表性。它生产的茶全部内销。为优化口感，加工的过程掺进橘子粉或印度茶。茶厂厂长认为中国绿茶营养成分多，无须加糖即可饮用，有利于现代都市人健康，他决定去中国取经，生产伊朗自己的绿茶。

里海地区是伊朗人旅游的首选地，每当周末或放长假，德黑兰通往里海的三条道路都挤满了汽车，不少市民在里海沿岸置有别墅，下榻饭店的费用也比德黑兰便宜得多。在里海里游泳，水浮力大，且水流逆时针环流，即使想在水中漂浮不动，也会不由自主地与岸等距漂流。乘缆车登上千米高的山顶，徜徉在原始森林中，即使在炎热的夏季，也顿感凉意透心。如游兴不减，还可乘车去世外桃源般的深山小镇——马苏莱，那里巉岩入云、青翠欲滴、泉水叮咚，一排排类似中国陕北窑洞的小房层层相叠，此之房顶即彼之院落或巷道，两片房檐之间架上两三米长的水泥版为桥，桥上桥下皆可行人，互不相扰。若游累了饿了，到餐馆饭店小憩就餐，可别忘了吃白鱼（里海西鲱鱼），这是里海地区河水与海水交汇处捕捞的鱼种，鱼肉白嫩鲜美。还有一处值得一游，就是安泽里芦荡，从安泽里港的游船码头启程来回需一个半小时，芦苇丛之间有一条水道，游客在船上尽可欣赏片片荷花和千姿百态的水鸟飞雁。喜吃粽子的中国人还可采摘宽大的苇叶带回来包粽子。

潜在的大油库

在里海沿岸有许多油田和天然气田。阿塞拜疆共和国首都巴库很早以前就是举世闻名的石油开采与石油工业中心。哈萨克斯坦的里海沿岸是世界顶级大油田之一，土库曼斯坦的帕夏天然气田也靠近里海。近年来，随着世界能源问题日见突出，里海石油成为大国角逐的战略要地，被视为仅次于波斯湾的特大石油蕴藏地。美国能源部估算，其原油储量在 500 亿至 1900 亿桶之间。在美国和英国推动下，建成了巴库经第比利斯至土耳其杰伊汉的输油管道。俄罗斯对此十分警觉，积极同毗邻里海的独联体国家签署各类石油合作协议，筹谋修建通往俄罗斯的输油管道，打破美国的垄断。伊朗对美国在里海的一举一动也一百个担心，力主铺设南下输油管道。

伊朗为掌握主动权，全面维护其在里海的权益，采取了一系列步骤和措施：专设里海研究所，每年召集里海沿岸国家学者开会，为最高领导层出谋划策；扩建港口，设立自由区、开发区，扩大与里海沿岸国经贸联系；以 6 亿美元的高价从挪威订购石油勘探船，开始在里海作业；着手修建德黑兰至里海高速路，第一期工程由上海外经贸集团公司承建；推动建立里海沿岸国家新的合作机制。

伊朗曾于 1920 年与苏联签订《里海条约》，该条约规定伊朗拥有里海 1/5 的领海权。苏联、东欧剧变后，里海沿岸国由两个变成五个，伊朗 1/5 的领海权遇到争议。为求稳妥解决，伊朗积极参加 2002 年在土库曼斯坦首都阿什哈巴德举行的首届环里海国家首脑会议，并争取到第二届首脑会于 2007 年 10 月在德黑兰召开的主办权。1997 年，由五国外长助理组成的专家委员会，迄今为止召开了 21 次工作会议，并就环保等事宜达成一致。伊朗主管独联体、亚洲、太平洋事务副外长萨法里表示，伊朗依然认为 1920 年与苏联签订的《里海条约》是个很好的协定，包括航运和渔业等。当然时过境迁，条约有许多须重新修订之处。但只要海区、海底界线未定，它就必然是国际上的复杂问题之一，需作长期打算。

里海对伊朗十分重要，伊朗不敢出现丝毫误判，所以宁可多些耐心，日积月累地创造条件，况且当今伊朗与俄罗斯的共同战略利益都要将里海作为双方乃至多边友好合作的平台。所以在伊核问题等敏感话题甚嚣尘上的情况下，普京总统仍决定赴德黑兰出席第二届环里海国家首脑会议。这是 63 年来俄国元首首次访问伊朗，其间，普京总统与伊朗领袖哈梅内伊恳谈长达三个半小时之久！

2018 年 8 月 12 日，里海五国首脑在哈萨克斯坦举行峰会，签署了具有重要历史意义的《里海法律地位公约》，在里海的法律地位、水域划界、油气能源和地区安全等方面取得了突破性的、历史性的重大成果。

什叶派的大本营——库姆

库姆在伊朗以及什叶派信徒较多的伊斯兰国家占有十分独特的地位。对什叶派而言，它是神学中心、培养伊斯兰什叶派学者、大毛拉的摇篮，也是圣裔安息之地，还是什叶派兄弟遭遇不测时的避难所。对伊朗本身而言，它是伊斯兰革命的发源地，伊斯兰共和国的精神支柱，也是输出伊斯兰革命的重要基地。

库姆位于德黑兰南 150 公里处，恰扼南北交通要冲，是古丝绸之路的组成部分。曾是拜火教与犹太教的领地，各据 8 个城堡。公元 644 年，阿布·穆萨·阿什阿里率领阿拉伯军队征服了库姆。公元 713 年，信仰什叶派的阿拉伯阿什阿里部落从伊拉克的库法迁到库姆定居。开始时，穆斯林和拜火教徒嫌犹太人“不净”，将犹太人逐出库姆。后来，由于战乱、地震和水灾，库姆多次被夷为平地。库姆夏季气温高达 45℃，与麦加相似，适应干燥炎热天气的阿拉伯人大批地从麦加迁来，伊斯兰化速度加快，迫使拜火教徒离去。随着库姆成为以什叶派伊玛目派为主的城市，第八伊玛目礼扎的朋友哈希姆·库菲将什叶派的库法学说带到库姆，特别是礼扎之妹、先知穆罕默德的重外孙女法蒂玛·马苏梅，于公元816年去伊朗东部的木鹿寻兄，中途罹病，病逝库姆并就地安葬，从此，库姆因马苏梅之陵而成为什叶派的圣地。

神学中心

9世纪下半叶，什叶派开始圣训收集工作，库姆遂成为什叶派圣训学中心。库姆的伊玛目派，圣训主义占主导地位，主张以《古兰经》和圣训（含伊玛目言论）作为什叶派教法渊源，而巴格

圣地库姆法蒂玛·马苏梅陵墓

达的伊玛目派，理性主义占主导地位，主张借助分析和解释等理性主义工具，来寻求维护与发展社团利益的意义与方向。两派相克相生，直至18世纪逊尼派的奥斯曼帝国占领了巴格达，库姆的重要性不断上升并超过巴格达。确切地说，现今的库姆兴于500年前，在萨法维王朝将什叶派定为国教之后。

1922年，大阿亚图拉哈伊里·亚兹迪从阿拉克移居库姆，将他自伊拉克返回阿拉克后创立的“学识教区”移植到库姆，建立了宗教大学，并邀在伊拉克反英起义失败后逃到伊朗的阿亚图拉讲学，库姆作为什叶派宗教教育中心的地位逐步得以确立。

1945年，什叶派的最高效法渊源、伊拉克纳杰夫的大阿亚图拉阿布·哈桑·伊斯法哈尼去世。库姆的大阿亚图拉布鲁杰尔迪成为最高效法渊源，什叶派的中心遂从纳杰夫转移到库姆。伊斯兰革命领导人、领袖霍梅尼就曾是大阿亚图拉布鲁杰迪的门生。

当今处于伊朗权力中心的重量级宗教学者，包括领袖哈梅内伊和确定国家利益委员会主席兼专家会议主席拉夫桑贾尼，绝大多数都毕业于库姆神学院，曾是霍梅尼的学生。库姆现有4所神学院，学生达5万人，其中外国学生1万人。库姆市人口120万，与神学院相关人员就达25万，其中宗教学者达8万人。

革命发源地

巴列维国王奉行亲美国睦以色列的对外政策，又于1963年1月推行“白色革命”，招致什叶派大毛拉们的强烈反对。1963年3月20日，伊朗新年的前一天霍梅尼发布教令，要求推翻专制政府，用坚持伊斯兰教法的政府取而代之。同年4月，巴列维国王来到库姆，攻击毛拉们是“黑色的反动派”，称在国王欲将伊朗带进“喷气机时代”之时，毛拉们却想让伊朗滞留在“猿猴的时代”。最终导致宗教学者的齐声谴责和库姆、德黑兰的大规模反国王游行。霍梅尼被捕，又引发更大的抗议游行，以致警察向游行群众开枪。霍梅尼得出的结论是：“我们今天所有的问题和灾难，都是来自美国和以色列。”霍梅尼成为以库姆为中心的，以推翻王朝为目标的伊斯兰革命旗帜，这也使他获得“大阿亚图拉”称号。他在1964年11月被流放到土耳其，又辗转到伊拉克的纳杰夫，后又被萨达姆驱逐到法国，直至1979年2月1日返回祖国。

霍梅尼流亡伊拉克的十几年里是伊朗伊斯兰革命的关键阶段，霍梅尼结交阿亚图拉穆罕默德·巴基尔·萨达尔——伊拉克最有影响的什叶派行动主义者之一，后者坚定支持伊朗的革命并为未来的革命政权起草宪法。霍梅尼在纳杰夫还培养了一批革命的后备力量，现伊朗司法总监阿亚图拉沙赫鲁迪就曾是霍梅尼的得意门生。霍梅尼以纳杰夫为根据地有效地遥控指导国内，特别是库姆的反国王斗争。

三访库姆

我在伊朗工作期间，有幸三次造访圣城库姆。

首次是2003年11月18日，应大阿亚图拉穆拉阿希·纳杰菲图书馆馆长马哈茂德的邀请，出席图书馆扩建工程竣工仪式。通往圣城的高速公路旁，每隔几公里就看到写有宗教标语的大牌子，上书“万物非主，唯有真主”“真主仁慈”“圣宗阿里”“光芒万丈法蒂玛”等。进入圣城，清一色的黄砖砌成的二三层小楼，一条河由西向东穿过市中心，最醒目的是沿河矗立的宏伟建筑——法蒂玛·马苏梅清真寺（墓），清真寺以蓝白色琉璃贴面，当时还在扩建。街道两侧的灯杆、店铺和清真寺上遍插黑旗，也有用彩灯组装的阿里肖像或玫瑰花、百合花图案，用来悼念第一伊玛目阿里的殉教。每走不远就有捐钱的天课箱，最大的用汽车改装而成，足有两米高。这里的居民举止文雅、衣着整洁，女人们的“黑夹布”裹得很严紧，脸部露得更少，见不到德黑兰街头那般短风衣、牛仔裤、露半头秀发的少女，加之颇多着宗教服饰的神职人员在人群中匆匆来去，圣城的宗教氛围尽显无余。

大阿亚图拉纳杰菲是伊斯兰革命初期六大阿亚图拉之一。他自幼体弱，记忆力较差，家境又不好，其叔父将他带到伊拉克的纳杰夫求学。由于学业差，叔叔开始讨厌他。困境中的小纳杰菲夜里梦见伊玛目阿里鼓励他努力向学。此后，他身体日见强壮，记忆力倍增，学业突飞猛进，最终成为什叶派知名学者。他毕生嗜好藏书，暮年建立了图书馆，藏有100多万册印制书和6.5万部手抄书。馆内手抄本数量在伊朗居首位，在伊斯兰世界仅次于土耳其和埃及的两家图书馆，居第三位。

纳杰菲之子马哈茂德子承父业，就任馆长，教阶为“伊斯兰与穆斯林的霍加特”，其父的许多追随者已转到他的旗下。马哈茂德身材魁梧、面慈目善，我与他见面时，他将使节们从门口直接带到二层楼善本库。该库藏善本3.5万部，65%为《古兰经》，其余为医学、算学、建筑学、星相学和民俗学书籍。最早的《古兰经》

抄本有 1300 年历史，以库法体阿拉伯文抄在羊皮纸上。这里最重的书是重达 16 公斤的《圣经》，最珍贵的文献当是共和国缔造者霍梅尼的手迹和霍梅尼 1930 年娶阿亚图拉萨卡菲之女巴图勒为妻的结婚证书，上有霍梅尼本人签名。此外还藏有《圣经》、拜火教古经《阿维斯塔》和印度教经卷，共计 30 种文字的藏书，唯独无中文藏书。嗣后，我送给图书馆几本中文版《古兰经》。

善本室旁边是珍本修复室，有的珍本需置于冷藏柜中处理，往往要历时数月才能完工。善本室入口处还展出数百枚古币，均与库姆相关，不啻库姆历史的缩影。

图书馆新建的七层楼，可藏书 300 万册，哈塔米总统偕众多大毛拉出席的扩馆仪式就在新楼大厅举行。哈塔米强调：“先知穆罕

作者在库姆会见穆拉阿希·纳杰菲图书馆馆长

默德的重要奇迹就是《古兰经》，它是伊斯兰文明的基石。而图书馆是学者、研究者最有兴趣的去处，纳杰菲图书馆是伊斯兰世界珍贵财富，传播伊斯兰文明的重要场所，它处于圣城尤显神圣与重要。纳杰菲是功勋卓著的宗教学者，但他不排斥其他宗教与知识，大量地收藏逊尼派以及基督教、拜火教、印度教的典籍。需保存好并继承他的遗产，以实现伊斯兰革命目标，建立一个人民成为权利与尊严主人的自由社会。”

哈塔米总统在仪式之前拜谒葬在楼内入口处的纳杰菲陵墓和马苏梅陵墓，与使节（唯独阿拉伯使节缺席）及当地各界代表共进斋饭。

库姆系宗教城市，又常年缺水，工农业基础相当薄弱。然而库姆的劳动力相对便宜，传统的地毯编织业一直很发达，伊朗最好的丝毯均产自库姆。不久前，库姆还为沙特王宫编织了一块 30 米 × 40 米的大型丝毯。库姆用水主要来自 160 公里外的阿里阿巴德深井水，目前正规划开山凿渠，将卡伦河水引来。为扩大就业，库姆郊区也开始试种耐旱的开心果和藏红花。

受现代潮流的冲击，圣城库姆也难独善其身。自 1996 年发现首例艾滋病病例，至 2002 年已达 28 例，2003 年升至 59 例，增加了一倍多。当年整个库姆省罹此疾者达 370 人，其中 71% 的人坐过牢，60% 的人是因注射毒品感染的。

我第二次访库姆是 2004 年 4 月 8 日，由马哈茂德馆长安排会见圣城的两位大阿亚图拉：努里 · 哈姆达尼和穆卡拉姆 · 设拉兹。

伊斯兰革命爆发初期，伊朗有 6 位大阿亚图拉，其中 4 位在库姆，即霍梅尼、纳杰菲、古勒帕伊卡尼和马达里。而今，伊朗有 5

位大阿亚图拉，我拜会的就是其中的两位。

大阿亚图拉必须有极高的造诣，不但精研教法，而且世事通达，除了有自己的专长与独到之处，还要有系统的理论专著和大批追随的信徒。大阿亚图拉不是自封的，而是公认的。信徒不被容许同时追随两个大阿亚图拉。信徒对他们的敬仰体现在方方面面，如周五到其住地聚礼，或到过世的大阿亚图拉墓旁祈祷。我在馆长秘书陪同下参观了霍梅尼故居，竟不得门而入，因为内厅聚集几十人正在祈祷。在信徒看来，这些效法渊源、难题之钥，是他们与真主与天堂沟通的桥梁。我拜会的这两位大毛拉的居所均为三层楼房，三楼为起居室，一楼和二楼大厅用于讲经与祈祷。

我会见的第一位大毛拉是努里·哈姆达尼，看上去 80 多岁，中等个头、背微驼，系白头缠，面目清癯，蓄着长须，穿黑罩袍、着灰袜。我脱鞋入室，向他表示敬意后，介绍了中国有两千多万穆斯林，3.5 万座清真寺，主持 4 万余名；有 440 家伊斯兰协会，10 所经学院。他对其他介绍不感兴趣，且似有反感，称只关心宗教问题，不问政治；如大使要谈政治问题，可拉个清单，他将作书面回答。但他特别关心中国如何培养伊斯兰学者，称印度有上百所经学院，中国 10 所太少。我答印度穆斯林人口上亿，非中国可比。他从其秘书处得悉我会讲阿拉伯语，遂提议用阿拉伯语交谈。于是我又介绍中国穆斯林分布、生活、教育等情况及政府的宗教政策。他的回答令我丈二和尚摸不着头脑，因为他的阿拉伯语并不娴熟，还夹杂了不少波斯语词句，但我听得出他对我赞赏伊朗独立自主、期待两国增进交流、希望伊朗发展强大很是高兴，告别时特与我拥抱。

晤面的第二位大毛拉穆卡拉姆·设拉兹与努里迥然不同，方脸阔肩，神采奕奕，开朗明快。他赞成我的如下观点：两国历史遭遇相近，均受殖民主义侵略和压迫，如今都当了自己国家的主人，主张相互尊重，平等相待，反对霸权与欺凌，建立公正、合理、平等的国际秩序；全面发展两国政治、经济、文化包括宗教关系；希望伊朗成为本地区强盛国家之一，为世界文明再作贡献。随后，他手指书架告诉我，他已出版了 27 本书，其中《教法精萃》等已译成中文。他还赠给我一本他精心翻译、装帧精美的《古兰经》，译文印在阿拉伯文之下，比阿拉伯语字体小 2/3，并亲笔题词，还郑重盖上私人图章。

穆卡拉姆的阿拉伯语非常流利。他称，伊朗极为重视中国，中国具有悠久的文明史，伊朗的穆斯林到中国后发现中国非常自由，穆斯林有信仰自由，很适宜穆斯林生存。感谢中国政府支持世界所有独立国家维护自身权益，所以伊中关系紧密且坚强有力。美国及其他殖民主义国家千方百计侵略别人，谁不顺从它们就整治谁。霸权主义是很危险的，伊斯兰国家和全世界都群起而反对。中国的工业和技术进步很快，希望伊斯兰国家都从中国进口先进技术。这里有许多中国留学生，他们学成回国将带去伊朗的兄弟情谊，促进两国关系一天比一天更好。

临别时大阿亚图拉穆卡拉姆高兴地与我合影留念，并介绍居所对面他开设的学校，看得出来他非常自豪。几十年来，他已是桃李满天下了。

时隔一个半月，我应库姆伊斯兰教育与科学中心主任的邀请第三次访问库姆。该中心是库姆 200 余所研教中心中最大的一个，建于20年前，主要任务是接收并管理来自88个国家上万名外国留学生，包括来自中国的60余名学生和学生家属。课程共八门，除宗教外，还有阿拉伯语、英语、波斯历史、哲学、经济学等课程，校方拟将课程增至18门，包括微机课。宗教、语言、历史3门是必修课。上课是开放式的，考试及格即可毕业。学期四年，如要深造可继续学业，但要自行付费。极少有学生留下深造升为高级宗教学者。

学校的主体建筑位于市中心，1996年竣工，除各科教室外，还有图书馆、电脑室、祷告厅、餐厅和学生宿舍。宿舍分两种，主楼后院有四层楼的集体宿舍，配有被褥、书桌、书架，席地而眠，比较简单。带家属的学生则住在郊外一个小区里，中国留学生的两位负责人是六年前来的，就住在此小区一室一厅单元房，配有地毯、电视、炊具，条件相当舒适。所有学生都享受校方免费提供的三餐。

我见到不少来自南部非洲的学生，他们都讲一口流利的阿拉伯语。还有些非洲学生着黑头缠，这是圣裔的标志，连陪同我的中心副主任也一头雾水：在南部非洲为什么也有圣裔？我情不自禁地想到：16世纪初将什叶派十二伊玛目派定为国教的萨法维家族，本是库尔德血统，其教团长老一直自称是阿里的后裔，其国王伊斯马仪明确地将家谱追溯到第七伊玛目卡齐姆！

库姆伊斯兰教育与科学中心还安排我参观霍梅尼曾就读的费扎赫学校。该校为一方形大院，南北两侧为二层楼，东西两侧为四层楼。当年霍梅尼在北楼底层靠西一教室就读，门上书有“伊玛目教室”，面积在30平方米左右，西墙上挂一块小黑板，能容纳席地而坐的学生不足 20 人。该校只向本国和阿富汗招生，学生每月可获得相当于人民币 200 到 400 元的奖学金。

学校门口不时地有妇女迎上来乞讨，据说有些是伊拉克和阿富汗难民，有些是途经圣城前往圣城马什哈德的朝觐者。库姆对来自境外的穆斯林，特别是什叶派难民总是敞开胸怀欢迎的。在阿富汗、伊拉克战乱期间，库姆前前后后接待了 25 万阿富汗人和 30 万伊拉克人。大多数难民已被遣返回国，但也有不少难民与伊朗人结婚生子，是返是留，进退两难。无论如何，伊朗是个知恩图报的国度，因为在阿夫沙尔王朝、巴列维王朝时期，伊朗什叶派的许多宗教学者包括霍梅尼都到过伊拉克避难。

我此行向教科中心赠送了一批中国书籍并会见了中国留学生，参观了他们的宿舍。这些来自大西北、大西南的贫苦学子，学习都很用功，给校方留下良好的印象，然而绝大多数毕业后即投身商海，甚至有相当一部分学生尚未毕业，就在商场上试起拳脚。校方每言及此，颇显几分无奈。

圣城马什哈德印象

2004年10月9日，我应礼扎维呼罗珊省省长拉苏里邀请对圣城马什哈德作为期三天的访问。由于从德黑兰至马什哈德的火车爆满，我与随行人员只好改乘班机前往。该航线使用的是空中客车和福克-100型飞机，飞机虽老，但伊朗飞行员技术高超，又适逢秋高气爽，飞行相当平稳，仅用1小时10分钟就抵达了这座离中国最近的伊朗省会城市。

这是一座世界上罕有的城市，它完全是由一座坟墓——第八伊玛目礼扎圣墓为中心发展起来的。它的前身是位于郊区23公里的图斯，1220年和1258年图斯先后两次被蒙古大军攻占并摧毁，居民悉数逃往马什哈德，围着墓扎寨建房，以防蒙古铁骑伤及圣墓。纳迪尔的阿夫夏尔王朝（1736—1750）曾定都于此。现今马什哈德已成为拥有200多万人口的大城市。

抵达马什哈德的第一感觉是，伊玛目礼扎无处不在，街道、巴扎、工厂、农场、医院、公园、学校尽以“礼扎”命名。自呼罗珊省2004年一分为三之后，以马什哈德为首府的呼罗珊又缀上了

“礼扎维”。

监管圣地事务的中心机构是伊朗最有权势的机构之一，其总监是领袖钦定的“法定监护人”——阿亚图拉瓦伊兹·塔巴西。我会见的是他的副手卡里米。据卡里米先生介绍，中心机构拥有马什哈德市 60% 以上的财产，涵盖工、农、商、医、学以及图书馆、博物馆和经济开发区。卡里米希望中国能参与萨拉赫斯开发区的投资，因为它邻近土库曼斯坦，可利用土库曼斯坦廉价的天然气进行加工和生产。

我参观了该机构下属 16 个农场之一的模范农场，它拥有上千公顷的土地，机械化程度较高，主要种植小麦、大麦、西红柿并饲养奶牛。农场主任带我们参观奶牛场和西红柿地。这里日产奶 30

马什哈德伊玛目礼扎圣祠

吨，挤奶全部自动化。西红柿地使用一年性软皮塑胶滴灌管，主管则用半软塑胶管，使用寿命 7 至 8 年。繁忙季节最多雇日工 2000 人，每人日工资 24 元。主任接待我们的农场场部宽敞整洁，墙上除挂霍梅尼和哈梅内伊的头像外，还有第八伊玛目礼扎金顶陵墓和礼扎清真寺的照片。

马什哈德市分南北两个城区，呈曲尺形。南为老城，主街自西北斜向东南，中心点即礼扎墓——清真寺。环墓建有宗教大学、图书馆、博物馆、朝觐者餐厅。以墓为中心的环形广场，可同时供 15 万人祈祷。广场外围以门廊与外界隔断。呈十字的 4 条大道距门廊百米处进入地下道，地下道与巨大的停车场连为一体，交通、泊车十分便捷。整个建筑群加信徒公墓占地 11 万平方米。

此外，我们还参观了圣墓、图书馆、博物馆，并会见了来自云南的 8 名中国留学生。

非穆斯林是不能接近圣墓的，但作为一种友好的表示，中心机构的年轻工作人员陪我们在距墓 3 米远的窗口停留了 5 分钟。圣墓恰在金顶之下，金顶四周有四个宣礼塔，两个金色，两个蓝色，再向外是硕大的蓝色圆顶，应是祈祷大厅的顶部，接着是一座最高的宣礼塔，共 3 层，玲珑通透，顶端架有朝向四方的高音喇叭。与这 5 座宣礼塔相对应的是双层圆顶蓝色宣礼塔，整个建筑群外观系波斯——阿拉伯建筑风格的结合。清真寺的大门属典型的波斯建筑风格，门脸以天蓝色为基调，间以黄色图案；门楣则在黑底上嵌黄色《古兰经》经句；穹顶内部以金色为基调，雕有蜂窝状隆起柱体，参差不齐但整体协调；窗户及透过窗户见到的墓护栏，均为镀银金属圆杆交织而成的正方形小方格，交织处为小圆球形。我亲眼看见一位朝觐的老者亲吻护栏交织的圆球部分，发出吧嗒吧嗒的声音，老眼充盈泪水。窗户的方格上系满了蓝色的布条，显然是许愿者所为。我还见到两把锁，或许是来自中国的穆斯林留下的。

无论在马什哈德，还是在伊朗其他城市，天蓝色永远是宗教建筑的主色调，这是天空的本色，是通向真主和天堂的颜色，深蓝则为伊朗人所深爱。与圣墓重合的清真寺蓝顶上嵌着6组金色的“别无他神，唯有真主”，在6组字的中上方以淡蓝色瓷砖嵌上“穆罕默德是真主的使者”。金色表示珍贵与崇敬，圣墓之上往往金顶，这也为其他圣墓、圣裔墓开了先例。当然，马什哈德树立的最大先例是以墓地为中心，集聚会、聚礼、学知识、习教义、交往、购物以及公共墓地于一体。德黑兰南部的霍梅尼墓，其设计者的初衷不得而知，但其拓展方向与马什哈德圣墓似无二致，即以宗教信仰为纽带，创建将阴间与阳世、精神与物质有机地联系在一起的和谐模范社会。

位于礼扎墓侧的博物馆建于1937年，1977年迁入现址。博物馆共分为9个展厅。中心展厅，主展内容是马什哈德市历史，从礼扎时期到公元818年的银币，从亚历山大大帝到萨法维王朝的硬币，礼扎墓最早的墓石，距今800年的花剌子模沙赫时期的下水管道等。《古兰经》展厅展出各时期、各材质、各型号的《古兰经》，如用没有点的阿拉伯字母书写的、用金水书写的，从羊皮纸到中国纸，从一米见方的大书到拇指大小的微书，还有将整部《古兰经》微写在一尺半宽两尺长的一张纸上，最珍贵的文本当属礼扎时代（即阿巴斯王朝）手写的《古兰经》孤本。哈梅内伊礼品厅也值得一看。他生于斯，长于斯，由此走上通往最高领袖之路。展出的礼品多为阿拉伯-波斯文书法、画作、雕刻、地毯、挂毯、各类盘、茶具和咖啡具。有外国元首、真主党总书记送的，也有伊朗各部部长、艺术家、运动员、学者赠送的礼品。最引我注目的是中国领导人赠送的玉镶漆雕菊花画，题为“东篱秋色”，显然有感于陶渊明的千古绝唱；还有镂空高脚银盘，以及中央人民广播电台送的龙头吊蛋。此外，博物馆还设有天文仪器、计时器、枪械、邮票、钱币、地毯、贝壳、绘画等展厅。

图书馆设备相当现代化，有藏书250万册，用62种语言书写。以六角形天井为中心的四层楼建筑为典型的伊斯兰风格的公共阅览室。在开架阅览室里英文版图书居多，中文版书只有五六册。我跟馆长开玩笑说，这里的藏书与人口成反比，中国人口最多，但中文书最少。闻听此言，馆长表示要开个书单，希望中国使馆能赠送一些中国图书。后来，我们使馆不但赠书，还赠送了中国邮票与钱币。

我们参观完图书馆已是傍晚6点多，工作人员正拉来一车又一车的地毯铺环形广场，以接待来自四面八方的什叶派穆斯林做昏礼。现每年来此朝觐的人已达1500万，拟于2020年接待4500万人。为此，伊朗铁路部门多次与中国公司接触，提出修建高速电气化铁路，甚至磁悬浮铁路，将德黑兰与马什哈德高速连接起来。

伊玛目礼扎是麦加人，在阿巴斯王朝建立后不久，即公元799年被推举为伊玛目，时年35岁。他经历了阿巴斯王朝哈伦、阿明和马蒙三代哈里发。马蒙的宰相系什叶派教徒，他建议马蒙自立为伊玛目、立阿里家族的首领礼扎为王储。马蒙采纳了宰相的谏言，立礼扎为王储，并将女儿许配给他，还令用什叶派的绿色代替阿巴斯家族的黑色标志，结果招致皇亲国戚强烈反对，其叔父在巴格达

万人在圣地马什哈德祈祷

自称哈里发。马蒙在弄清真相后处死了宰相，为平息事变，公元818年在向巴格达进军之前，在礼扎食用的葡萄里下了毒药，礼扎食后身亡。还有一说则称，恰在此时，礼扎因过量食用马蒙赠送的葡萄致死，但什叶派坚信这些葡萄是马蒙下过毒的。当什叶派朝觐者围圣墓转拜时，总是大呼："该死的哈伦与马蒙！"礼扎是唯一葬在伊朗境内的伊玛目。陪同参观的中心机构年轻人满怀深情地对我说，感谢上苍送给波斯人一位圣人、精神的化身，这是波斯人的福分，波斯人极其珍重真主的恩典，发自内心地崇拜伊玛目礼扎，他能为波斯人带来好运！

马什哈德意为“献身之地”，自礼扎去世后即成为什叶派的圣地。晋谒圣墓是每个什叶派穆斯林必修的宗教功课，现每年到此朝觐者相当于伊朗人口总数的1/4，大批伊拉克、巴林、叙利亚、黎巴嫩、巴基斯坦、阿富汗等国的什叶派穆斯林不辞辛苦来此朝圣，为伊朗带来大量的外汇收入，更扩大了伊朗在各国什叶派中的影响。

郑和缘何钟情霍尔木兹

明朝伟大的航海家郑和，自永乐三年（1405）始，率大小船舶百余艘、27800人，在28年里七下西洋。郑和本人自永乐十一年（1413）至宣德八年（1433），四次（亦有史学者称三次）抵达伊朗的霍尔木兹甘，明史称之为“霍尔木兹国”，当时它是帖木儿王朝统治下的伊朗的一个省区，或只是一个小小的酋长国，附属于大陆母国。还有另一种可能，即我疑明史将“甘”字误为“国”字。“甘”系波斯语后缀词，意为“地方”“地点”。有如“停车”为“伊斯特”，“车站”则为“伊斯特甘”。

郑和当年停泊驻足的应该是位于霍尔木兹海峡拐弯处，距海岸8公里的霍尔木兹岛。13世纪到14世纪，这里曾是波斯湾最重要的贸易中心，经营宝石、珍珠、波斯毛料、靛青、谷物、马匹和乳香、安息香、苏合香等香料，垄断了与中国和印度的贸易，后来逐渐被阿巴斯港和格什姆岛取代，现仅留有1514年葡萄牙人占领后留下的城堡要塞废墟。

其对面的阿巴斯港作为霍尔木兹甘省的首府，已成为伊朗连接世界的最大商港，20 世纪 70 年代后获得了巨大的发展，基础设施齐备，与内地海、陆、空交通十分便捷。中国远洋公司 2005 年秋就恢复了通往阿巴斯港的航班。

位于霍尔木兹岛西侧的格什姆岛距阿巴斯港 8 公里，是波斯湾最大的岛屿，面积 1500 平方公里。它凸显霍尔木兹海峡作为波斯湾出海口的重要性与优越性，更加深了我们对航海家郑和选择霍尔木兹岛为停泊地与中转港的理解。如将霍尔木兹海峡比作向阿曼湾张开的口，那么格什姆岛就像口中的舌头，就其本身形状，颇似一条顺岸东游的大白鲨。从该岛南岸至海峡对面的阿曼角只有 55 公里，而可通行大型油轮的航道仅有 7 公里宽，每天过往的油轮运载着全世界消费总量四分之一的石油，我国目前进口石油的 40% 也

霍尔木兹岛的葡萄牙城堡

是经此航道，其战略地位不言而喻。

格什姆岛是伊朗 20 世纪 90 年代初建立的 6 个经济自由区之一。目前已吸引上百家外资公司来岛投资，包括 24 家中资公司。中资公司已执行的项目有铁合金厂、水泥厂等。自由区主席阿斯卡尔 2006 年秋访华，除北京外，还去了青岛、上海、深圳。在他主持的座谈会上大谈中国的作用，称中国是开发区头号投资者和贸易伙伴。

开发区总部在格什姆岛东部的格什姆镇，小镇人口不到 10 万，店铺的商品几乎全是中国制造，有 20 多个中国人在此开设服装店和日用品店。据服装店老板介绍，当地人购买力不高，高档服装大多被来自德黑兰和阿巴斯港的游客买去。小镇许多临街的店面都挂着中国的红灯笼，初来乍到还以为进入了“唐人街”呢。

格什姆岛东西长 104 公里，南北最宽处 35 公里。飞机场修在

波斯湾海滨风光

腰部，由格什姆命名的航空公司经营，每天有 10 个航班通往内地和波斯湾其他国家。新建的自由区码头，宽 9 米，长 230 米，距阿巴斯港只有 9 公里远，可停泊吃水 14 至 19 米的船舶。

格什姆岛北侧距大陆最近处只有 1.8 公里，有渡轮相通，跨海电塔也设在此处，由大陆向岛供电，而岛上生产的天然气则借电塔之桥用管道输往阿巴斯港。伊朗正计划在此处修造连接大陆的跨海大桥。

整个格什姆岛白多绿少，一座座平顶的石灰质小山尽现海相地貌，风蚀之后犹如人工雕琢的艺术品，似驼首、鸟头、奖杯、罗马建筑群。岛上极为干燥缺水，夏季最高气温达 50 多摄氏度，湿度为 93%，最舒适的季节是 10 月至翌年 3 月，平均气温 19 摄氏度。当地居民为避高温，所盖的房子都垒厚厚的墙，客厅之上再加一层风楼，保持冷热空气互换畅通。居民为获得充足的水不得已打排井，最典型的拉夫特村，在谷地上并排打了 366 口井，地下水和雨水兼收并蓄，以备不时之需。

格什姆岛也有绿色的天堂——位于岛西北凹腰部的红树林保护区，面积达 9000 多公顷，名为“哈拉海洋森林保护区”。这里可谓是鸟的天堂，每到冬季，上百种候鸟从保加利亚到西伯利亚飞来越冬。我们乘船可以观赏到十几种鸟，如鹈鹕、火烈鸟、苍鹭、白鹤……船头不时跃出水面的海豚，与红树林丛中飞去落下的鸟雀相映成趣，美极了。

格什姆岛的藻类资源也很丰富，品种达几十个。一位从加拿大留学归来的女士任生物研究所所长，除做保护性研究外，还计划开发藻类产业，其目标是年产值 10 亿美元。

格什姆岛地貌

格什姆岛扼守波斯湾入口，这里的海水流速快且洁净，水中生活着数百种鱼类、贝类和藻类。在乘小艇环岛游时，偶遇一只一米长的巨型海龟擦艇而过，奔向南岸为海龟专辟的海龟保护区产卵。

珊瑚是海水环境的晴雨表，好客的主人特意安排我们一行到南岸母珊那湾潜水观赏珊瑚。那里生长着 59 种珊瑚，包括名贵的红珊瑚。抵达后我发现沿岸堆集一片片被海潮冲上来的宝贝，有些宝贝已被海潮琢磨成穿贝，很像夏商古人加工过的可穿绳的贝币。一个念头突然闪过脑海：倘若郑和的船队不是在 15 世纪，而是在夏商时期来霍尔木兹海峡，捞取成吨成吨的宝贝，国库的储币不爆满才怪呢！

开发区主席阿斯卡尔介绍说，格什姆岛自古以来就是交通要冲，是西亚、印度次大陆、阿拉伯半岛和非洲东海岸的贸易中心，也是东西南北文化交流的纽带，其历史可追溯到公元前6世纪居鲁士大帝时期。距格什姆镇不远的古港口，著名旅行家马可·波罗曾来过，并写入游记；航海家郑和或许也来过此，尽管没有文字记载。我说，2005年恰逢郑和下西洋600周年，可惜当时我们没能为此壮举立个碑。阿斯卡尔主席当即表示认同，并在我返回德黑兰一周后，正式致函大使馆，表示完全同意在格什姆岛古港遗址为郑和树碑。我即与正在德黑兰出席博物馆亚洲协会会议的中国文物局前局长张文彬议论此事，张局长表示以全国友协出面为宜。半年之后，时任友协会长陈昊苏访问伊朗，我相机向他建议此事，他欣然同意。其后，他又亲自建议，将立郑和雕像兼铭刻碑文一事，纳入拟议中的中国、伊朗友好协会日程之中，并推荐全国政协常委、作家王蒙为中伊友协名誉会长。2008年12月13日，中国人民对外友好协会会长兼中国-伊朗友好协会会长陈昊苏先生，在中伊友协成立会上宣布，征得伊朗方面同意，将于2009年在伊朗霍尔木兹甘省格什姆岛树立郑和雕像，并推动郑和下西洋的始发地江苏省太仓市与霍尔木兹甘省结为友好省市。

达马万德山

达马万德山，系伊朗境内最高的一座山峰。“达马万德”意为“烟云缭绕”。山峰终年积雪，峰顶大多时间里处于云雾笼罩之中，因此得名。我每每经希麦特大街返回住处，遥望耸立在德黑兰东北方向的达马万德山，它像一道白色的屏障，横亘在厄尔布尔士山脉之中，将山北山南划分为绿黄两个世界；屡屡计划走进达马万德山，登上达马万德峰，亲自领略这座闻名遐迩的伊朗最高峰的风韵，将是何等畅快。

终于，国庆长假到来了。我与几位登山同好结伴驱车70公里，来到达马万德山脚下海拔2500米的登山起点。从起点到海拔2950米处的登山第一营地，乘越野车需行近半小时。崎岖的山路布满石块，车轮躲避不及就会颠起半尺多高，人在车里被颠簸得像晃香油的感觉。车到营地，一座金光四射的清真寺占据了我们的视线，寺名“马赫迪”，取自什叶派第十二位大教长，1136年前隐遁了的伊玛目。他被尊崇为“救生的船、指路的灯”一般的救世主，有他的佑护，登山者可保来去无忧了。

登山向导是个蓄满络腮胡子的壮汉，年近四十，常年住在寺旁营地的简易房子里。他雇了两个阿富汗人牧羊放骡子。骡子是用来向第二营地——海拔 4300 米处驮运帐篷和食品的。如雇他当向导，两天需付相当于 1000 元人民币的酬金，第一天登到第二营地休息一晚，第二天登顶并返回第一营地。他本人如只身登顶，只需 3 个小时。我们无意登顶，就省去了千元费用。径直沿南侧缓坡，边爬边看边拍照，不知不觉来到风蚀的山脊上，指示牌上写着“海拔 3200 米”，这里火山熔岩地貌随处可见，多孔隙的黑色岩壁，被水冲刷得趋圆的海绵状巨型卵石。冰川侵蚀的痕迹非常明显，被侵蚀得深深的洞眼犹如一双双黑黑的大眼睛，一两米长的水平弧形槽深

达马万德峰

深地刻在岩壁之上，高高矗立的岩壁上突现大圆坑。冰川的威力可谓滴水穿石，令人震撼。

山脊的火山岩，经过千百万年的风吹雨打，变得千姿百态：如俯冲的雄鹰，翘首的鸵鸟，回眸的鸽子，探头的乌龟……有一簇神似直立的小狗熊，不知谁在其眼窝处放一块鹅卵石，其憨态可掬，引得众人拍照留影，还有位仁兄情不自禁地与“狗熊”接吻，让人忍俊不禁。

一路走来，草由绿变黄变枯，不同季节不同植物散布在同一条山坡上。仅是骆驼刺，从低坡到高坡，便由绿变红进而变白。毛茸茸的高山蓟，微绿偏黄，长在地上，像一朵盛开的百合花。依附在石壁上的硕大苔藓，长着极小的三角叶，开着比芝麻还小的淡粉色花，整片结实地长在石壁上，用石块都难以剥离下来。虽经过漫长的旱暑季，接下来的是霜雪严冬，但色泽依然鲜嫩淡绿，生命力竟如此强劲。对面山坡上的苔藓远看连成一片，似龙腾祥云。

达马万德山不愧是动植物的天堂，引来无数的飞禽走兽。季节已是深秋，但山坡随处可见细长的蜥蜴、褐色的蝎子、浅褐色的螳螂、灰色的飞蝶、细腰的山蜂，野兔、狐狸和飞鼠时隐时现。成群的鸟雀，见人远遁，唯独乌鸦和喜鹊似与登山者试比高。草丛中可见就地而筑的鸟巢，不知是哪种鸟将土旋出半球形坑，内铺软草、上敷绒毛，既保温又舒适。最引人注目的是翱翔在碧空的猎隼，时而迎着山风静静瞭望，时而箭一般地俯冲下去，引得我们的看家小狗对着它急驰而去，没跑多远，小狗已是气喘吁吁，因为这里的氧气含量只及德黑兰的60%左右。这儿的猎隼如此之多，万幸的是伊朗人不是猎隼爱好者，才能让猎隼自由自在地繁衍，维持着生态的平衡，造福于人类自身。

谈笑之间我们不知不觉已过海拔 3500 米、3800 米，直逼 4000 米。回首下望，真是一览群山小，方才蛮大的金色清真寺只剩一个金点，河谷对面的小镇变成了小村子，瞬息之间我们竟变成巨人了。可是向上看，高山仰止，我们距第二营地还有三四百米的距离，姑且不论我们距峰顶尚有 1600 多米的高差。此刻每走一步都变得困难起来，不常体育锻炼的姑娘气喘得厉害，干脆坐在石头上。在这种情况下靠登山拐杖、少说话、慢步不停地行进，可以节省不少体力。但我们在达马万德山这座“小巨人”面前还是甘拜下风，于是打马折返。

金秋十月是登达马万德山最好的时节，雪线在 4600 米处，气温凉爽，穿件薄秋衣刚好，备件外衣可防风。而此时的峰顶是一年中积雪最少的季节，终年积雪不化的峰顶是沉寂的火山口。数亿年前，伊朗板块随印度板块一起向北漂移，印度板块的漂移造就了世界顶峰珠穆朗玛峰，把青藏的沧海变成了高原。伊朗的板块则制造了西侧的扎格罗斯山脉和北侧的厄尔布尔士山脉，在厄尔布尔士山脉的地壳薄弱点，岩浆喷发造就了伊朗两座高峰：位于阿尔达比勒市郊的萨巴兰峰，高 4811 米，火山口有湖，山四周有 110 处温泉。而达马万德峰高 5671 米，也是西亚、环地中海地区的最高峰。仰望达马万德峰，俨然是一位超凡脱俗的老夫人，一头皓发飘逸，与云端丝丝相连。由火成岩构成的沟沟棱棱，像刻在老夫人脸上的皱纹，与蓝天白云相比沉重了几分，又饱含了多少时光与岁月。此时此地，我作为一位“年方六二”的老顽童，唯有借毛主席的一句词“踏遍青山人未老，风景这边独好”，方能表达内心的感悟。

别了，达马万德峰！

名贵植物藏红花的故乡

在伊朗，无论是在饭店用餐，还是到伊朗人家里做客，你会经常享用到一种独特的“家常便饭”：金黄色的米饭——黄澄澄、金灿灿的，十分美艳，它就是加上了当地产的藏红花制作而成的。

藏红花是原产伊朗的一种特殊的植物，伊朗人称其为“扎夫朗”（zaafaran），在中国亦称“番红花”或“西红花”。它属鸢尾科鳞茎多年生植物，其有用的部位是花心上的三枚雄花蕊，具有强烈的独特香味与辛辣味，可作食品调色、调味的佐料，也可作厅堂、浴室的香料，还可作布匹、服装的染料，更可在传统医疗中入药。

藏红花的栽培必须具备适宜的气候、海拔、光照和土壤条件，尤其需要充足的光照和适宜的气温。虽在伊朗、西班牙、法国、意大利，以及克什米尔地区都有栽种，但主要生产国是伊朗，年产近200吨，约占世界藏红花总产量的85%。即使在伊朗，也唯独东部的呼罗珊适种，种植面积近两万公顷，占伊朗藏红花总产量的95%。主要向阿联酋、西班牙、沙特、瑞典和法国出口。

伊朗藏红花系世界上质地最优的藏红花。藏红花的品质好坏主要看色泽，色泽越趋近暗红，品质就越高。此外，花蕊的长短粗细、有无花茎等杂质也决定品质的高低，如果一枚花蕊的末端带有浅黄色，或花蕊断的、短的很多，那一定不属上乘。

藏红花在各个国家有不同的用途。中国人一听“藏红花”，脑海里第一反应就是“草药”，而伊朗人最早发现藏红花，仅是将其当作染料或是香料——丝绸、地毯织线的红色颜料就取之于藏红花，大约在萨珊王朝时期才认识到其药用价值。在日常生活中，随着人们发现藏红花可以更广泛地应用于佐料和食品的加工，其药用的一面反而逐渐被淡化。我在一次伊朗当地朋友的家宴上，曾经询问女主人金色米饭的制作方法，她立即到厨房拿出了一小瓶藏红花

盛开待采的藏红花

研成的粉末，一边展示，一边不假思索地娓娓道来：“太简单了，每次只要用一点儿藏红花粉末，用水浸泡，待水变成黄色后，滤去粉渣，将水浇到刚蒸好的米饭上，浇到的部位就呈现金黄色了，如喜欢黄、白两层双色米饭，就只要浇部分米饭即可，但要注意红花过量则会使米饭发红。”有些中国朋友，在伊朗住久了，也渐渐地爱上了藏红花，并发明了“藏红花茶”，主要用于日常保健，泡这种茶比制作黄米饭还方便：每次取四五枚花蕊，用开水冲泡一杯，三五分钟即出色，清亮金黄，不闻不饮，还以为是橙汁呢；放在案头，一缕缕淡淡的清香不时飘来，茶味不苦不甜，颇为可口。这种茶能反复冲泡几次，既解渴又活血，最后可连同那几枚泡在水中的藏红花蕊一起嚼服，丝毫不浪费，最适宜在办公室久坐少动的白领一族。还有的中国人用藏红花水兑上少许蜂蜜制成五彩缤纷的什锦水果丁招待客人，这不仅使水果色泽艳丽、口味鲜美，更增加了其营养价值。因干藏红花分量奇轻，一克藏红花实际上可用好长时间。

其实，欧洲等国使用藏红花时也大多将其用作食品佐料。西班牙用在其传统美食“丕以利亚”之中；法国则把它用到烹饪法式浓味炖鱼之中；瑞典等斯堪的纳维亚国家用于面包的调色与调味。中国古代则注重它的药用价值，500 年前李时珍的《本草纲目》就有关于藏红花功效的记载。藏红花活血化瘀，是妇科良药；能消肿止痛，提高肌体免疫力；苦藏红花素对部分癌细胞有较强的抑制作用，具有较好的开发前景。日常保健，除了开水冲泡，当茶饮用，还可单独地或与其他中药搭配，做成药酒。

在古代的印度，通过蒸馏藏红花制成金黄色水溶液，用作布匹染料。传说佛祖释迦牟尼涅槃后，其弟子们决定以藏红花的紫红色作为他们法衣的正式颜色。藏红花经过印度、克什米尔地区到西藏的商道，传到中国内地，内地人误以为它产自西藏，遂称之为“藏红花”，这其实是一种误解。西藏产红花，但不产藏红花。西班牙等欧洲国家栽培藏红花始于阿拉伯人占领安达卢西亚之后，而欧洲人完全掌握栽培技术是在十字军东征之后。

古代波斯人种植藏红花有一套成熟的技术，对他们来说这是生存必需的职业秘密。后来蒙古人和阿拉伯人分别将其栽培技术传向东西方。藏红花需栽培 3 年以上才能收摘，每年六七月播种，九月采摘，采期两周。每公顷的成品量仅有 8 公斤左右。藏红花属于雌雄两性花，因每朵花仅有 3 枚细小的雄花蕊，需采撷 17 万朵花、集 51 万枚雄花蕊，方可烘烤或晒制 1 公斤藏红花成品，且从花朵采摘、花蕊剥离到干化处理等工序基本都是靠人工进行，不加任何人造色素或添加剂，加之其多种功效，无愧为纯天然的珍稀之品，一直以来深受市场青睐，其价格往往与黄金等值，甚或贵于等重黄金。随着黄金价格飞涨，2007 年一年之内藏红花的价格也飙升五六倍。

如今，藏红花仍是世界上最贵重的药材和香料之一，其功效是无可替代的。伊朗为稳妥地把握藏红花国际市场，2006 年在迪拜建立了“藏红花展销中心”。当年出口收入占非石油产品出口总收入的 6% 。随着藏红花价格成倍上涨，这一比例还会大幅提高。这对伊朗藏红花产业及东部花农的积极性，起到很大的促进作用。

伊朗的开心果

伊朗人非常好客，无论是宴请，还是日常会客，用开心果招待客人是必不可少的，尤其总统府和外交部招待所用的开心果都是选上乘优质的佳果。这往往给客人留下回味无穷的深刻印象。

开心果，我国古称“阿月浑子”，西方称“皮斯塔秀”（Pistachio），源自波斯语“比斯泰”，原产地伊朗。它是漆树科的一种果实，这种树广泛地栽培于阿富汗到地中海沿岸温暖干燥的地区。其树干枝叶很像我国东北山区的白蜡树。复叶，有数对宽厚革质羽状叶，在伊朗通常 7 到 10 年可挂果，15 到 20 年才能达到盛果期，盛果期可维持 40 年。开心果树一般高 5 至 7 米，最高可达 10 米。开心果树为雌雄异株，每植五六棵雌树，要间植一棵雄苗。开心果属被子植物，簇生，每到 9 月收获季节，采摘下来，剥去粉红色的软包皮，就露出裂开硬壳的果仁。

开心果树适合生长在冬季寒冷、夏季漫长炎热，光照强烈、降水稀少的地区，耐寒能力与杏树、橄榄树相同，适宜种植在松散、透气性好、能保持一定湿度的土壤中。它既能在偏酸性土壤，也能在盐碱性的土壤中生长，伊朗恰恰是开心果的宜植地。

开心果是伊朗的主要经济作物之一，产区集中在十个省份，从西北的加兹温省到东北的北呼罗珊省，直至东南的锡斯坦-俾路支斯坦省均有种植，有60多个品种，总种植面积达42.7万公顷。其中克尔曼省种植最多，种植面积达30万公顷，占全国总种植面积的70%，占总产量的61%。而克尔曼省的开心果主产区是拉夫桑贾县，即确定国家利益委员会主席阿里-阿克巴尔·哈什米·拉夫桑贾尼的家乡。那里阳光充足、昼热夜冷、山高川平，为盐碱土质，特别适合开心果生长。其种植面积达16万公顷，产量占全国的40%左右。理论上厄尔布尔士山之南，扎格罗斯山以东，从德黑兰到马什哈德都可以栽培，但那里的产量微不足道。

丰收在望的开心果

伊朗开心果以颗粒饱满、味道醇厚和品种繁多而著称。从外壳开口处轻轻一掰，就能看到果实，放进嘴里嚼起来香香的，常常让人欲罢不能。开心果以褐黄外壳为主，按形状分，主要有两种：一为圆形，一为椭圆形。如按颗粒大小、长短和本身味道与色泽分类，有十多种。伊朗开心果与美国和土耳其的开心果有明显的差异，美国的壳白，果肉不饱满；土耳其的壳深褐，体形小而细长，更接近原生状态。伊朗的开心果味道与外观俱佳，除自然条件外，或与伊朗不断地进行品种改良有关，伊朗人在种苗长到三年时都要实行嫁接，以优化扶壮。

开心果在正常年景，一般每公顷可采摘 1100 公斤。专家认为，如利用现代化播种技术，有望将产量提高到每公顷 2000 公斤。

开心果产量有大年小年之分，因种植面积扩大，近年来产量以 15% 的速度增长。2005 年出口 14 万吨，换汇 8 亿美元；2006 年出口 17 万吨，换汇 10 亿美元。2007 年总产量达 28 万吨，占世界开心果总产量的 40%，仍居世界第一位，其次是美国占 28%、土耳其占 12%、叙利亚占 12%。在伊朗出口的各类干果中，开心果一直保持占出口值 80% 的水平。在非石油产品出口中，出口值仅次于地毯，居第二位，国际市场占有率为 55%。

伊朗开心果外销的第一买主是中国香港，2007 年销往中国香港的开心果近 5 万吨，其瞄准的最终买主主要是中国内地。因香港关税低，伊朗商人惯于直销香港，再经港转口内地。其他较大买主依次为阿联酋、德国、俄罗斯、印度和意大利。

开心果的营养价值较高，富含植物蛋白和人体必需的钾、磷、钙、铁等微量元素以及多种氨基酸，还有纤维素，维生素 A、B、

C、E，具有滋补和药用作用。古代的波斯人视开心果为仙果。传说公元前6世纪，波斯远征希腊时，波斯远征军官兵的军粮就包括开心果。开心果使波斯军人精力旺盛，远征军连打胜仗。波斯游牧部落迁徙时也要带上足够的开心果，以备不时之需。后来亚历山大大帝远征到波斯，深入到偏僻山区，粮饷供应不畅，也靠开心果充饥救急。我国古代药典也有关于阿月浑子（即开心果）的记载，称其味温无毒，治腰寒肾虚等症。此外，它还是伊朗人烹调食品的上好佐料，也是甜点不可或缺的成分。伊朗著名的嘎兹糖常用开心果果仁作夹心，制作上好的冰激凌也要加上开心果仁，使味道和色泽都别具一格。伊朗出售的多为加盐烘熟的干果，加工过程中，如再加入柠檬汁或藏红花汁等来调制，可做出各种口味来满足不同顾客的需求。开心果也有出售生食的。在收获季节之前，市场上摆放的半成熟的鲜开心果，虽是半熟，但剥开软皮，坚果壳的一侧也已裂开口了，鲜果粉红软皮翠绿仁，吃起来鲜脆可口，煞是诱人。

坐在油气桶上的能源大国

伊朗是最早开发石油的中东国家，第一口出油井是1908年5月打出的，所在的马斯喀特·苏莱曼油田遂成为中东第一个被开发的油田。1909年始建，1912年投产的阿巴丹炼油厂，曾是世界原油处理能力最大的炼油厂。1974年伊朗石油产量高达630万桶/日，石油出口为540万桶/日。

1951年伊朗宣布石油资源国有化，美国和英国即行干预，1953年8月摩萨台政府被推翻。

1957年伊朗出台石油法案，首次将外国公司参与石油开发分成降至50%。在随后的十几年里，额度逐步降至15%。自1974年开始，禁止外国公司参与伊朗的油气开发，仅限为油气开发项目提供服务。

1979年伊斯兰革命胜利后，新政权宣布取消前政权与外国公司签订的所有油气合同，实行石油国有化。

两伊战争给伊朗石油工业造成极大破坏。战后，特别是1995年重新对外国公司开放油气领域合作，允以“产品回购”方式参与油气开发，原油产量较战争前有大幅度提高，但炼油能力和汽油产量仍未恢复到战前水平。

占了两个“第二”

伊朗流传着一则神话，说的是开天辟地时，天女满世界散布矿石之花。飞到伊朗上空时，两位疲惫的仙女一不小心撞到了一起，将两篮子60多种花统统撒到伊朗的国土上。

或许上天真的偏爱伊朗。如今，伊朗拥有60多种可供开发的矿藏。石油和天然气最为丰富，其储量分别占世界总储量的12%和18%，仅次于沙特和俄罗斯，占了两个第二，主要分布在毗邻

胡齐斯坦省油气处理站

伊拉克南部的胡齐斯坦省和波斯湾，胡齐斯坦省的石油产量占伊朗石油总产量的70%。

伊朗探明石油剩余可开采储量为1580亿桶，按目前每天开采400万桶计算，还可持续开采10多年。伊朗官方认为，迄今为止，只完成了对全国潜在储油地区20%的地质勘探。从地质储量判断，伊朗可开采的石油储量预计达1800亿桶。

如今伊朗年产石油2亿吨左右，其中70%用于出口，一半的原油出口到亚洲市场，其余的销往欧洲和非洲市场。石油产量和出口量均居世界第四位。

伊朗天然气储量达28.13万亿立方米。目前陆上气田有28个，其中有11个气田已投产，日产天然气约3亿立方米；海上气田6个，2个已投产，日产量约为2亿立方米，总产量共5亿立方米，居世界第五位；日产液化天然气45万至50万桶。最大的天然气田是伊朗与卡塔尔共享的气田，总储量达8亿立方米，占世界总储量的14%，到2007年中期，伊朗在该气田的生产能力已与卡塔尔持平。伊朗将其命名为“南帕尔斯气田”，将开发基地设在布什尔省的阿萨卢耶，分成26个区块，头5个区块已投产。在阿萨卢耶建立大型天然气化工基地，与之配套的机场可起降空客300型飞机。另一个与此相媲美的新建大型石化企业在波斯湾西端的霍梅尼港附近。

伊朗的油气开发和项目建设由法国、意大利、英国、荷兰、挪威、奥地利、澳大利亚、西班牙、加拿大、俄罗斯、印度、马来西亚、日本、韩国及本国公司承建。伊朗向土耳其、阿联酋等出口天然气，拟铺设通往印度、巴基斯坦的输气管道，计划向欧洲和亚洲

南帕尔斯天然气设施

其他国家出口。同时，在 1997 年铺设了从土库曼斯坦至伊朗东北部管道，进口土库曼斯坦天然气，以解决波斯湾天然气管道一时难以连通东北地区的问题。

除自用和出口外，伊朗将大量的天然气回注到油田，以提高石油产量。

石油化工初具规模

两伊战争对伊朗的油田和石油化工业造成巨大的损害，加之战后破坏性开采、设备老化及西方制裁，石油产量远没有恢复到1974年的630万桶/日（其中出口540万桶/日）的水平。9大炼油厂分别位于阿巴丹、阿巴斯港、设拉子、伊斯法罕、阿拉克、大不里士、克尔曼沙阿、拉旺和德黑兰。年原油处理能力为7700万吨，相当于石油产量的三分之一，日均147万桶。

伊朗是中东地区仅次于沙特的第二大石化产品生产国，现有16个大型石化工厂，生产能力逾2000万吨，成品千余万吨，过半出口，出口值约30亿美元。

石化工业是伊朗未来几年重点发展的产业之一，伊朗规划在2015年前达到石化产品产值200亿美元的目标，从而成为亚洲第一石化工业国。为达到这一目标，加大油气下游领域对外资的吸引力，2006年6月，最高领袖哈梅内伊颁令修改宪法第44款关于国家拥有一切油气等自然资源的规定，将私有化规模扩大至80%。为此，已决定将伊朗国家石化公司5%的股份出售给内部职工；将对石化领域的外资采取有别于油气资源开发及炼油厂的优惠政策，不仅允许采用“产品分成”合同模式（即外方占有石化项目一定比例产品），而且不设外资最高占投资总额49%的上限，甚至在投产一段时期后，可由外方独资经营。

油气在国民经济中的重要地位

石油工业是伊朗经济的支柱、国家的命脉。伊朗外汇总收入的80%来自石油出口，石油工业产值占国内生产总值的20%左右。自2005年来，伊石油外汇每年递增100亿美元，2007年石油收入达700亿美元。

伊朗是石油输出国组织欧佩克创始国之一。作为其重要成员国，伊朗一直发挥举足轻重的作用。欧佩克的石油产量虽然只占全世界总产量三分之一，但其产量和定价往往左右国际石油市场走向。伊朗当然期望保持较高价位，从而大幅度提高其外汇收入。伊朗为扩大在国际能源领域的影响力，正筹划成立伊朗石油交易所。伊朗极力推动俄罗斯等国协调天然气合作机制，伊朗、俄罗斯、卡塔尔、委内瑞拉和阿尔及利亚于2001年成立“天然气出口国论坛”，五国控制世界天然气总量的70%。2007年4月五国在卡塔尔首都多哈开会，商议成立天然气欧佩克。

伊朗在欧佩克中是仅次于沙特的第二大石油生产国和出口国。

哈尔克岛油轮码头

欧佩克给伊朗的石油生产配额为 318.6 万桶/日，占欧佩克的 13%，实际原油产量维持在 400 万桶/日左右。近四分之三用于出口，其余用于国内消费。日本是伊朗石油的最大买主，占日本进口石油的 16%；中国是第二大买主，2007 年中国进口伊朗的各种油品逾 2000 万吨，占我国进口总量的 13% 左右。

伊朗 90% 的原油出口是经过波斯湾的哈尔克岛，该岛的东码头可以泊 6 艘 27.5 万吨至 30 万吨的油轮，西码头可以泊 3 艘 2 万吨至 5 万吨的油轮。

伊朗国家油轮公司拥有 31 艘吨位在 3.5 万吨至 30 万吨的油轮、陆地服务船 27 艘、液化天然气船（1.2 万吨）一艘，总吨位 600 万吨，系世界第七大油轮公司，不仅承运很大份额的出口原油，还经营第三国石油运输业务。

国内能源消费政策

伊朗长期以来对国内石油及天然气消费实行国家补贴政策。2002 年每升汽油售价相当于人民币 6 角，每立方米民用天然气售价 5 分，工业用售价 1 角 2 分。这一补贴政策导致大宗汽油被走私到邻国，如土耳其每升汽油比伊朗市场高出十几倍。同时，伊朗人均能源消费相当于世界人均消费的 2.5 倍，极大地浪费了资源。国内炼汽油满足不了需求，政府每年还消耗几十亿，甚至上百亿美元外汇用于购买汽油。到 2007 年，全国日消耗 7500 万升汽油，其中 40% 靠进口。光照极好的伊朗，几乎看不到哪一家使用太阳能。

2007 年 6 月，政府采取果断措施，对汽油实行配给制。按现价每升 9 角，每辆小汽车月配给 100 升，其余按国际市场价购买，出租车和公用车每月配给 600 升。此举立竿见影，汽油日消费减至 5500 万升，现在进口汽油占总消费量已不足 14%。不过，对于有钱人，这一政策的影响不大，因为他们利用外国汽车升值潜力大的优势大量采购外国汽车，囤积居奇，增加的汽油配额主要用于日常用车。

山海胜地

处在东西方文明交汇处的伊朗，其人文、文化、艺术、习俗、宗教、思维习惯、民族性格皆有别于其他国家和民族。其所处的特殊地理位置和独特的地质、地貌，又造就了伊朗气候、生态、物产、物种的多样性和复杂性。两者又为伊朗人民的发明创造带来无穷的灵感，建造了成千上万别具一格的宫殿、寺庙、陵墓、桥梁和水坝，留下了精美绝伦的石刻、石雕、陶器和礼器，传承了令人印象深刻的诗歌、音乐、舞蹈、绘画、造型及各式工艺品。毫不夸张地说，波斯文明是人类文明的一朵光辉灿烂的花朵，有待我国同胞深入而广泛地了解、领略和欣赏。

伊朗非常重视与中国开展旅游合作。我国于2005年将伊朗列为我国公民出境旅游的第六十六个旅游目的地国。近年来，伊朗公民赴华旅游人数剧增。2002年我抵伊朗时，我驻德黑兰使馆为伊朗赴华人员（根据两国政府1989年签订的互免签证协议，外交、公务人员无须办签证）办理签证人次为1.2万。当我2007年离任时，当年的签证人次已上升为6万，这在中东地区属最多的。

2006 年我受国家旅游局委托同伊朗主管旅游的副总统签署了《中国旅游团队赴伊朗旅游实施方案的谅解备忘录》，伊朗特为中国游客提供七天有效落地签证的方便。但迄今为止，中国赴伊人员多为执行工程项目或开展贸易合作的，纯粹去旅游的还不多。有人说，其原因是伊朗缺少旅游配套设施，不允许饮酒，女士要穿“黑夹布”，要包头巾。我认为这并不是主要障碍，关键在于中国公民对伊朗尚不够了解，对伊朗的知识往往是通过西方媒体间接得到的。伊朗前副总统兼文化遗产和旅游组织主席曾向我表示，伊朗旅游资源十分丰富，登记注册的历史与文化遗迹就达 4000 多个。旅游是当今世界最重要的大众沟通渠道，伊朗期盼更多的中国朋友来伊朗旅游。

2600 年来，伊朗有一半多时间处于外国、外族统治或半统治之下。统治时间最长的是阿拉伯人，达 600 年；其次是突厥人、蒙古人，分别为 400 年和 230 年；时间最短的是阿富汗人，也有 5 年。历史上的波斯人自身又几度拓疆扩土，许多国家和民族曾臣属于波斯，这自然令伊朗成为民族的熔炉。现今伊朗有 20 多个民族，近百个部族。他们都有自己的语言（或方言）、服饰、传统聚居地和自己的首领。阿塞拜疆族主要分布在西北五省，人口占全国总人口的五分之一，是伊朗最大的少数民族，最高领袖哈梅内伊和前副总统达乌迪均系该族后裔。库尔德族主要分布在靠近伊拉克的边境地区，他们操古波斯语的一种方言，自认为是米底人后裔。蒙古人后裔——土库曼人主要分布在东北部，他们是伊朗伊斯兰教族群中唯一信逊尼派教义的民族。

正是这种长期的民族交往与融合中，伊朗创造了独具特色的文化与文化遗产。伊朗是盛产宗教的国度，从拜火教、摩尼教到巴哈伊教、巴布教，都诞生于历史上的伊朗境内。与此同时，伊朗又是以耶路撒冷为诞生地的三大宗教——犹太教、基督教和伊斯兰教的宗教渊源之一，特别是三大宗教中最古老的犹太教，其产生和最终成形深受拜火教的启迪，而由波斯人壮大的伊斯兰教什叶派，在某种意义上说是古老的拜火教的延伸。当今伊朗人最尊崇的烈士之祖——第三伊玛目侯赛因，岂非菲尔多西在《王书》中描写的波斯英雄鲁斯塔姆！

迄今为止，伊朗已有八处地点被联合国教科文组织列为世界文化遗产。它们是伊斯法罕的伊玛目广场、胡齐斯坦省的乔加赞比尔古建筑群（包括埃兰塔庙）、西阿塞拜疆省的苏莱曼殿、法尔斯省

阿尔达比勒省自然景色

的帕萨尔加德居鲁士都城遗址、波斯波利斯宫殿群遗址与纳克希·鲁斯塔姆王陵、克尔曼省的巴姆古堡、赞詹省的苏丹尼耶陵和克尔曼沙阿省的比索通遗迹。这些遗址、遗迹是游客和考古爱好者最值得去的地方。

令我颇感兴趣的是西亚地区也有中华民族的象征——龙的图腾，在2002年末被伊朗考古学家在西部赞詹省发现。该浮雕长5米，宽1.5米，龙呈昂首挺胸奔腾状，刻在杜西凯桑神庙的石壁之上。专家认为此龙寓意祥瑞，且头向庙内，意味友善好客。庙内其他人物、花卉浮雕也具有中国浮雕与绘画艺术特征。据考证，此神庙是伊儿汗国时期的建筑物，是在汗王阿鲁浑1291年逝世后，汗王海合都之姊哈图下令建造的，位于世界文化遗产之一——苏丹尼耶陵之南。

从地理上看，当今的伊朗版图几乎被地球板块的运动整个儿地托起，矗立于平均海拔1200米的高原之上。南北走向的扎格罗斯山向北的延长线，假如与乌拉尔山连接起来，倒是更像欧亚大陆的中间分隔线。

北部的厄尔布尔士山将山南山北分成两种气候。北部年降水量超过1200毫米，属于纬度较高的亚热带气候区，而山南的沙漠地带年降水量不到100毫米。西部山区多属地中海气候，年降水量在500毫米以上，为伊朗最长的河流——卡伦河提供丰富的水源。濒临波斯湾、印度洋的地区，夏季最高气温超过50摄氏度，但却是冬季度假的好去处。

两大山脉之间的西北高原是典型的喀斯特地貌，岩洞遍及阿塞拜疆、库尔德斯坦、哈马丹、伊斯法罕和中央等省。位于哈马丹西北 75 公里处的阿里萨达尔水洞可能是世界上最奇特的水洞之一，法国地质学家称之为“世界最大的喀斯特地貌水洞”。它全长 11 公里，水面在海拔 2114 米以上，终年水温保持在 12 摄氏度。我认为，其奇特之处在于洞内所有的石笋，犹如倒长的菜花，顶端被紧紧地挤压在“平板玻璃”上一般，皆处于同一个水平面上。或许洞水千万年都处于冰冻状态，因石灰岩渗水而结成的石笋到冰面即止步不下，继而转向水平生长。

两大山脉的植被涵养了水分与沃土，成为植物与动物多样化的宝库，有些在其他地区很难见到的动植物，如里海虎、里海海豹、波斯瞪羚在伊朗却能见到，伊朗西部还出产特有的花卉倒挂郁金香等。伊朗的开心果、核桃、石榴、樱桃、葡萄、榛子等在国际市场

倒挂郁金香

上也占有一席之地，若亲临伊朗，品尝这些干鲜果实，则更能体味其上乘品质。

伊朗湖泊分布的特点是兼有咸水湖、盐湖和淡水湖。北部的乌鲁米耶湖是世界三大盐湖之一，其他两个分别是死海和美国的盐湖。乌鲁米耶湖水面在海拔 1280.5 米以上，南北长 140 公里，东西最窄处只有 16 公里，总面积约 4500 平方公里，水深在 8 米至 15 米之间。20 世纪末连年大旱，水位降了 3 米，2003 年冬至 2004 年春，降水增多，水位复升 3 米。乌鲁米耶湖一般在 8 至 10 月份盐

乌鲁米耶湖

度最高，达 24%，比死海低了约 3 个百分点。湖中有大大小小岛屿 101 个，是鸟类迁徙的栖息地。每到秋季，成群结队的鸟雀从欧亚大陆的各处飞来，再转向波斯湾和非洲以及南亚次大陆。乌鲁米耶湖因此被列入国际生态保护地，受到严格的管护。

湖中唯一可生存的动物是名为“奥勒提米亚”的粉红色浮游生物，形状似鲼，呈扁平菱形，全长只有 1.2 厘米，尾巴占体长五分之三，其主躯干两侧为丝状细须。据当地陪同介绍，它仅能存活 48 小时，90% 的生命历程用于求偶与交配，其活体和尸体为饲养虾苗的上等饲料。

乌鲁米耶湖将东、西阿塞拜疆分隔开来。以往渡湖往往要花费 40 分钟，现已修建跨湖大桥，大大方便了两省交通和发展旅游业。

中部地区的最大盐湖是靠近库姆的纳马克湖，其北缘距德黑兰不足百公里，到纳马克湖旅游会有别样感受。该盐湖的大片滩涂已结晶成龟背式的图案，每格有小轿车轮胎大小，格与格结合处有一两寸高的盐结晶。向湖里走去，逐渐可见浅浅的水面下析出的盐粒，盐场工人用推土机将盐垒成一堆又一堆，待运往工厂加工。越往湖心，湖水越深，那里只能用特制的捞盐设备了。

中部最大的沙漠卡维尔沙漠，面积达 20 万平方公里，被称为“盐漠”。它曾是远古的海洋，在海底提升后，先变成盐湖，后变盐沼，最终变成盐漠。在古代，这片盐漠是丝绸之路商队来往于波斯东西部的必经之地。

淡水湖多在南部地区，尤其波斯帝国发祥地法尔斯省是淡水湖最集中的省份，因此法尔斯成为全国小麦主产区，伊朗的农业研究所也设在这里。伊朗小麦自给有余与大批农业专家的研究成果密不可分。

毫无疑问，伊朗凭借丰厚的旅游资源，可满足不同旅游者的不同需求。

对于喜好历史或考古的游客，可以在设拉子及其周边地区领略阿拉伯伊斯兰化之前的古波斯风骚，凭吊中世纪伟大诗人萨迪和哈菲兹的陵园，也可在市内观光百年前恺加王朝的庭院与豪宅。

对于爱好文学的游客，除设拉子外，还可去马什哈德的图斯，以及位于马什哈德以西百余公里的内沙布尔，它们分别是大文豪菲尔多西和欧马尔·海亚姆的故乡。内沙布尔也是神秘主义诗人法赫尔丁·阿塔尔纪念馆所在地，阿塔尔是被蒙古大军所杀的。内沙布尔是在伊朗被毁坏又被重建次数最多的城市，现今几乎见不到它作为塞尔柱王朝第一个首都的痕迹。此外，该地的名声远扬还缘于它是著名的高品质绿松石的产地。

对宗教感兴趣的游客，一定要去圣城库姆和马什哈德。从德黑兰出发，前者搭乘汽车南行 150 公里即抵；后者可乘火车夕发朝至。伊朗火车的卧铺相当舒适，车上休息一夜，抵达后即可游览。对于其他宗教如犹太教、拜火教、基督教的寺庙堂馆，可在德黑兰老区参观，这些宗教场所的主事如同伊朗任何一所清真寺的阿訇，对中国人非常热情，因为他们都知道，中伊两国自古以来一直平等友好相处。

对建筑有兴趣的游客，不妨参观伊朗名城——塞尔柱王朝和萨法维王朝两朝古都伊斯法罕。那里的桥梁、清真寺、圣裔陵墓（伊玛目家族纪念堂）、四十柱宫、摇晃塔以及阿巴斯饭店的建筑艺术和装潢艺术均堪称一流，俨然是一座庞大的古建筑艺术博物馆。

喜欢山海风光的游客，春秋季可去里海，冬季可去波斯湾沿岸。里海风光和物产颇似我国的江南水乡。沿里海西行，从海边海拔负 28 米到 1200 米的高原草甸只需半小时，沿途可领略高加索南缘、阿塞拜疆共和国与伊朗边境地区静谧的山林风光。去波斯湾沿岸观光有多种选择，从北部的霍梅尼港至 1500 公里外的阿巴斯港有十几处旅游景点。如果时间不充裕，可去基什岛游览。该岛具有典型的波斯湾海岛特征，是伊朗最早开放的自由区。

如若因公到德黑兰，无暇去外地，亦可相机到王宫、博物馆、珍宝馆大饱眼福。即便只有两三小时的空闲时间，也不妨利用起来登一登德黑兰后山，呼吸新鲜空气，居高临下地饱览德黑兰的山城美景，定会赏心悦目，消除因公务繁忙带来的疲惫。

伊朗的传统手工制品素以精巧细腻著称。赴伊朗的游客大多喜欢购买伊朗的传统地毯、毯画、细密画、手工印染织品。其实，伊朗还有许多风格奇异的手工艺品可供选购，如搪瓷蓝，将铜胎瓶、盘绘上以蓝色为主调的精细彩釉图案，经炉火焙烧熔凝；“豪塔姆”镶嵌工艺品，以骆驼骨丝与铜丝粘结成电缆状再横切成片，镶嵌在首饰盒、口纸盒、挂钟外框或镜框、相框表面；铜雕制品，将铜片置于凝固的硬橡胶上，手工凿出风景、人物或历史传说故事等图案；也用铜板从背后凿出仿浮雕画，或在铜瓶胎上锤凿出人物、花鸟、风景浮雕画，立体感极强；皮画，用伊朗本土产的牲畜皮革彩绘传统人物花鸟画。在游览之余，购买几件有特色的伊朗工艺品带回国，会令人见物生忆，回味隽永。

从巴姆大地震说起

2003年12月26日凌晨5时23分，6.8级的大地震摧毁了伊朗巴姆古城——联合国教科文组织批准的世界文化遗产之一，夺去了3.1万人的生命。

巴姆古城位于伊朗克尔曼省，是古丝绸之路重要的一站。全世界最大的土坯建筑群，具有2250年历史的拜火教火祠、1100年历史的古清真寺以及重建于18世纪的古城堡、老街、巴扎，原本都掩映在一望无际的椰枣林和柑橘林中，却在20秒之内统统坍塌为一片废墟。

随后，人类的同情心和现代化的手段迅速演绎成一幕幕动人的赈灾救援场景。在短短数日内，71个国家和地区的85支救援队，1700多人齐聚巴姆灾区，其规模和援助的款物都是空前的。

中国国际救援队共有38人（搜救队员19人、医生10人、地震专家9人），携4条搜救犬、10吨救援设备，由国家地震局救援司司长带领，在克尔曼铜厂施工的中国有色金属公司人员协助下，成为亚洲地区第一支抵达现场的救援队。这是中国国际救援队成立以来的第二次国际救助行动。中国政府提供价值 1500 万元人民币的救助物资，用六架次飞机运到。参与伊朗项目建设的 30 家中资公司也捐赠 80 多万美元现汇和物资。中国红十字会提供 10 万美元现汇。我中国使馆及外交官共捐款 20875 美元，面交伊朗外交部国际与专项事务司司长吉姆兰先生。他对中国积极参与救援、使馆派政务参赞等五人赴灾区协助并捐款深为感动，认为中国是患难真交，令伊朗人民尤其是灾区人民永志不忘。中国公司援建的校舍和电讯中心已投入使用，救灾余款 500 万元人民币转用于德黑兰职业培训中心，由中方提供培训设备。

在巨大灾难面前，人类的善与恶也尽现无遗。一个六个月大的婴孩在地震发生后的第四天被救出，她被逝去的母亲紧紧地搂在怀中，母亲被落砖砸死，但她的躯体呵护这个幼小生命得以存活。

而来自非灾区的歹徒竟半路扒车抢劫救灾物资，待救援车开到巴姆时已空空如也。还有人带搜救队去“他的家”救人，挖出钱财后马上纳入囊中，仓皇离去，不问“亲人”死活。后来才弄清，这根本不是他的家，他是在趁火打劫。

巴姆地震后面临的最棘手问题是尸体掩埋。因为按伊朗的宗教习俗，地震亡故者必须经神职人员祈祷后方可安葬。突然之间死了这么多人，在巴姆地震中幸存的神职人员即使 24 小时不休息也难以履行圣职。圣城库姆得知这一情况后，迅即安排上千名神职人员在毛拉的带领下奔赴灾区。巴姆主管部门在郊外辟出一大块空地，用挖掘机挖出长长的两米宽深沟，尸体运来后置于一块块方形白布上，由神职人员逐个念经祷告后，再被妥善安葬在沟内。

伊朗处于欧亚地震带上，一直受印度洋板块和非洲板块的挤

巴姆地震前的古城堡

压。大自然的力量是难以抗拒的，于是伊朗成为世界上地震最多的国家之一。自20世纪60年代初以来，造成上万人死亡的地震已有5次。1972年至2005年，6级及6级以上地震16次。最惨重的是1990年发生在里海沿岸的吉兰省和马赞达兰省之间的大地震，死亡4万人。伊朗地震局局长对我说，伊朗所在的地壳每时每刻都在上升，因此伊朗每年都要失去一厘米宽的土地。从伊朗的地形图上可见，整个伊朗被抬升到平均海拔1200米的高原上。西部的扎格罗斯山脉和北部的厄尔布尔士山脉，犹如一个“八”字，将伊朗内地与南北的里海、波斯湾和美索不达米亚平原隔离开来，形成特殊的地质地貌。

伊朗各大小报纸几乎三天两头报道地震的消息。平均每周有一次2至3级地震，每月有一次3级以上地震，每季度有一次4级以上地震。地震集中在三条线上：里海沿岸、波斯湾沿岸、与阿富汗及巴基斯坦接壤的地带。不过，对于这些频发的小地震，伊朗人似乎已见惯不怪了。

首都德黑兰正是处在一条50公里长的地裂带上，平均每天有3次无感地震。但震级如此之高、破坏如此惨重的巴姆强地震还是震得人心惶惶，因此再度引发迁都的争议。早在1991年，伊朗国家安全委员会就曾提出迁都报告，有人主张迁往中部古都伊斯法罕。16世纪末那里曾是萨法维王朝阿巴斯大帝的都城，此前曾为突厥人塞尔柱王朝的首都。有专家研判，像德黑兰这样700万人口规模的城市，如发生巴姆这样的大地震，死亡人数不会低于70万。德黑兰的楼房大多为钢架结构，楼层地面和墙壁的砖都是后砌的，未与钢架牢固联结。一旦发生地震，砖头就有如筛子里的沙子，落下伤人。而人口最密集的南城危房甚多，若发生大地震后果不堪设想。郊区农村的房屋多以砖或土坯垒建，抗地震能力很弱，更经不起强震。

我在德黑兰期间也多次经历地震，印象最深的是 2004 年 5 月 28 日下午 5 时 8 分，德黑兰东北方向的马赞达兰省巴勒代镇发生 6.2 级地震。那天，我陪同伊朗副外长参观中国商品技术展之后回官邸方坐定，整个二层楼突然摇晃起来，持续 20 多秒。后来得知，加兹温省省长纳伊米乘直升机视察地震灾区途中遇难，而我在半年前拜访过他。他是位年轻有为的省长，对与中国合作充满了信心和激情。获悉噩耗后，我当即向省府及他的家属发去了慰问电。

据伊朗红新月会主席透露，伊朗是世界十大自然灾害多发国之一，世界上共有 40 种自然灾害，伊朗就“摊上”了 30 种。而我们中国幅员辽阔，国土面积是伊朗的 6 倍，遭受的自然灾害比伊朗多得多，在抵抗自然灾害方面两国有许多领域可以合作。中伊两国都是地震多发国，近年来，两国专家学者频繁互访交流，中国地震局已与伊朗地震局签订了合作意向书。愿两国在地震领域的合作不断深入，为两国人民保平安。

焦点伊朗

政坛常青树——拉夫桑贾尼

在伊朗，除领袖之外，没有任何政治家能与2017年去世的阿里-阿克巴尔·哈什米·拉夫桑贾尼比肩。他所任高职之多之久，也无人能与之相比。他曾任两届议长、两届总统，卸任后即任确定国家利益委员会主席。2007年9月又当选专家会议主席。这个专家会议非同小可，它是负责推荐、选举、监督、罢免最高领袖的特殊机构。

拉夫桑贾尼1934年出生于伊朗克尔曼省盛产开心果的拉夫桑贾县，14岁就进入库姆神学院读书。1956年以后，紧紧追随霍梅尼从事反对巴列维国王的活动，多次被捕入狱，1975年被判刑三年。

我曾参观过位于德黑兰中心区的前王朝临时监狱，它附属于国王情报中心（萨瓦克）。自1960年开始，先后关押了543名革命者，现领袖哈梅内伊就曾被关押在此六次之多。拉夫桑贾尼当时属重犯之一，被单独禁闭在四平方米的牢房里。监狱使用的酷刑与当年重庆的渣滓洞、白公馆没什么两样，许多年轻学生在此被折磨致死。

霍梅尼被流放国外期间，拉夫桑贾尼是霍梅尼一直保持联系的几位毛拉中最年轻的一位。1979 年革命胜利后，拉夫桑贾尼与哈梅内伊共同创立了执政的伊斯兰共和党，他本人除担任上文所提及的高职外，还曾任内政部长、武装部队代总司令、霍梅尼驻最高国防委员会代表、专家会议副主席、德黑兰市临时教长、星期五祷告领拜人。当时其教阶已升为阿亚图拉。

拉夫桑贾尼是一位足智多谋而务实的政治家，几乎每周都作一次议政，包括领祷时发表政见，阐述对内对外重大事务的观点和立场。

他对内主张实行经济改革，启动经济私有化进程，搞自由市场经济，部分地实行对外开放，建自由区、开发区，在基础建设市场上引进外资和外国技术，促进股票市场蓬勃发展。对外主张增进同各国交往，优先发展同周边国家、伊斯兰国家的关系，反对大国霸权主义，坚持中东地区的事务应该由中东地区的国家自己解决，但不提霍梅尼当年关于“不要东方，不要西方，只要伊斯兰共和国”的口号。主张发展与西方国家关系，包括实现伊美对话。在 2007 年 3 月伊朗与美国关系持续紧张之时，他表示准备同美国高级负责人进行批评性对话，并称在过去几年里他已与美国高级新闻人士和其他知名人物进行长时间对话，如果政府决定在某个时候与白宫负责人直接对话，他本人准备提供帮助。

他不赞成西方在人权与核问题上搞双重标准，在会见欧盟主席国荷兰驻伊朗大使时，批评西方把人权政治化，支持不尊重人权的国家，支持镇压巴勒斯坦人民的犹太复国主义实体，而无视该实体拥有核武器；在“反恐”问题上实行双重标准，尤其是对基地组织和伊朗伊斯兰圣战者组织。他还称强迫戴头巾的女穆斯林摘掉头巾是西方对人权搞双重标准的典型实例。

拉夫桑贾尼对议会制有自己独到的见解，他曾在有亚洲议会和平协会代表参加的纪念伊朗立宪 100 周年大会上说，各国议会权力越大，这个世界就会愈加民主。当今信息传播很快，议员已成为最有权力的人。西方人掌握并擅长利用议会民主，取得了进步，巩固了政权，支持了人民的权利。但这也使西方人获得了特权，通过特权践踏他国的人权。亚洲人不愿看到这种状况，要通过亚洲议会合作等方式掌握自己的命运。

拉夫桑贾尼是中伊关系的创造者与见证者之一。1985 年他采纳伊朗外交部国际问题研究所的建议，以议长名义访华。应该说这次访问是一次破冰之旅，从此，两国关系，特别是经贸关系进入了一个新的发展阶段。

我在任期间多次拜会拉夫桑贾尼，他每每回忆起 1985 年、1992 年两次访华，都是兴奋不已。他总是强调伊朗领导层都希望发展对华关系，他本人尤其如是。

拉夫桑贾尼 2007 年 10 月接受我辞行拜会时已年逾七十，但依然精神矍铄、笑容可掬。他在与我交谈中提到，中国走的道路是正确的，取得了举世瞩目的成就。中国的砝码在世界的天平上越来越重，终有一天中国会变成世界上最强大的国家。随后，他转向轻松的话题，询问我退休后工资是否会降低，从而影响生活水平，退休后可否继续为增进两国关系出力。我答：中国发展了，百姓生活水平普遍提高。公务员退休后工资稍有减少，然而生活无忧。外交部对退休人员关怀有加。我退休后的初步打算是推动“中国—伊朗友好协会”的建立，从而促进民间交流，争取尽早写出一本关于伊朗的书，让更多的同胞了解伟大的伊朗和智慧的伊朗人民。他表示赞许，并赠送我新近出版的阿拉伯文版《拉夫桑贾尼传》，我回赠了中国伊斯兰教协会出版的《中国穆斯林》画册，其中有他1992年作为总统访华时在钓鱼台国宾馆18号楼拍的照片。

伊朗新任命的大使赴任前，都要到主要领导人那里接受指示。新任驻俄罗斯大使、前外交部亚太司总司长安萨里受拉夫桑贾尼接见的35分钟里，拉夫桑贾尼大谈伊朗与中国的关系，赞赏中国的发展，强调伊中关系的重要及他本人为推进伊中关系所作的不懈努力。安萨里大使听到这里，迷惑不解，便插话提醒拉夫桑贾尼，他本人此次要去莫斯科而非北京履新。拉夫桑贾尼答称，知道你去俄罗斯，你曾任亚太司总司长，更不能忽视伊中关系的重要性。

虽说在伊斯兰政权建立以来，拉夫桑贾尼长期位高权重，后来已是一人之下，万人之上，但其仕途并非总是一帆风顺。2005年5月总统选举，拉夫桑贾尼在前两轮竞选中一直远远超过其他几位候选人，舆论及民意测验也一致看好他。但在最后一轮竞选中，他却以大比分败给时任德黑兰市长的艾哈迈迪-内贾德。对此众说不一，有的说领袖的意图起了关键作用，因为领袖在选举的敏感时刻强调领导层要补充新鲜血液；也有说德黑兰市长系革命卫队出身，从属卫队的基层民兵可把工作做到最基层，况且市长高举公正、反腐大旗。拉夫桑贾尼对败选处之泰然，对影射攻讦不置一词，对选举结果和总统本人表示尊重。连此后总统老父过世，拉夫桑贾尼都亲往吊唁。2006年末专家会议选举，拉夫桑贾尼以德黑兰选区最高票当选并任副主席。翌年 9 月又当选为专家会议主席，这标志着他的务实路线得到高层宗教法学家的认可，再次确立了他在伊朗国内第二号人物的地位。

文明对话的倡导者——前总统哈塔米

哈塔米1943年出生于伊朗中部亚兹德省一个宗教家庭，其父为阿亚图拉。伊斯兰革命胜利后，哈塔米长期从事宣传教育工作。1997年5月当选总统，2001年6月连任总统，2005年卸任。

哈塔米作为改革派代表，主张言论自由、制度民主、改善与西方国家关系，其理念得到年轻一代及上层革新派的支持。他的胞弟礼萨曾任第六届议会副议长，也是改革派头面人物之一，后来被剥夺第七届议员选举权。

哈塔米一贯倡导不同国家、不同意识形态之间应进行“文明对话”。2000年，他在联大发言时全面阐述了他的这一主张，得到广泛响应。联合国遂决定将2001年定为“国际文明对话年”。随后，亚欧对话会议也设置了“文明对话”机制。

2005年2月，他在行将卸任前为伊斯兰革命曙光节举行的使节团拜会上，重申了他的文明对话理念。他说，伊斯兰革命是非暴力革命，它使伊朗由落后和附庸国家，变成独立、自由和发展建设的国家，从而结束了150年的屈辱史。欧洲、亚洲和非洲国家都要独立自主，相互进行文明对话，伊朗愿与欧洲国家继续互利合作。

在哈塔米任内，伊朗与欧洲、阿拉伯关系得到较大改善，欧盟成为伊朗主要贸易伙伴，英、法、德三国就伊朗核问题与伊朗开展对话。哈塔米往访多个阿拉伯国家，与没有正式外交关系的埃及总统穆巴拉克会晤，主动提出愿更改以谋杀埃及前总统萨达特主凶命名的德黑兰一街道名称，甚至提出伊朗欲以观察员的身份加入阿拉伯联盟。

然而，从总体上来说，哈塔米的改革努力受挫。伊朗舆论对其因由莫衷一是。有的认为伊朗内部保守派势力太强大，也有的归咎于美国要颠覆伊斯兰政权，对伊朗本国体制内的修修补补不感兴趣。

哈塔米总统1997年执政后，奉行开明的妇女政策，重视对妇女权益的维护。那时，女青年穿非黑色长袍的增多，有的女青年甚至将头巾裹至后脑部露出部分秀发。哈塔米在一年一度的外交使团团拜会上，总是按“女士优先”的原则，首先与使节夫人寒暄。对于使节夫人在盛夏时节戴头巾的不便，他表示理解，甚至在某些场合还表达歉意。西班牙新任大使递交国书前，其夫人要求陪同，哈塔米迅即破例同意，并在接受国书时，当面向大使夫人明确表示他不赞成让非穆斯林戴头巾。一次，在会见到访的作家王蒙夫妇时，哈塔米主动询问王夫人：“戴头巾不会感到不适吧?”接着哈塔米以不无自嘲的口吻说：“你瞧，包括我在内的许多伊朗男人也在陪戴呢（指宗教人士戴头缠）!”当王蒙答称其夫人戴了头巾更漂亮时，哈塔米幽默地说：“是否比她年轻时更漂亮?”

哈塔米为提升妇女的社会地位，将妇女事务局更名为“妇女

作者向哈塔米总统递交国书

参与中心”，并扩大其职能，设总统妇女事务顾问一职，由妇女参与中心主任兼任。该顾问由总统直接任命，无须经议会批准，且作为内阁的一员有资格参加内阁会议，其地位仅次于负责环保事务的女副总统。哈塔米任内，每个部委及各省市都设有各自的妇女事务办公室，或设主管妇女事务的顾问，司法部门对不利于妇女的相关法律条文作了修改，在各部委和省市各级的总预算中拨出0.25%的额度用于妇女活动与事务。自2004年1月起，又将此配额提高了一倍，达0.5%，以鼓励妇女积极参与政治、经济与文化活动，加入非政府组织，提高自立意识和维权意识。

伊朗人酷爱整洁，但不是所有的伊朗人都注意修边幅，而哈塔米总统是位十分讲究的人。我 2002 年 12 月 7 日递交国书时第一次见到哈塔米总统。他中等个子，面庞白净，一身宗教人士装束。虽已谢顶，戴的头缠已遮去了大半。秀朗的眼镜之下，双目炯炯有神。衣着搭配十分讲究协调：着淡灰色的内袍，外披淡茶色长纱袍，皮鞋与袜子一袭茶色。加之他举止有度，神态亲和，更像一位学养极深的学者。之后，我多次有机会与他近距离接触，他总是显得那么温良恭俭让，衣装不留一丝折痕。难怪他能倡导文明对话，其实，他本人的言谈举止、仪表风范就为其国人做了文明表率。我向哈塔米递交国书、宣读颂辞后表示：中伊双边关系在包括您阁下在内的两国领导人关怀下全面发展，可以说，我们两国关系是文明对话的典范。本人在两国关系最佳时期出任驻贵国大使，甚感荣幸，必将全力以赴，不负两国元首的信任与重托，力促双边关系全面深入发展，更上层楼。不仅为两国人民的福祉，也为世界的和平与发展多做贡献。当时，总统回顾他 2000 年访华的情景，盛赞中国改革开放的成就，强调中国走自己的道路，在坚持共产党领导和社会制度不变的前提下，经济取得世界最快速度的发展，值得伊朗借鉴。接着，总统询问我在哪里学的阿拉伯语，并随即用流利的阿拉伯语与我交谈，还鼓励我尽快学会波斯语。

哈塔米对中国非常友好，经常拨冗参加中伊合作项目的开工与竣工典礼。记得中国公司承包的卡拉季至古勒沙赫尔镇铁路竣工时，他刚刚结束对外国的访问，便风尘仆仆地赶来出席竣工仪式。而且，他在仪式上的发言多次高度评价与伊方合作的中国公司优质高效，盛赞中国经济技术取得的巨大进步，期望伊中进一步加强有效合作，取得更多硕果。

哈塔米还是一位周到细致的领导人。记得伊朗中部的一个省份举行的项目在竣工仪式后，他已在其他官员的簇拥下退席走向大门，临近大门口，突然回头转身，走向我，与我道别的同时，再次表达对中国的谢意。

哈塔米欣赏中国的和谐哲学。他称，无论一个民族，还是一种宗教，没有自己的特性就无以生存。不同并不意味着对立，互相之间可以相互学习、相互欣赏、和谐共存。他认为他所主张的东西方、各民族之间的文明对话，与中国的孔夫子倡导的“和而不同”是一致的。他还多次表示，希望再有机会访华，与中国朋友共同探讨文明对话的途径与前景。

哈塔米在对外交往上，一贯坚持其和平与公正的理念。他在2005年7月回复安南秘书长关于联合国改革事项时强调，联合国改革应以保障全体成员国利益为前提，立足点应为推进国际关系公正化，就应对威胁达成共识；世界当今的威胁来自政府或非政府崇尚暴力者；不应对恐怖主义下不全面的定义，也不应将“反恐”作为大国的工具。

哈塔米卸任总统职务后，担任伊朗国际文明与文化对话机构主席，仍不知疲倦地奔走呼号，继续传播其文明对话的主张，且将重点放在欧美。

美国参议员克里在达沃斯论坛会晤哈塔米后称，美国政治家不了解伊斯兰的伊朗，不了解伊朗人民以阿里、侯赛因为榜样，所以总是对伊朗采取错误的政策。2006年9月，哈塔米应邀赴美国访问期间，他出席了以西班牙前首相为首的“西方—伊斯兰世界文明同盟”会议。该同盟于2004年9月为纪念“9·11”事件而成立，由 19 位国际名人组成。他在美国作了多次讲演，宣扬人类文明相辅相成，成果共享，和则共赢，斗则俱伤的理念；主张文明和文化对话的目的就是要铲除暴力、恐怖和战争；强调伊朗人民对美国人民是尊重的，伊朗无意与美国对抗，而是希望伊、美直接开展对话，通过对话化解分歧，消除误解，建立正常的国家关系。

哈塔米在美国除了进一步表明伊朗历届政府都未曾计划生产具有大规模杀伤力的核武器的立场外，还明确表示，他本人不赞成关于将以色列从地球上抹去的说法，认为希特勒焚尸炉（指用焚尸炉集体屠杀犹太人）确有其事。

哈塔米访美在伊朗国内一时间引起了争议。总统发言人阿勒哈姆的妻子拉杰比撰文称，哈塔米作为改革派的主要实践者访美，是为了从美国获取奖赏，奖励他在任 8 年所作出的努力。伊朗宗教学者协会成员礼扎·阿克拉米谴责拉杰比女士所言是非理智、无道德的，是对人民的侮辱，因为两次都是人民选择了哈塔米。如果哈塔米是美国的走狗，革命领袖两次对人民的选举予以认可又作何解释？美国《纽约时报》称，连伊朗政府发言人的夫人都反对哈塔米，伊朗现领导人更不会原谅哈塔米。然而，时任伊朗议会国家安全和外交委员会主席布鲁杰迪则认为，哈塔米访美对伊朗有利，至少在伊核问题上让更多的美国人了解了真相。

亲民总统艾哈迈迪-内贾德

谈起伊朗总统艾哈迈迪-内贾德，不少人觉得他桀骜不驯、好战爱斗，而我在伊朗工作五年期间耳闻目睹，尤其是多次与总统本人接触交往后，对于他的艰苦朴素、廉洁奉公、为人亲和、不畏强权、坚守本国优秀文化传统和价值观留下深刻的印象。

艾哈迈迪-内贾德于2005年6月当选伊朗伊斯兰共和国第九届总统，应该说是大势所趋，是国际局势与伊朗国内形势交织互动的必然结果。对他的当选，国际上最先做出消极反应的是美国。美国称伊朗的选举是不公正的，并怀疑他参加了1979年绑架美国驻德黑兰使馆51名外交人员长达444天一案，还有眉有眼地指称当年实地录像上的一个人很像他。伊朗官方当即予以否认，指出艾哈迈迪-内贾德当年是就读德黑兰工业科技大学的学生，并未参加该次扣押美国外交官行动，而录像上与他相像的那个人也已过世。美国极不情愿看到他上台，然而他的上台却与美国对伊朗政策有着内在的联系。伊朗前总统哈塔米是位相当务实开放的总统，他率先发出“文明对话”的倡议，以致联合国都采纳他的建议，将2001年定为“文明对话年”。令人费解的是，在哈塔米总统第二届任期过去不足半年，美国总统布什就给他当头一棒，将伊朗定为“邪恶轴心”。向美国示好的路走不通，对美国强硬的思潮理所当然要重新抬头，这一思潮在伊朗是根深蒂固的，有广泛的社会基础。代表该思潮的强硬派，同以哈塔米总统为代表的温和派的首次较量，是2003年5月的德黑兰市议会选举，结果，强硬派获得大胜，遂推举他们的代表人物艾哈迈迪-内贾德任德黑兰市市长。这为他日后大展宏图、登上总统宝座，开启了第一道大门。

当时，伊朗国内还有其他一些条件对艾哈迈迪-内贾德胜选相当有利。伊朗政教合一领袖哈梅内伊，在大选的关键时刻宣示，国家领导需要新鲜血液。艾哈迈迪-内贾德当年只有49岁，比起他的竞争对手——确定国家利益委员会主席、前议长、前总统拉夫桑贾尼年轻了22岁！

艾哈迈迪-内贾德的伊斯兰革命卫队的背景也令他占了不少便宜。两伊战争初期，他就投身革命卫队，从事后勤工作，后又请缨调至革命卫队特种兵部队服役，亲赴战场第一线。革命卫队在伊朗政治棋盘上具有十分独特的地位，遍及全国城乡、村村户户的民兵都归其领导。伊朗大选系直接选举，有别于美国大选，美国按州分配的选举人票是总统胜选的决定性因素，而伊朗每位有选举权的选民的投票会直接发挥作用。在一个面积相当于我国新疆那么大的国度里，成千上万民兵的动员作用之大之广可想而知。

艾哈迈迪-内贾德自身的魅力与理念也是他胜选的重要原因。除他在治国方略、宗教情结、对外政策，特别是对美国、以色列的政策上与领袖哈梅内伊绝对保持一致外，他的政绩、品行和为人亦是有口皆碑的。

20 世纪 90 年代，艾哈迈迪-内贾德出任新建立的阿尔达比勒省省长，任上连续三年被评为模范省长。他任德黑兰市市长后真抓实干，道路和其他公共基础设施也因此大为改善，仅在我每日上班的 15 分钟车程的路旁，就又增修了三个公园。

艾哈迈迪-内贾德不但勤政，而且廉政。他出身卑微，作为铁匠的儿子，自幼生活在社会底层。任德黑兰市市长期间，他自驾 1977 年款式的 504 标致牌普通轿车上班，常常自带午饭。在任省长时还有银行存款，随着三个孩子渐大并上学，夫妇俩工资刚够全家开销，任市长时已无银行户头。唯一的不动产是位于德黑兰南区（穷人区）的 40 年老房，占地 175 平方米，建筑面积 127 平方米。他穿的外套多是普通夹克衫。即使任总统后，在公众场合穿着依然故我，接待外宾或出访时偶着西装，也是极普通的面料。

在竞选时，艾哈迈迪-内贾德的平民和草根一族的形象凸现无遗，他当市长时的政绩以及竞选纲领都强调了百姓最为关切的问题，这也是他得以扶摇直上的另一个重要原因。他强烈反对不公和腐败。当选后宣布执政四原则：强化公正与人人有份；为全民效劳；遵循正宗的伊斯兰教义，以爱国主义宗教文化为基石；从物质上和精神上求发展与崛起，加快步伐攀登科技、知识与进步的巅峰。之后他还反复强调关注弱势群体、关注贫穷问题、关注青年面临的困难。要把日益增加的石油收入变成老百姓餐桌上看得见的实惠，要让所有结婚的新人有房子住。由于种种原因，他的承诺尚未完全兑现，这是后话。

艾哈迈迪-内贾德入主总统府伊始，就采取了一个令人吃惊的行动：将总统府所有高级地毯收起，送到清真寺，代之以平民用的普通地毯。波斯地毯举世闻名，它织进了波斯人的传统、性格、审美与追求，它是地位与财富的象征。他搬走一流地毯，显然用意在于拉近同普罗大众的关系。紧接着，他又采取了一系列亲民勤政廉洁措施，亲领内阁赴全国各地巡视工作，并在各省省会召开办公会议；规定新任部长要写保证书，不为自己或亲属谋利，违者扫地出门；到各地出差不得下榻豪华饭店等等。他对自己的要求依旧严格，将总统专机改作民用，出国访问使用普通飞机；中午仍坚持食用自带的、由妻子一手烹饪的饭菜；出差到外地不仅不住高级饭店，开的也是小房间，喜用小床垫、一条毛毯，席地而眠；每月仍拿大学兼职的薪水，不另拿总统工资。

艾哈迈迪-内贾德也充分利用现代化传媒与平民百姓交流。他自设“博客”，每天至少用15分钟与各阶层人民直接沟通，倾听他们的建议与批评。2006年12月的一天，他到德黑兰大学大艾米尔学院发表演讲，突然，几个大学生站了起来并高呼“打倒独裁者”，还焚烧他的画像，这是他上台以来从未遇到过的难堪场面。当晚，他就在“博客”上表示：“这件事让我从内心感到高兴，因为我回想起伊斯兰革命前的1975年至1976年间，学生是没有政治活动空间的，不容许批评政府，若蔑视国家领导人会面临监禁、刑讯和死亡，而今学生不会因此遭遇任何不安与痛苦。”我也亲眼见到他是如何亲民的。中国公司在伊承建的一个项目竣工时，他亲自出席竣工典礼。他在结束仪式、步出会场时被一位老妪拦住。老妪拿出一摞旧照片，是一位身着戎装的男青年在各种场景的照片，他一张一张地翻看，老妪絮絮叨叨地诉说，足足用去15分钟时间。

他自始至终显得耐心、同情和体贴，最后把老妪的住址记下来，显然是要亲自干预纾解老妪的问题。

艾哈迈迪-内贾德也是个孝子，其父在世时他倍加关护。他父亲上了年纪，早就放弃了打铁的活计，可是习惯于劳碌闲不住，他就在革命卫队经营的商店为父亲找了个活儿干。他父亲退休后又搞自己的业余爱好——写诗。我2006年6月初参加他父亲的葬礼时，目睹他边迎送吊唁的亲友官民，边不时地拭泪。他在葬礼致辞时称，其父一生勤奋好学、坚守信仰，虽只有小学文化程度，但能写诗作文，自认为是伊玛目侯赛因的忠诚仆人，是领袖霍梅尼和哈梅内伊的追随者，写了不少诗歌颂扬他们。

艾哈迈迪-内贾德对亲友、黎民谦和、恭顺与朴实的另一面，是对敌人、对强权超乎寻常的刚硬、坚毅与顽强，最具代表性的是他对美国的态度。他认为美国是当今世界霸道、蛮横、野心的总代表，是国际上许多冲突和灾难的总根源；伊美敌对，理在伊朗，美国“9·11”事件之后完成了对伊朗的包围，志在囊括中东、掌控石油，进而称霸全世界；伊朗决不会向美国妥协，除非美国放弃仇视、颠覆伊朗的立场。艾哈迈迪-内贾德上台后，接连不断地向美国发动外交攻势。先是向布什总统发出长信，从哲学的角度阐述伊朗的伊斯兰理念，剖析美国“9·11”事件之后在中东、在世界连连受挫的根本原因；接着两度提议，利用两国元首出席联大会议之机，进行面对面的辩论。这些都被布什总统断然拒绝了。唯一一次没有被美方拒绝的，是2006年联大会议期间，应他本人要求，美国哥伦比亚大学邀请他到该大学发表演讲。令人莫名其妙的是，这所全球闻名的高等学府的校长竟不留一丝斯文，当着他请来的客人——一个主权国家元首的面，极尽侮辱和攻讦。艾哈迈迪-内贾德面对突如其来的羞辱处之泰然，仅用三言两语不愠不火地回敬了这位校长，接着面对美国听众，将伊朗的理念和立场娓娓道来。从电视直播的画面看，一个是典型的白种人，人高马大，趾高气扬；另一个是波斯人—阿扎里人（即突厥化的阿塞拜疆人）混血儿，身材不高，只有168厘米。然而，经过这场较量，双方的形象似乎与他们的体型恰恰相反，艾哈迈迪-内贾德倒尽显“大国”肚量和政治家风范，着实为他在伊朗国内增分不少，连街头的年轻人都情不自禁地流露出对总统的赞佩。要知道，在伊朗，民族尊严被看得比什么都重要。

说到伊美较量，2003年爆发的伊朗核危机是一个小高潮。到了艾哈迈迪-内贾德任上，两国矛盾越来越激化，以至剑拔弩张。美国政府一再放话，对付伊朗的各种选择都已摆到桌面上，且不时放风称，已拟就攻打伊朗的作战方案。而艾哈迈迪-内贾德为首的伊朗政府毫不妥协，坚称自己作为国际原子能机构成员国、《核武器不扩散条约》签字国，既有防扩散义务，也对等拥有和平利用核能并掌握核技术的权利。伊朗坚信，美国拿不出任何伊朗发展核武器的证据，且深陷中东多重难题难以自拔，由美国肇始的石油价格危机又愈演愈烈，不具备对伊朗开战的条件。

2008年3月，美国情报机构发布一份报告，称伊朗自2003年就停止了核武器计划。既然是美国自己论证的结论，即将离任的布什自然找到了不向伊朗开战的台阶。艾哈迈迪-内贾德的辩白由对手美国来证实，世人近年来时紧时松的忧虑似乎有点儿杞人忧天了。

近年来，伊朗及其总统艾哈迈迪-内贾德已成为全世界新闻媒体关注的焦点，《环球》杂志将他选入“2006 年国际十大环球人物”，与巴菲特、尤努斯、金正日、布什、潘基文、安倍晋三、凯阿斯林、齐达内等并列。《人民日报》和中国国际广播电台联袂评出“2006 年国际十大新闻”，将安理会就伊朗核问题通过 1737 号决议，与伊拉克危机并列为榜首。

而艾哈迈迪-内贾德及其代表的伊朗强硬派，以及他的反对派，即温和派、改革派、务实派，对中国的关注，丝毫不亚于中国对伊朗的关注。他们一直在琢磨，是什么神力庇佑中国，在确保共产党的领导、政权不改变颜色的情况下，以世界一流的发展速度，取得经济建设的骄人成就。他对中国的重视始于他就任德黑兰市市长时，当时他多次参加中国公司承建项目的开工、竣工典礼，深为中国公司所建项目的质量与速度折服，并多次在他的市长办公室接见我，希望更多的中国公司参与德黑兰建设项目，为此期盼德黑兰市与北京市早日结为友好城市。他任总统后参加项目剪彩活动有增无减。2006 年秋天，我陪他参观刚竣工不久的塔里甘水坝。他望着波光粼粼的水面，感慨地说，中国公司了不起，保质保量，且提前完工，创造了多重效益，希望中国公司再为伊朗建设 20 座这样的水坝，使伊朗地表水得以充分利用，早日实现农产品自给的目标。

2006 年 6 月，艾哈迈迪-内贾德作为观察员国元首出席在上海举行的“上海合作组织首脑会议暨上合组织成立五周年”庆祝活动。他返回德黑兰时，在机场向我表示：他对此次上海之行十分满意。请相信，伊朗是中国可信赖的朋友，伊朗奉行“向东方看，

2007 年 10 月作者辞行拜会时与伊朗总统艾哈迈迪-内贾德合影

向中国看”的政策绝非权宜之计。伊朗希望全面开展两国经贸合作，不应停留在一两百亿美元的额度，可以达到 2000 亿美元甚至更多。

2007 年 10 月 24 日，艾哈迈迪-内贾德刚结束对亚美尼亚的国事访问归来，就在其总统府接受我的辞行拜会。他看上去面带倦容，从讲话所带的浓重鼻音，感知他已受风寒，可是他始终热情周到，谈锋甚健。最后我受上海一位友人之托，请他为“2010 年上海世博会”题词，他欣然接受，即兴命笔：

辉煌的城市、温情的社会与共同的努力，为人类创造了欢乐、激情与高尚。让我们携起手来，为人类营造充满友谊、公正与和平的生活。这是永恒的秘密，是所有爱与友谊的源泉。感谢所有为实现这一伟大理想而奋斗的人们，祝他们成功！

得诺贝尔奖，祸兮？福兮？

伊朗女律师西林娜·伊巴迪 2003 年获得诺贝尔和平奖，在伊朗引起了不同反应。

时任伊朗总统、改革派代表人物哈塔米表示高兴的同时强调，伊巴迪出身宗教家庭，希望她能以伊斯兰世界和伊朗利益为重，将这一成就用于伊朗人民的利益和全人类的和平，不容任何人借此做文章。美国和以色列是世界上最大的安全与稳定破坏者和侵犯人权者，和平奖得主们应优先关注此事。

伊朗有的政治家称，哈塔米政府坚持不同性别、信仰一律平等，应当请伊巴迪出任非任所大使，借机推动伊朗与欧洲的关系。

伊朗的强硬派反应普遍负面，指称这是西方蓄意干涉伊朗人权，在伊朗面临美国强大压力，尤其指责伊朗发展核武器、对伊朗进行武力威胁之时，火上浇油，给伊朗制造新的麻烦，授奖实为对伊朗的一种政治处罚。

英国 BBC 广播公司说得更直率：即使伊巴迪本人不出名，她维护人的尊严的努力也不会白费，会鼓励更多类似的人起来“解

诺贝尔和平奖得主伊巴迪女士

放阿拉伯人和穆斯林"，"他们生活在专政和意志被剥夺的国度"。这不仅是对伊巴迪为民主和人权而斗争的奖赏，也是对所有阿拉伯妇女和女穆斯林的奖掖。这有助于支持伊朗改革派，宣传西方的价值观。

伊朗的新闻媒体总体消极冷漠，认为西方人总是用他们的人权标准当作普世准则来衡量东方，但他们并不想知道，造成发展中国家人权现状的最根本原因是经济落后，落后的一个原因是他们的祖宗对东方的殖民战争、统治与掠夺，而今还在用不公正的国际规则剥夺发展中国家的权利，西方文明的某些代表人物对伊斯兰世界的恶意是显而易见的。

伊巴迪女士 1947 年生，毕业于德黑兰大学法律专业。在伊朗伊斯兰革命之前就担任法官，曾出任德黑兰一所法院的院长。她是伊朗第一位女法官。在法律界，以勇于受理他人不敢接手的敏感案子而闻名；在获得诺贝尔和平奖之前她在国内一直是保障妇女儿童权益活动的积极分子，西方早就关注她在伊朗的社会活动，她曾于 1998 年获美国人权组织奖。据诺贝尔奖委员会称，授予伊巴迪该奖项是为表彰她为妇女儿童事业作出的贡献。此次获奖，对伊巴迪本人来说，当然是高兴的，然而她自持理智，称许伊朗目前的妇女状况无疑比 1983 年好，但某些关于妇女的法律应该重新审视。哈塔米总统 1997 年就任以来，努力改善妇女状况，当然如果没有妇女选民的支持，哈塔米也未必会当选。她还表示，许多伊朗妇女都觉得自己比男人强。

伊巴迪是个爱国主义者而不是民族分裂主义者。她当年 12 月 10 日在奥斯陆领奖发言时抨击美国的“民主”和“人权”，称“民主”是不能馈赠的，也不是用炸弹能强制人们接受的。她表示：“9・11”事件以来，以反恐和保护人权名义占领他国，这是不能接受的，伊斯兰是反对暴力的，反恐应在国际法和联合国决议框架下进行。2005 年她在马来西亚访问时强烈反对美国对伊朗诉诸武力。她说，如美国对伊朗动武，伊朗全体人民都会奋起抵抗。此外，她也屡屡强调伊斯兰与人权并无冲突，对巴勒斯坦人权状况备感忧虑，还认为伊拉克人民连水、电等基本需求都无法得到满足，谈何人权。

尽管伊巴迪女士在国际场合表现得体，但伊朗国内的保守势力对她仍然不依不饶，指责她领奖时不穿“黑夹布”，并与男人握手。她回国后到德黑兰女子大学演讲竟遭到50余名女学生围攻，围攻者高呼：“打倒美国及其走狗!”此外，伊斯兰革命法庭第十四庭也曾传讯她本人。

伊巴迪女士为伊朗、为穆斯林女性争得了“第一”，获得了如此殊荣，照例，她头上的光环应该是光辉灿烂、令人羡慕的。然而，这里或许用得着中国人的一句俗语“树大招风”，对伊巴迪来说，自此麻烦也接踵而至。从奥斯陆领奖回国，匿名恐吓开始光顾这位名人，以至于不得不由政府配备保镖保卫其安全。目前，伊巴迪表现得更加低调，虽无法隐姓埋名，却选择深居简出；对于外来的电话，在未搞清是谁的情况下，一概不接。诺贝尔奖评定委员会的先生们或许始料未及的是，他们的和平奖有时导致这个世界不和又不平，岂不悲哉!

捍卫伊斯兰革命的卫队

伊朗伊斯兰革命卫队，顾名思义，即为宗教信仰与伊朗伊斯兰革命相结合的产物，它是以伊斯兰什叶派教义和霍梅尼政教合一理论武装起来的部队，以维护伊斯兰革命为最高使命，它超越一般的武装力量，超越国家、政府，直接对最高领袖本人负责。其成立日定为伊朗历 8 月 3 日，是 1300 年前壮烈献身的第三伊玛目侯赛因的生日，下辖的旅也以侯赛因殉难的日子“阿舒拉”命名，其伊

革命卫队新任司令贾法里

斯兰殉教色彩可见一斑。

除了伊朗，世界上没有第二个拥有两支正规部队的国家。革命卫队发挥正规军的作用，却又不同于一般的正规军。从某种意义上看，革命卫队是伊朗最高领袖手中的撒手锏，一支超常的战略部队。

1979 年 2 月，霍梅尼领导的伊斯兰革命成功后，除起义后改编的空军外，几乎砸烂了前政权所有国家机器，解散了武装部队。时隔一年半，伊朗新政权还没站稳脚跟，伊拉克的萨达姆政权就发动了对伊朗的战争。面对突如其来的战争，新组建的正规部队根本不是伊拉克军队的对手，从前线节节败退，大片国土沦陷。此时，霍梅尼决定成立一支忠于革命、敢打敢拼、灵活机动、与老百姓密切相连的特殊武装力量——伊斯兰革命卫队。初创时，伊斯兰革命卫队只有 4000 人，主要职能是保障后勤供应和到前方执行特殊任务。后来人数逐渐增多，到两伊战争结束时，已增加到数十万人，完成了 96 次军事行动。目前革命卫队总兵力在 50 万人左右，拥有五个军兵种，除陆、海、空军之外，还有动员抵抗部队和战略导弹部队。

伊斯兰革命卫队具备对内维护治安，对外防御外来侵略两大功能。与正规部队和治安部队的区别是，革命卫队警卫重点目标并控制战略要地。以革命卫队海军为例，其主要基地是波斯湾的阿巴斯港、布什尔港、霍梅尼港，位于阿曼湾的恰巴哈尔港，位于里海的安扎利港以及波斯湾里的格什姆岛、霍尔木兹岛、阿布穆萨岛、大小通布岛等 10 个岛屿。2008 年初发生在霍尔木兹海峡的与美国军舰对峙的伊朗舰艇，就属于革命卫队。

革命卫队的战略导弹部队也是可圈可点的。它装备的流星式中程导弹可以打到以色列，美国在中东的所有军事基地都在它射程范围之内，其精确程度大大超过第一次海湾战争期间伊拉克射向特拉维夫的导弹。

革命卫队在维护国内秩序方面，往往是在关键时刻发挥关键作用。1979 年“三八”妇女节，德黑兰上万妇女上街游行，反对新政权要求妇女穿长袍、披头巾。革命卫队立即出动，鸣枪驱散了这些请愿的妇女。1980 年 4 月新政权为了对高等院校实行伊斯兰化，对所有高校实行“清校”运动。为确保运动成功，革命卫队包围并占领了各所高校，查封了 60 家研究机构。

革命卫队本身的编制不算大，约有 12 万兵员，可是它下属的

革命卫队导弹阵地

"动员抵抗部队"（相当于民兵）却拥有近40万准军事人员。在全国各地有4.5万个动员中心，其中三分之一为妇女动员中心。自新政权建立以来，经革命卫队培训的民兵达1200万人，这些人随时可应召到设在清真寺、侯赛尼亚特修道院和机关、厂矿的动员中心报到。我就曾亲睹大群中学生吃住在德黑兰南部的霍梅尼墓地大厅里，接受卫队的军训。美国2003年入侵伊拉克后，伊朗顿生唇亡齿寒之感，呼吁青年人参加敢死队，不久就有5万青年报名，他们大多是来自革命卫队属下的基干民兵。

伊朗伊斯兰革命成功后，伊朗认为自己是伊斯兰世界的领袖和旗手，坚持泛伊斯兰主义，实行输出伊斯兰革命的政策。最成功的是在黎巴嫩扶持的真主党，对该组织的培训任务一直由革命卫队承担。走进贝鲁特南城真主党控制区的入口处，醒目的霍梅尼全身像矗立在街头，路两侧的灯柱上悬挂霍梅尼与哈梅内伊两位伊朗最高领袖的画像，因为真主党效忠的是宗教及其代表人物，而非所在国政府。以伊斯兰革命为准则的真主党有效地抵抗以色列对南黎巴嫩的占领，终于在2000年将以色列占领军逐出黎巴嫩。真主党2006年7月发动了与以色列的战争，历时33天，与武装到牙齿的以色列打了个平手，令整个中东乃至世界对真主党刮目相看。

伊朗支持的巴勒斯坦抵抗组织哈马斯，2006年初成功地从法塔赫手中夺取了领导权。美国还指责伊朗革命卫队支持伊拉克反美武装，令美军伤亡惨重。

主要缘于上述原因，美国对伊朗革命卫队恨之入骨，在安理会磋商制裁伊朗的1737号、1747号决议时，美国竭力将革命卫队及其司令列入制裁名单。2007年8月，美国再次提出将革命卫队列入“恐怖组织黑名单”。

根据伊朗宪法和领袖的指令，武装部队在和平时期要参与国家建设，革命卫队遂将部分设备和管理人才投入基本建设项目中，重点是在人烟稀少的边远边境地区，如邻近巴基斯坦的锡斯坦-俾路支斯坦省，毗邻伊拉克的库尔德斯坦省。在过去 18 年里，革命卫队完成的工矿项目接近 1600 个，正在执行的项目约 300 个。同时，革命卫队参与能源项目建设，承包南帕尔斯天然气田第十五、十六区块，承建自阿萨卢耶港至巴基斯坦的 900 公里输气管道。

革命卫队在军工领域的作用自不待言，特别是在高精度制导导弹的研制和核技术研发方面，这也是美国仇恨革命卫队的缘由之一。

伊朗军队经营的项目并不列入国家预算，革命卫队的收益是相当可观的。然而，这与革命卫队的政治影响相比却微不足道。它作为信仰的卫士，在伊朗国家政治生活中的作用日益凸显。总统艾哈迈迪-内贾德曾任革命卫队特种部队司令，他当选总统，与革命卫队的有效支持密切相关。政府里众多高官也都来自革命卫队，这对内外政策的潜在影响力自然不可小视。

革命卫队前任司令叶海亚·拉希姆·萨法维中等个头，体态匀称，腰板笔直，典型的军人气质。从他那双炯炯有神的淡蓝色眼睛里，可读出其才智与深邃。此君头脑十分敏捷，反应极快，惯于高屋建瓴，从战略的角度思考问题；对当今国际形势，对美国为首的西方国家，有相当深刻的精辟见解；对自己的国家和国家未来充满自信与自豪。

他认为由于中东地位特殊，储藏着世界 65% 的石油，美国想

革命卫队前任司令萨法维

控制从波斯湾到里海和中亚的石油资源，所以要侵占阿富汗、伊拉克，围堵伊朗。伊朗不惧怕美国和以色列的威吓，因为它们有各自的致命弱点。伊朗革命卫队拥有射程2000公里的巡航导弹、最新式导弹组成的防空系统，以及可覆盖整个波斯湾的陆基、海基导弹，还有数千艘快艇，可以像蚂蚁啃骨头似的对付美军航母；至于以色列，伊朗只需用24小时就可以制造百万犹太难民。

他对包括激光、电磁波炸弹、远程自动跟踪雷达等武器的关注也相当专业、超前。他认定美国是伊朗的主要敌人，其最终目标是颠覆伊朗政权，所以对美国不能抱任何幻想，必须用意志加实力应对。在美国总统布什将伊朗列为“邪恶轴心”5年后，这位司令放言，美国、英国、以色列是“邪恶轴心”，将布什送来的这顶帽子又还回去了。

萨法维当了15年的卫队司令，于2007年8月才由他的同僚贾法里继任。领袖哈梅内伊在伊朗核危机最严峻的时刻临阵换将，说明这位继任者绝非等闲之辈，至少贾法里将军的能力和资质不亚于其前任萨法维将军。

伊美四十年的过节

美国曾称伊朗为“无赖国家”“邪恶轴心”“暴政前哨”，伊朗回敬美国是“大魔鬼”“万恶之源”，并在德黑兰市中心的10层大楼墙面上将美国星条旗上的“星”画成骷髅，“条”画成下投的炸弹，上书英文“打倒美国”，下书波斯文“永不与美国为伍”。

2003年，伊朗核问题成为热点之后，伊朗、美国的紧张关系愈演愈烈，到了剑拔弩张、一触即发的地步，着实让人们出了一身又一身的冷汗。

其实，伊朗曾是美国在中东地区仅次于以色列的铁杆盟友和战略支柱，美国的影响渗透到伊朗国家机器的方方面面。尤其在当年两个超级大国最较劲儿的冷战时期，伊朗成为美国在西亚地区对付苏联的前哨尖兵和波斯湾宪兵。穆罕默德·礼萨（即巴列维国王）执政38年，以亲美著称。从某种意义上来说，是美国一手把他重新扶上国王宝座的。那是20世纪50年代初始，具有民族主义取向的首相摩萨台实行石油国有化，美国以调停为由，策动伊朗军队政变，于1953年推翻了摩萨台政府，重新恢复了国王的权威。国王感恩戴德，极力迎合美国的意愿，对内加大西化的力度，搞所谓“白色革命”；对外充当美国反苏的干将，不惜重金购买大批美国军火。巴列维国王曾不无自豪地说：“我认为，世界各国的历史学家将会论证这一点，即冷战实际上是从伊朗开始的，虽然冷战的迹象在世界其他地方也存在，但是冷战的形式及其影响都首先在伊朗清晰地展现出来。”

国王长期的独裁统治，上层的贪污腐败，主权受外国制约，巨额外汇耗在进口军火和奢侈品上，以及西方化和世俗化，令根深蒂固的宗教势力与当局分道扬镳，反抗不断加剧；社会两极分化日益严重，广大下层百姓的不满犹如遇火即燃的一堆干柴。在这种局面下，1978 年流亡在法国的大阿亚图拉霍梅尼登高一呼，无须一枪一弹，巴列维政权这座腐朽的大厦顷刻坍塌，国王黯然出走，流亡美国夏威夷。

随后，伊朗与美国的关系日益恶化。美国冻结伊朗在美的 80 亿美元资产和王室大量资财；默许萨达姆发动对伊朗的战争；击落在波斯湾上空正常飞行的伊朗客机，导致近 400 名乘客全部丧生；新保守主义势力推行美国民主价值观、欲铲除敌对国、控制石油资源，视伊朗为不共戴天的死敌。

伊朗则针尖对麦芒，以“非常规”“不对称”的方式与美国过招。1979 年 11 月 4 日，德黑兰几所大学的学生占领了美国使馆，扣押了 50 多名外交人员，要求美国将巴列维国王驱逐出境。后来美国当局虽婉拒国王进入本土，这场扣押美国外交人员事件依然持续了 444 天。其间，美国从游弋在波斯湾的“尼米兹”号航母出动 8 架武装直升机，前往德黑兰营救人质，但行至沙漠上空遇到沙尘暴，3 架返航，5 架迫降。当这 5 架直升机尝试返航时又祸不单行，其中两架凌空相撞，造成两机毁、五人亡的惨剧，营救行动无果而终。美国还指责伊朗支持黎巴嫩反美力量，炸毁美国和法国维和部队兵营，造成 250 余人死亡，令美军匆匆撤走。

伊美历时 30 余年的对抗，各有所得，也各有所失。美国虽为世界唯一超级大国，拥有超强的政治、经济和军事实力，然而尺有所短，寸有所长。在总体较量中，美国的优势是非常明显的，可是美国的诸多弱点也暴露无遗；伊朗在被动应对中，也往往抓住美国的弱点，死追硬拼，使自己一次次渡过了难关。

美国对付伊朗的路子大致有以下几条：

层层加码制裁的紧箍咒。自 1980 年 4 月美国与伊朗断交后，就断绝了同伊朗的一切官方往来。用某美国官员的话说，美国恨透了伊朗，伊朗劫持美国驻伊使馆人员令美国民众产生了强烈的敌对情绪。伊朗认为，美国执意要通过制裁，窒息伊朗，动摇伊朗政权的根基。

美国先是禁止美国公司和公民与伊朗在石油领域合作。到 1995 年末，美国国会通过《达马托法》，规定任何外国公司同伊朗签订 400 万美元以上的石油或天然气合作协议，都将受美国制裁。后来，美国迫于盟国反对，把条件放宽为 2000 万美元以上。美国国会 2000 年又通过《伊朗防扩散法案》，要求总统向国会报告，哪些外国法人向伊朗转让核产品、服务和技术，包括导弹技术。

伊核问题升温后，美国力促欧洲各大银行中止同伊朗合作，推动安理会对伊朗实施金融制裁，封堵伊朗出口银行、赛帕银行，制裁革命卫队及其领导人。

美国长期对伊朗实行制裁且相当彻底，不仅涉及军民两用物项，即使是完全民用的民航客机零配件也在禁运之列；日本、韩国欲与伊朗合作生产轿车，因有美产零配件而作罢。伊朗飞机近年多次失事，伊朗认为与美国制裁不无关系。

美国对伊朗禁运、制裁的同时，不时发出军事威吓，宣布一切选择都已摆在桌面之上。据透露，早在2003年初，美国就制定了针对伊朗的军事行动计划，代号为“伊朗战区临近”；美前国防部长拉姆斯菲尔德命令战略司令部作好全球军事打击准备，包括打击伊朗核设施。2006年美国进行代号为“2006统一寻求”模拟军事指挥演习，假想敌人是一个与俄罗斯南部接壤的“红色国家”。2007年美国出动3艘航母在波斯湾搞实战演习。

美国利用其掌控的强势新闻媒体，铺天盖地地丑化伊朗的形象，将伊朗形容成对内施暴政、侵犯人权，对外支持恐怖主义，生产大规模杀伤性武器包括谋求核武器的恶魔，指责伊朗违背《核武器不扩散条约》发展核武器。当美国情报部门公布报告称伊朗自2003年起就已中止核军事项目时，前总统布什仍坚称，“伊朗仍然是个威胁，能够中止一项计划的国家，也能轻易启动一项计划”。美国还不断指责伊朗威胁以色列安全、阻止伊拉克重建，通过伊拉克什叶派插手伊拉克事务；美国对海湾各逊尼派阿拉伯国家称，伊朗一旦拥有核武器，就会建立从阿富汗到黎巴嫩的什叶派同盟，挑动什叶派在中东地区兴风作浪。

美国还鼓励伊朗周边国家和海外伊朗人围堵伊朗。美国利用伊朗周边国家对伊的疑虑或历史遗留问题，散布伊朗威胁论，意在将阿以纷争转变成阿以共同对抗伊朗的威胁。为此，美国一方面阻挠

德黑兰市中心楼墙上的反美宣传画

中亚、高加索和阿拉伯国家与伊朗来往，强迫土耳其中止同伊朗签订的为期20年、总额达230亿美元的液化天然气合同；另一方面向沙特、埃及等出售300多亿美元的武器，并向以色列赠送300亿美元武器。

美国每年增加经费，资助在美的伊朗侨民成立反政府组织，设立电台、电视台，发行出版物；默许逃亡到伊拉克的伊朗圣战组织和伊朗库尔德自由生命党入境从事反伊朗现政府活动。美国为此特作的公开预算从2006年的7500万美元，增至2008年的1亿美元，还将国务院伊朗事务特别局的办事处设到毗邻伊朗的迪拜。

发动“攻心战”。美国煞费苦心地做争取伊朗人心的工作，寻求与体制内的温和派对话。美国与伊朗虽断绝了正式外交关系，但还保持多种联系渠道，包括明的暗的民间往来从未间断。设在瑞士驻德黑兰使馆的美国利益监管处，仍保留两名美国外交官；时不时派运动员、图书馆负责人乃至议员、高级研究人员往访；就伊朗发生的灾难，如库姆大地震提供大宗人道主义援助；有的美国公司改头换面后参与伊朗能源项目；大宗进口伊朗的土特产品；接纳大批伊朗留学生。此外，美国与伊朗还就伊拉克问题建立了对话机制，进行了多次会商。

伊朗前总统哈塔米在任期间，美国将“邪恶轴心”的大帽子扣到伊朗头上。哈塔米卸任后，美国又邀请他访问，在各个大城市发表演讲。

伊朗主要利用自己的地缘、伊斯兰属性和能源优势作出应对：

以伊斯兰为后盾。伊朗把自己看作拥有 13 亿人口的伊斯兰世界的旗手，利用美国一味偏袒以色列，对巴勒斯坦乃至全体穆斯林宗教情感的伤害，坚定地支持黎巴嫩真主党、巴勒斯坦哈马斯，声援其他国家的反美国、反以色列倾向的伊斯兰组织。伊朗经常主动积极地充当各类伊斯兰会议的东道主，有效利用会议的“平台”，宣传其政治主张，团结并凝聚伊斯兰世界的力量；指责美国在搞“新的十字军东征”，将恐怖主义与落后栽到伊斯兰教头上，旨在清除称霸全球的障碍，攫取中东的石油资源。

可以说，伊朗的长期工作还是有效的。美国指责伊朗向阿富汗塔利班提供武器，阿富汗前总统卡尔扎伊却赞赏伊朗帮助阿富汗恢复稳定。美要在伊拉克扶植一个对抗伊朗的政府，但参政的最大伊拉克什叶派政党，竟是当年霍梅尼推动在伊朗组建的最高伊斯兰革命委员会，伊拉克两任总理来自与伊朗关系密切的达瓦党，况且伊拉克什叶派最高精神领袖就是伊朗人，前总统塔拉巴尼也曾避难于伊朗，是伊朗的老朋友。在与美国达成的关于驻伊拉克美军地位协议中，伊拉克方面坚持列入“不得利用伊拉克袭击他国”的条款。

以石油为筹码。“9・11”事件后，石油价格不断攀升，伊朗成为俄罗斯之后的最大受益者。这为伊朗发展经济、加强军力、支持反美组织提供了充足的资金。2006 年末，伊朗宣布其售油等外汇结算由美元改为欧元，不少石油输出国起而效法，使美元作为国际结算货币的地位受到冲击。伊朗石油产量占世界 10%，其安全攸关的波斯湾的石油产量占世界 40%，狭窄的霍尔木兹海峡输送着世界 25% 的石油，美国一旦对伊朗动武，世界 40% 的石油将断档，世界能源危机势必加剧。

在核问题上较劲。伊核问题归根结蒂是伊朗与美国之间的对抗。美国最先发现伊朗重启核研究以及浓缩铀活动，有鉴于在伊拉克的教训，美国不敢轻易对伊朗核设施下手，希望通过推动安理会制裁，迫使伊朗放弃核活动。然而，伊朗不买账，认为自己作为《核武器不扩散条约》签字国，发展核计划完全是出于和平利用目的，并为国际原子能机构检查和认可。伊朗还公开叫板：如美国不认，可以拿出证据来；美国既然称伊朗有充足的油气资源，无须发展核能，那么美国为什么 20 世纪 50 年代第一个支持伊朗建核反应堆；以色列自曝拥核武，又非《核武器不扩散条约》签字国，美国为何不推动对以色列制裁，这岂非双重标准？

2007 年 12 月初，美国情报部门公布的《国家情报评估报告》，确认伊朗自 2003 年就中止了以核武器为目标的核活动，此报告等于是为布什找到了一个台阶，暂且掐断了战争导火索。

对于迄今仍冻结在美国境内的数十亿美元伊朗资产，伊朗也有应对的招数。

1992 年，美国指称伊朗商人侯赛因·阿里汗尼违背美国对利比亚制裁的法令，将他关押了 105 天。2003 年，伊朗法庭受理此案，裁定美国犯了绑架和虐待罪，美国政府应向阿里汗尼支付 5.5 亿美元的赔偿金。阿里汗尼认定美国驻德黑兰使馆的馆舍是美国在伊朗最有价值的资产，估价两亿美元。2007 年 3 月 3 日，阿里汗尼致函德黑兰民事诉讼执行局，要求将美国使馆资产转入他的名下。伊朗法庭随之发出强制执行文书，要求美国政府立即予以赔付，否则就查封其使馆资产，用于补偿阿里汗尼。

美国闻此，指责伊朗违背《维也纳外交关系公约》，如伊朗不收回成命，美国将冻结伊朗政府所有在美国的财产，并呼吁欧盟冻结伊朗在欧洲的资产。

伊美关系仍然处于紧张胶着状态，因为双方都没有放弃相互抵牾的战略。在美国眼中，控制了中东，就能控制全世界，不拔掉伊朗这颗钉子，就难以摆平中东。在伊朗看来，要当中东老大，就必须强标固本，将防堵美国攻势的战场扩大到整个中东以至更远。无论核问题，还是人权问题，都要寸步不让，否则就会出现类似苏联垮台那样的多米诺骨牌效应，令美国得陇望蜀。

美国将伊朗定位为“世界上最大的支持恐怖主义国家”，“伊朗拥核是当今国际社会面临的最大威胁”。伊朗则辩解，自己一向是反对阿富汗塔利班的，拒绝与本·拉登来往，“9·11”事件嫌疑人没有一个来自伊朗。伊朗自身也深受恐怖主义之害，1981 年 6

月 28 日，70 多名伊朗高官，包括时任总理，都死在恐怖爆炸之中。当月，现领袖哈梅内伊在清真寺作演讲时，右手被藏在录音机里的定时炸弹炸伤致残。

伊朗还认为，伊美关系缓和的“球”早已在美国一边。只要美国放弃推翻伊朗伊斯兰政权的初衷，承认伊朗在中东地位的现实，放下居高临下的架子，伊朗还是愿意与美国坐到谈判桌旁，平等地探求恢复和改善关系的可行之路。

奥巴马当选总统后，伊朗心生期望。伊朗官方打破先例，以总统名义对奥巴马胜选致贺。伊朗民间更是从奥巴马的非洲裔身世推论他对伊朗的友善，甚至将“奥巴马”三字发音译成波斯文，意为“他是和我们一伙的”。奥巴马没辜负伊朗的期待，第一次访问中东就释放出与伊斯兰世界和好的信号，随后将美军撤出伊拉克并减少在阿富汗的军事部署。接着，与安理会其他四个常任理事国以及德国，推动伊朗核问题的谈判，并终于 2015 年 7 月达成协议——“联合全面行动计划”。在伊朗不谋求核武器的前提下，确保伊朗和平利用核能的权利；在国际原子能机构确认伊朗履行承诺后，“5 +1 国”同步解除联合国对伊朗的制裁。

尽管受到美国国内保守派以及沙特和以色列的掣肘，协议的达成和执行并非一帆风顺，但是奥巴马政府的诚意是显而易见的。核谈判期间，美国国务卿克里不顾腿伤，拄着双拐，连续八天坚守在谈判的第一线。协议签署后，奥巴马感叹伊核协议“是一个重要的里程碑”。

特朗普上台以后反其道而行之，全面否定伊朗，并于 2018 年 5 月 8 日退出伊核协议，提出伊朗从叙利亚撤出所有武装人员等 12

项苛刻条件，褫夺伊朗和平利用核能的权利。接着，于8月6日恢复对伊朗金融、金属、矿产、汽车等非能源领域的制裁，11月5日起实行“史上最严厉制裁”，涵盖能源出口、航运与金融机构等制裁。特朗普政府先是扬言要让伊朗石油出口归零，对任何进口伊朗石油的国家皆不会客气；后又改口对中、印、韩、日等八方豁免，半年后降到零，但不封杀伊朗与欧洲的美元转汇系统。特朗普视伊朗为中东地区头号仇敌，首次出访即去沙特组建针对伊朗的“中东战略联盟”，亦即阿拉伯版的北约。他在联大的发言集中攻击伊朗“支持恐怖主义，造成地区动荡”，称伊朗领导人“播下了混乱、死亡和破坏的种子”，将继续加大对伊朗的制裁。令特朗普始料未及的是，美国作为安理会轮值主席期间遇到了玻利维亚总统莫拉莱斯。莫当面指责特朗普，再举一系列例子证明“美国就根本没有维护民主的兴趣”，话锋一转，以伊朗作例：“1953年，是你们美国资助、谋划和实施了一场政变，推翻了民主选举产生的（伊朗）政府。从此以后的几十年，是你们美国一直支持伊朗的独裁政府，后者将伊朗的石油收益送到了跨国公司的口袋里，这种情况直到1979年的伊朗革命才结束。现在伊朗重新控制了自己的资源，但它也再次成了你们美国攻击的受害者。”玻利维亚总统义正词严地驳斥了美对伊实施的单边制裁，并谴责美国退出伊核协议。最后，他毫不客气地宣布：美国应该为“21世纪最恶劣的侵略行径”负责，这包括美对伊拉克的军事入侵、对利比亚的军事干预和对叙利亚的入侵等。特朗普的内心想必是颇为尴尬的。

伊核协议其他签字国——中、英、俄、法、德均反对美国的单边行为，一致坚持继续履行在民用核能领域支持伊朗的承诺。欧盟甚至提出其成员国要建立一个新的支付系统，以便石油公司和企业能继续与伊朗进行贸易，规避美国的制裁。

伊朗领袖哈梅内伊表示，在这四十年的挑战中，一个重要的事实是，美国方一直被击败，伊朗方一直获胜。制裁的结果却进一步推动伊朗的自给自足，美国的权力和声望则在快速衰落。

伊朗在国际法院起诉美国对伊朗制裁胜诉。国际法院 15 位大法官一致裁决，美国必须取消对伊朗的涉及食品/医药和民航业的制裁。宣判后，美国气急败坏，立即宣布退出 1955 年与伊朗签订的友好条约。

伊朗在 2018 年 11 月 4 日，“德黑兰美国使馆人质事件”纪念日当天，组织全国城市反美制裁大游行。鲁哈尼总统强调，这是一场经济战争，在“对抗一个欺负人的敌人，我们必须取胜”。伊朗之所以底气十足，除去雄厚的能源根基之外，更因为拥有国际法理，得道多助。国际原子能机构不止一次地确认伊朗认真履行了伊核协议。在国际公正面前，美国的蛮横和霸道，显得那么苍白与乏力。美国对伊朗进行制裁本身就违反国际法。2018 年 10 月 3 日，联合国国际法院裁定美国对伊朗的制裁违反了两国 1955 年签订的《经济关系和领事权利友好条约》，初步裁决美国应立即停止针对伊朗人道主义物资及民航安全相关商品和服务的制裁。这时，美国才意识到自己先打脸，随即宣布终止该条约。美国国务卿蓬佩奥宣称，这是一个 39 年前就该作出的决定。

伊朗、英国龃龉不断

2007年3月23日，15名英国皇家海军驻伊拉克士兵在夏台阿拉伯河口检查一艘伊朗商船后，遭到6艘伊朗舰艇包围，伊方拘捕了这15名海军士兵并将他们押送德黑兰。伊朗外交部紧急召见英国驻伊朗大使，抗议英军非法进入伊朗领海。英国大使两天后去伊朗外交部交涉，要求伊朗立即无条件地释放英方人员。布莱尔首相警告此事是一个“极其严重的错误”。

此后，伊朗一方面威胁要提交法庭审判，另一方面又通过新闻媒体每天追踪报道这15名英军士兵（包括一名女兵）的生活场景，他们聚在一起打乒乓球、下棋、看电影和就餐，谈笑风生，无拘无束。一周后，伊朗方面突然宣布，这些英国士兵供认了他们非法进入伊朗海域的事实，遂立即释放了他们。在伊朗电视台播出的画面上，这些士兵穿着为他们专门定制的西装，一一与伊朗总统握手告别，公开感谢伊方对他们的优待，女兵亦入乡随俗，戴着头巾向总统颔首道别。

英国不愧为老牌资本主义国家，回国的海军士兵迅即获得国防部的许可，向新闻媒体出售采访权，仅女兵法耶・特尼所签的合同就达 15 万英镑。一位前英军指挥官对此评称：“我对国防部鼓励他们从一个军事灾难中牟利的做法感到震惊，他们中一些人的行为就像是电视真人秀节目中的选手。”翌日，英国国防大臣宣布取消上述许可，但仍有报道称，女兵特尼已分别接受了《太阳报》和 ITV 电视节目专访，并大赚约 10 万英镑。

自从美国入侵伊拉克、英军进驻伊拉克与伊朗毗邻的巴士拉以后，特别是伊朗核问题发酵后，伊朗与英国关系每况愈下。英国驻德黑兰使馆成为伊朗人示威抗议的首选目标，经常发生向馆内投掷石块的事件，还曾发生运煤气罐的汽车撞上使馆院墙的事情，常可见到德黑兰警察当局在英国使馆前布警设岗，临主街道的院墙边垒起高高的水泥墩，禁止行人靠墙行走。有段时间用脚手架钢管在主街道与英国使馆院墙之间架起了两人高的护栏，以防抗议者冲击使馆。

2007 年 6 月 14 日晚，我亲历了伊英关系的不和气氛。当晚我准时抵达英国使馆出席女王生日招待会，抵达后，发现使馆竟被围得水泄不通，警察在四个大门及院墙边一溜地排成了人墙，学生装束的伊朗男女青年在路上阻止任何宾客进入馆内参加英国大使举行的招待会。结果，多数驻伊朗大使的车被引停到英国与俄罗斯使馆之间的街道旁。我与韩国大使下车结伴步行，只好经使馆西门、南门绕道东门乘隙而入，只听远处传来用英语喊的口号：“打倒英国！”“英国人滚出去！”“出卖祖国者就是叛徒！”

招待会风波刚过去两天，英国女王将《撒旦诗篇》的作者拉什迪召进白金汉宫，在拉什迪 60 岁生日之际为他授勋。旅居英国的印度籍人拉什迪1988年出版《撒旦诗篇》一书，伊朗认为该书恶毒丑化伊斯兰教，领袖霍梅尼因此于1989年发布处死拉什迪的教令，英国随后接受拉什迪加入英国籍。而今，女王要为被伊朗缺席处死的人颁发骑士勋章，伊朗当然极为气愤。伊朗外交部召见英国大使表示抗议，称此举是英国高层领导人及部分欧洲国家对伊斯兰的敌意，是有意伤害穆斯林的感情。

近现代以来，伊朗长期受英国殖民主义侵略、控制和压迫，对英国积怨甚深。据阿卜杜尔礼萨·马赫德维在他编撰的《伊朗外交四百五十年》里介绍，1889年伊朗将石油开采权出让给英帝国银行，其最大的股东是英国政府，从此英国完全控制伊朗石油的开采、加工和支配权。1907年英国与俄国签订条约划分在伊朗的势力范围，将伊朗南部35.5万平方公里的土地划归英属。十月革命胜利后俄国放弃在伊朗的特权，1918年，英国人在伊朗到处抢占俄罗斯人放弃的地盘，恨不得将沙皇政府几个世纪用武力侵占的伊朗领土全部占为己有。在英国压力下，伊朗被迫于1935年撤出赫拉特，并于1937年与伊拉克签订协议，放弃夏台阿拉伯河航权。1951年伊朗摩萨台政府要实行石油国有化，英国一边诉诸海牙国际法庭，一边向联合国安理会提交议案，向伊朗施加强大压力，并考虑用“秘密干预”的手段推翻摩萨台政府。1953年8月20日摩萨台政府终于被推翻。

伊朗伊斯兰革命胜利后，伊朗与英国的关系一直处于低谷，1988年英国因出版拉什迪的《撒旦诗篇》导致两国断交。1990年伊朗与英国恢复了代办级外交关系，1999年两国恢复了大使级的外交关系，双边经贸关系取得进展，英国及英与外国合资的公司踊跃参与伊朗的能源项目。但伊英关系严重受制于伊美关系，尤其是伊核问题激化之后，艾哈迈迪-内贾德总统指责英国与法国、德国提出的三国方案，是要求伊朗放弃浓缩铀活动的权利，换取英、美、德在政治、经济、安全等方面的承诺，有悖于伊朗根本利益。于是，伊朗决定恢复浓缩铀活动。英遂积极呼应美国，将伊核问题由国际原子能机构转到联合国安理会。伊朗抱怨英国在伊斯兰革命胜利后支持伊朗的反对派和伊拉克萨达姆政权反对伊朗新政权；在伊核问题上走得比美国更远，极力鼓动加剧对伊朗的制裁；在安理会 1747 号决议后，又炒热拉什迪事件。

当然，拉什迪事件重炒之后，伊朗也为英国出了道难题，对英国使馆的“夏宫”——古尔哈克花园的归属提出了质疑。这处花园被用作英国外交公寓和国际学校，伊朗认为这是英方强占的土地，应归还伊方。伊朗就此举行听证会，邀请英国驻伊朗大使出席，英国大使却予以婉拒。随后，这位大使也不敢怠慢，马上将听证会的“特别报告”译成英文，呈报伦敦。

英国在对伊朗关系上一直傍着美国，这是英伊关系经常处于风雨飘摇之中的主要原因。伊朗年轻人往往把英国大使馆作为发泄的靶子。我离开德黑兰四年后，那里又爆发了一次更为严重的冲击英国使馆事件。那是 2011 年 11 月 29 日，数千名伊朗大学生和群众到英国大使馆门前示威。示威者要求政府驱逐英国驻伊朗大使，并向使馆大楼投掷石块和燃烧瓶。后来，一些示威者冲进使馆，扯下并焚烧英国国旗，换上伊朗国旗。另一群示威者冲击英国文化协会驻伊朗办事处和外交公寓。

这次事件的导火线是发生在一周前，11 月 21 日，英国财政大臣奥斯本宣布，自当日起，英国所有金融机构必须停止与伊朗任何银行的交易或往来。英国认为，伊朗银行正为参与核武器项目服务。伊朗宪法监护委员会 28 日批准了议会关于将对英国关系从大使级降为代办级的议案。

事件发生后，英国撤出使馆所有馆员，关门大吉。以美国为首的西方国家“抱团”，以不同方式制裁伊朗。美国的制裁最狠，它利用其金融霸权地位，对伊朗实施“十分严厉”的金融制裁，切断伊朗银行与世界的一切金融业务往来。

2013 年，鲁哈尼出任伊朗总统后宣布，冲击英国使馆这类事件不会再度发生，伊英关系出现转机。2015 年时任英国外交大臣哈蒙德亲自主持重开使馆仪式时称，两国重新取得互信之后，能够取得积极的成果。他还强调，英国政府会自掏腰包修葺使馆馆舍。

英国使馆馆舍是德黑兰最老的馆舍之一，迄今已有 140 多年历史。但此馆建设伊始就命运多舛：1871 年从英国启运房顶和玻璃等建材，部分房顶因船运事故沉没；367 只骆驼拉的大篷车在路上被强盗劫持，要求支付高额赎金；运送玻璃的船只到达伊朗布什尔港之后又发生了火灾。历时 5 年，直至 1876 年馆舍方竣工。伊朗人把英国单边制裁的怒火洒向英国使馆，然而，伊朗人素将美国使馆称作“间谍的巢穴”，却从未听闻他们将此称号加诸英国使馆之上。毕竟 20 世纪初，伊朗爆发立宪革命时，上万个革命者因在英国使馆避难而免遭恺加王朝的镇压。

英国如同中、俄、法、德四国，并不赞成特朗普主政的美国退出伊核协议且制裁伊朗，但是英国赞成美国的如下立场：伊核协议并不健全，它不能令伊朗完全弃核；伊朗应该同时停止弹道导弹的研发和试射；停止对中东什叶派武装的支持，借以扩大对外影响力。所以，在特朗普总统威胁2018年11月5日之后要将伊朗石油出口归零、伊朗则回应不惜封锁霍尔木兹海峡之时，英国派出45型飞龙号驱逐舰为英油轮护航——这明显是冲着伊朗来的。伊朗当即派出导弹快艇全速冲向英国驱逐舰并近距离尾随，直至英舰远离伊朗领海。接着，英国国防大臣威廉姆森宣称，英国将在霍尔木兹海峡南侧的阿曼新建一个重要的军事基地，2019年3月启用，希望人们不要忘记阿曼英国军事基地开始运作的象征意义。

伊朗与阿拉伯的爱恨情仇

波斯民族与阿拉伯民族相互影响之深，世所罕见，从文化、习俗、宗教到服饰、语言、建筑，无处不见相互交流的影子；然而两者的差异十分巨大，彼此之间的宿怨和戒心又刻骨铭心，有时甚至超过了对待他们共同敌人的态度。

美索不达米亚的两河文明，与伊朗高原的波斯文明，几千年来总是相互交错重合；尤其公元651年阿拉伯征服波斯萨珊王朝后名义上统治了608年，事实上统治了200年。阿拉伯文明改变了伊朗，波斯文明也改变了阿拉伯。

宗教改宗和借用阿拉伯词语是伊朗最深层的变化

伊朗本来的国教是祆教，即所谓拜火教，祆教仪轨本身繁琐。阿拉伯统治的威势，以及取消人头税的奖赏，经过300年基本上将伊朗伊斯兰化了。什叶派的产生与壮大，又与波斯人密不可分，它意味着伊斯兰教的波斯化。特别是1502年萨法维王朝将什叶派定为国教后，伊朗从此掌握了一把锋利的护身宝剑，以此维护波斯文化传统和领土主权的独立性。

另一巨大变化是语言。公元 697 年，波斯的官方语言巴列维语被阿拉伯语取代。波斯人的语言天份使他们很快地掌握了阿拉伯语并用阿拉伯文写作。在相当于中国唐宋的时代，伊朗产生了诸多天才诗人，如菲尔多西、海亚姆、萨迪、哈菲兹，他们深受阿拉伯影响，甚至用阿拉伯语写作，连他们的名字都取自阿拉伯语。同时，他们又利用阿拉伯的文化和语言，有效地维护、保存乃至发扬波斯的优秀文化传统。文学家郑振铎 1927 年在他的《文学大纲》中提道："中世纪的波斯，在文学上真是一个黄金时代。虽然她曾被阿拉伯入侵了一次，接着又被蒙古人所统治，然而她的诗的天才，在这个时代却发展得登峰造极，无以复加。正有类于同时代的中国。那时，我们也恰是诗人的黄金时代。"

比较有代表性的诗人当属萨迪。他出身于文化名城设拉子的一个伊斯兰宗教世家，曾在巴格达内扎米耶学院深造，未完成学业即游历天下，前后游访了埃及、摩洛哥、叙利亚、黎巴嫩、埃塞俄比亚、印度、阿富汗及我国新疆喀什，历时 30 年。他创造的作品的大量素材，来自阿拉伯世界和伊斯兰教。

巴列维国王时期，伊朗奉行去阿拉伯化政策，为将阿拉伯语词汇从波斯语中剔出去，专门成立语言改革机构，招募一些非穆斯林的阿拉伯人，职责是将字典中的阿拉伯文单词删掉，如将来自阿拉伯文的"内政部"改成"国家部"。

伊斯兰革命胜利后，通过宪法规定阿拉伯语为伊朗第二官方语言，分布在各省市的神学学会完全用阿拉伯语研究经学，使用阿拉伯语的译作和注释之多，不逊于波斯语作品。波斯语中的阿拉伯语汇占60%，大多数受过中高等教育的人都能听懂阿拉伯语，全国有1500万人会讲阿拉伯语，其中500万生活在伊朗南方，主要集中在胡齐斯坦省。尽管2007年官方曾公布标准波斯阿拉伯词汇800个，然而在现实中，阿拉伯语是《古兰经》的原生语，是伊斯兰教的载体，被视为与真主沟通的语言，阿拉伯词汇在波斯语中使用量不减反增。每当宗教节日、忌日，街头标语用阿拉伯语的随处可见。伊朗近些年特别重视用阿拉伯语搞对外宣传，设在德黑兰瓦里阿斯尔大街的广播电视中心，用36种语言搞对外宣传，阿拉伯语外宣被放在优先的位置。21世纪之初，伊朗将原来的阿拉伯语电视台更名为赛哈拉（意为“神奇”）电视台。2003年美国入侵伊拉克后，伊朗又在赛哈拉电视台的基础上另行组建了阿拉姆（意为“世界”）电视台，全天向阿拉伯世界播放，现已成为伊拉克民众收视的主要外国电视频道，收视率不亚于半岛电视台。2006年伊朗又将赛哈拉电视台更名为库赛尔（意为“幸福之河”）电视台，以宗教节目为主。两个阿文台的播音员主要由黎巴嫩真主党提供。同时，伊朗的波斯文电视与广播电台一直有固定的阿拉伯语新闻栏目。伊朗还发行两份阿拉伯语日报，一为强硬派的《阿拉伯世界》，一为改革派的《和谐》。伊朗召开的多数国际会议，将阿拉伯语作为会议第二用语进行同声传译。

可以断定，阿拉伯国家之外，对阿拉伯语运用最娴熟，甚至为阿拉伯语创造语法的，非伊朗莫属。伊朗宪法还规定：“鉴于阿拉伯语是《古兰经》和伊斯兰教的神学语言，波斯语言已完全与阿拉伯语融合，因此在整个中学阶段、在所有年级中，都应教授阿拉伯语。”伊朗的宗教人士几乎都通晓阿拉伯语。领袖哈梅内伊在大型集会上，凡讲到阿拉伯和巴勒斯坦事务，往往使用阿拉伯语，其发音与用词之准确丝毫不逊阿拉伯人。在日常交往中，伊朗人普遍不愿讲阿拉伯语，然而阿拉伯语词汇在日常办公中使用率之高让笔者吃惊。如伊朗交通部一位总司长办公室墙上的记事板，五项内容六个词，其中星期、时间、地点、会见、内容五个词是阿拉伯文，仅“日期”一词为波斯文。

波斯语受阿拉伯语熏陶但未被同化，部分地归功于《列王纪》，即《王书》的作者菲尔多西（940—1020），他力主维护波斯语的纯洁性并身体力行，令他在逝世一千多年后的今天，其巨大的花岗岩雕像巍然矗立在德黑兰市中心，无他像可望其项背。该雕像膝下偎依着一个孩童，该是象征波斯文化后继有人吧。从10世纪起，波斯人逐渐摆脱阿拉伯统治，恢复了自己的语言，但借用了阿拉伯文字母。而阿巴斯王朝提供的大环境也不容忽视，这个时代出现了阿拉伯没能同化却深刻影响的新型波斯语言——达里波斯语。从那时起，波斯语变化不大。早期记录的诗歌，很容易为今天受过教育的伊朗人和阿富汗人所理解。

至于伊朗的服装，受阿拉伯影响最有代表性的是宗教人士服装，灰色或土黄色夹袄，套的黑色或土黄色长衫，外裹薄纱罩袍。一律戴头缠，但圣裔与非圣裔色彩有别：圣裔黑色，非圣裔白色。女人的黑袍显然受阿巴斯王朝的国色——黑色的影响。

两大民族的最大区别是民族性格和政治秉赋的不同

波斯人内向、内敛、深沉，善于理性思考，精神追求多、文化底蕴深。阿拉伯人豪爽大方、外向直率、富于感情色彩，虽易冲动但不易记仇。从图书出版量可见一斑：伊朗每年出版图书达 3.5 万部，拥有 2 亿多潜在的阿拉伯读者的埃及年出版图书 7 千部。

历史上的磕磕碰碰，使两大民族缺少信任感，相互蔑视。伊朗伊斯兰政权建立后，这一矛盾与分歧外化，有时甚至激化。

伊朗革命甫成功，就遭受伊拉克萨达姆政权的入侵，美国和海湾阿拉伯国家以各种方式支持萨达姆，借口是遏制伊朗输出伊斯兰革命。8 年战争给伊朗带来巨大损失，逾百万人伤亡，大量基础设施被毁，经济倒退 20 年。

伊朗将阿拉伯初期的英雄视为自己的英雄，取其名，吸其精。将壮烈牺牲的第三伊玛目侯赛因等同《列王纪》的主人公、英雄鲁斯塔姆。触摸阿里等烈士墓并哭泣，是将英雄的墓视为人与安拉的中介。伊朗逢纪念侯赛因阵亡的阿舒拉节时，将其中箭流血的画像四处张挂。而在沙特等国逊尼派看来，阿里、侯赛因等人已逝，其坟墓不容触摸，世间教务应由政府确认的穆夫蒂主持。逊尼派还认为，伊斯兰教是从捣毁偶像开始的，先知也说过，天使不会进入有图画和有狗的家庭，阿舒拉节张挂画像的做法简直是离经叛道。

实际上，现如今伊朗与阿拉伯的分歧主要不是教义、教规的细微差别，而是政治性的，这其中又掺进美国、英国等西方国家因素。在美国看来，伊朗是中东地区仅次于伊拉克的第二大核心挑战，与中东的 4 大冲突——伊拉克、黎巴嫩、巴勒斯坦与以色列以及伊核问题全有干系，美国称“伊朗拥有地区野心，令其邻国及美国的阿拉伯盟国深感不安”，“伊朗的核活动对国际和平与安全构成明显的威胁”。所以，美国布什政府要在阿拉伯国家建“正义同盟”，将埃及、沙特、约旦等拉进去，为此向它们大规模出售或馈赠军火。约旦国王阿卜杜拉二世曾惊呼，中东出现了什叶派联盟，该联盟要建立从伊朗经伊拉克和叙利亚到黎巴嫩的什叶派新月带。阿卜杜拉二世指责伊朗“干涉”伊拉克，质疑伊朗核计划的目的。在伊朗支持的巴勒斯坦哈马斯夺取巴勒斯坦大选的胜利并控制了加沙地带后，以及沙特、科威特、巴林等国什叶派的选情看涨的情势下，约旦的这一忧虑，在逊尼派主导的阿拉伯世界还是有一定的代表性的。

伊朗学者的看法

伊朗著名学者萨巴赫·赞格奈认为，进入新时代，阿拉伯世界在社会、文化和科技诸方面远远落后了，其社会价值取向是崇尚财富与个人拥有，轻视知识、思想和文化。其结果是，西方在“9·11”后，把恐怖主义的帽子加在伊斯兰和穆斯林头上，阿拉伯世界却无能为力；阿拉伯语和阿拉伯文化也出现危机，而阿拉伯当局面临改革压力却不知所措。

伊朗的阿拉伯问题专家、前驻科威特文化参赞阿巴斯在2005年的一次伊阿关系研讨会上强调，自古以来，伊朗的利益与阿拉伯的利益有诸多重合点。伊朗在伊斯兰早期就接受了伊斯兰教，阿巴斯王朝的建立和壮大是由于借重波斯人的力量。伊朗萨法维王朝出于与奥斯曼帝国抗争的目的，强化了什叶派，什叶派与逊尼派之争延至今日，其实当时的阿拉伯与波斯共同面临奥斯曼帝国的威胁与统治。1951年伊朗摩萨台政府实行石油国有化，与埃及、阿尔及利亚的革命遥相呼应。而巴列维国王站在西方一边支持以色列，倒是有悖于阿拉伯利益，与阿拉伯国家，特别是与埃及、也门、叙利亚的政治、经济分歧加剧。

遗憾的是，阿拉伯世界与推翻巴列维王朝的伊斯兰革命政权却渐行渐远。

伊朗伊斯兰革命胜利后即支持巴勒斯坦事业，断绝同以色列的一切关系，退出所有反阿拉伯的西方联盟，向阿拉伯世界开放，反对萨达特访问耶路撒冷。新政权的伊斯兰教和阿拉伯文教育的提升，遭到波斯民族主义者的反对，他们甚至要求效法土耳其，用拉丁字母取代阿拉伯字母，取代当时占 40% 的阿拉伯词汇。从霍梅尼到其继承者的所作所为，都旨在让阿拉伯放心，伊朗没有做任何对不住阿拉伯的事情。然而，阿拉伯将“波斯湾”改名为“阿拉伯湾”，大大刺激了波斯民族主义，波阿矛盾集中到伊斯兰与泛阿拉伯矛盾的这个焦点。在两伊边界之争和波斯湾三岛之争中，几乎所有阿拉伯国家都站到伊朗的对立面，支持萨达姆等。阿拉伯曾不下十次地作出努力，要求美国拯救巴列维国王；而阿拉伯世界唯一支持伊朗伊斯兰革命的是“坚持阵线”，以及后来的苏丹与阿尔及利亚的原教旨主义。由于阿拉伯世界往往陷于分裂状态，伊朗处于统一状态，阿拉伯世界常常散布伊朗的威胁，而事实上，伊朗是波斯湾国家中购买武器最少的国家。阿拉伯世界却以巴勒斯坦的哈马斯和杰哈德为借口攻击伊朗，更有甚者，将阿尔及利亚、约旦、苏丹的内部争斗也归咎于伊朗。伊朗支持巴勒斯坦进行抵抗，但伊朗并未插手埃及前总统萨达特遇刺事件，连埃及《金字塔》报前主编海卡尔先生都否认伊朗支持恐怖主义。

最后，阿巴斯得出的结论是，阿拉伯与伊朗在民族、宗教和政治领域虽然分歧严重，但地缘利益与前途是一致的。如果说苏丹是阿拉伯通向非洲的大门，那么伊朗则是阿拉伯通往亚洲的大门。伊朗自古就是丝绸之路要道，阿拉伯与伊朗同为石油输出国组织成员，经济上的密切联系无可替代，团结起来方可共同应对与规避灾难。特别是苏联垮台与冷战结束之后，伊斯兰首当其冲。面对美国为首的西方世界的强大压力，阿拉伯与伊朗的关系尤显重要。

作为伊朗的阿拉伯问题专家、学者，萨巴赫与阿巴斯两位先生这番宏论，很大程度上代表伊朗主流看法，颇值得玩味。

伊斯兰共和国的建立，为伊阿关系添加了新的酵素

阿拉伯什叶派普遍将伊朗视为靠山和后盾，从伊拉克、叙利亚、黎巴嫩，到也门和波斯湾地区，什叶派借助伊朗提升自身的力量、维护派系的权益。而伊朗则依托阿拉伯各国的什叶派，壮大了在整个中东地区的力量。伊朗除去依靠提供资金、武器支持外，更多的是占据了道义制高点，与占领三大伊斯兰圣地之一的以色列不共戴天，坚定支持巴勒斯坦抵抗占领者，与巴勒斯坦的主战派哈马斯结成战略联盟，视以色列的最大盟友美国为“大魔鬼”，长期与之处于对抗中。

20 世纪 80 年代，伊朗与阿拉伯国家的矛盾除集中在伊拉克外，接着就是埃及了。伊朗视萨达特总统访问耶路撒冷、同以色列建交是对巴勒斯坦和伊斯兰的背叛。萨达特遇刺后，围绕刺杀者的严重分歧，使两国关系一直未实现正常化。

在教义上，伊朗与沙特的争执不断，沙特王朝以瓦哈比学说立国，自视是正统的逊尼派代表和麦加、麦地那两大伊斯兰圣地的守护者，而视什叶派为异端。沙特的瓦哈比派教长在宣礼时称，什叶派是“邪教”，是“叛教者”。伊朗反唇相讥：作为两大圣地所在国的教长，竟在朝觐之际攻击什叶派，不要忘记阿拉伯半岛 1/4 的穆斯林系什叶派。这一争执反映在一年一度的朝觐问题上的冲突不断。伊朗要把朝觐作为宣传新伊朗的契机，朝觐者动辄举标语游行，结果导致冲突，甚至发生沙特警察击毙数十名伊朗朝觐者事件。双方随之互相驱逐外交官，直至一度断交。

2010 年末肇始的阿拉伯大动荡直接殃及七八个阿拉伯国家，埃及、叙利亚等国遭到严重削弱，沙特在阿拉伯国家联盟的地位骤然上升，沙特与伊朗围绕伊斯兰主导权和中东地区支配权的纷争也随之激化。沙特为遏制伊朗影响扩大，先后出兵巴林和也门，镇压冠以“伊朗的第五纵队”什叶派起义，同时杀害国内什叶派宗教领袖塔伊米，从而引发德黑兰群众抗议，以致放火焚烧沙特使馆，导致沙伊断交，多个与沙特关系密切的国家也纷纷效仿。

令人意外的是海湾阿拉伯国家合作委员会在 2017 年 5 月公开分裂，诱因是卡塔尔国家元首埃米尔塔米姆对伊朗的两句正面评论：伊朗是“不容忽视的伊斯兰强国”，“对伊朗怀有敌意是不明智的”。

海湾阿拉伯国家合作委员会成立的初衷是六国协同应对伊朗。其时是在伊拉克对伊朗开战的第二年，后发展为相当成功的次区域合作组织，伊朗曾一度要求加入该组织。萨达姆之所以敢于向伊朗挑战，有一个重要原因是阿拉伯石油生产国，尤其沙特和科威特，成为伊拉克强大的经济后盾。伊拉克经过 8 年两伊战争，军事和经济实力不减，反倒更为强大，所以有资本调过枪口入侵科威特，从而触发了第一次海湾战争。

沙特力主除掉叙利亚巴沙尔政权的另一因素是叙利亚与伊朗结盟，而伊朗力挺叙利亚也是投桃报李。两伊战争期间，叙利亚始终坚定不移地站在伊朗一边。叙利亚执政者阿萨德与伊朗执政者同属什叶派，虽然叙利亚与伊拉克同为阿拉伯复兴社会党执政，但是自从复兴党创始人从叙利亚逃到伊拉克后，叙伊两支复兴党交恶。而叙利亚与伊朗的关系，却不论叙利亚领导人父子更替，仍一如既往，叙利亚得到伊朗军事、经济的鼎力支持，伊朗则继续通过叙利亚扶持铁杆拥趸——黎巴嫩真主党，该党在当今的黎巴嫩成为唯一拥有武装的政治力量，在政坛上可以呼风唤雨。

沙伊关系更为戏剧性的事件发生在 2017 年 11 月，黎巴嫩总理哈里里访问沙特期间突然宣布“辞职”，理由是伊朗支持的黎巴嫩真主党左右黎巴嫩政局，且图谋暗杀他本人。在法国等调解下，哈里里终于返回贝鲁特，旋即宣布“留任”，其条件是真主党不干预地区事务。

共同应对伊朗的崛起，将以色列和沙特连接起来。以色列国防军参谋长称，以色列准备与沙特分享关于伊朗的情报。沙特外交大臣提出，以色列是一个正常的国家，阿拉伯和以色列应该和解。

伊朗认为沙特在巴勒斯坦问题上向美国、以色列妥协，要巴勒斯坦放弃将耶路撒冷作为首都，改为阿布迪斯，这与特朗普将耶路撒冷作为以色列的首都并将美国驻特拉维夫大使馆迁往耶路撒冷是相呼应的，是对伊斯兰世界的背叛。伊朗在全国组织大游行，还呼吁所有伊斯兰国家游行抗议美国和沙特，令自己稳居支持巴勒斯坦民族权利的制高点。

美国一直是伊阿关系中的负面主导因素

在巴列维王朝时期，美国将伊朗视作仅次于以色列的地区盟国，纵容伊朗充作波斯湾地区的警察。阿曼出现反苏丹王朝的解放运动，伊朗派警察部队协同镇压。美国支持伊朗对大小坦布岛和阿布穆萨三岛的主权要求。

伊朗伊斯兰共和国成立后，美国反其道而行之，明里暗里怂恿阿拉伯国家与伊朗作对。萨达姆当年会见美国驻伊拉克女大使后下了进攻伊朗的决心。美国为对付伊朗，将第五舰队司令部设在巴林。通过妖魔化伊朗，美国向波斯湾阿拉伯国家大量倾销军火。美国支持阿联酋对三岛的主权要求，进而挑拨阿联酋乃至其他海湾合作委员会成员国与伊朗的关系。特朗普总统上任后，美国退出伊核协议；他访问沙特期间签逾千亿美元的军火大单，推动沙特牵头组成反伊朗联盟。

美国在中东地区的冒险，造成一连串的重大失误，甚至是战略挫折。这在客观上，为伊朗做了“嫁衣裳”，使伊朗“被强大”起来。

美国 2003 年发动的第二次海湾战争，推翻了萨达姆政权并处决了萨达姆，为伊朗“报”了 8 年两伊战争之仇；占伊拉克人口 60% 的什叶派从此主政，而伊拉克新政权的领导人大多数曾经在伊朗避过难，或在伊朗库姆神学院留过学。当今，伊拉克最大的执政党——伊斯兰革命最高委员会，正是在霍梅尼支持下，于 1981 年在德黑兰组建的。如今，有伊朗背景的势力在伊拉克如鱼得水。

2010年末，突尼斯小贩自焚引发阿拉伯政局全面动荡，美国及其盟友法国、英国弹冠相庆，伺机消灭利比亚、叙利亚等异己政权。通过设禁飞区，英法直接出兵，联手利比亚反对派推翻并杀掉了卡扎菲。在伊朗眼里卡扎菲是欠了血债的。1975年卡扎菲邀请黎巴嫩什叶派领袖伊朗裔的穆萨·萨达尔访利，后者最后莫名其妙地失踪了。36年后的2011年，西方联手沙特、阿联酋等海湾国家"替"伊朗清算了卡扎菲。2011年3月，当动乱蔓延到叙利亚，西方几乎一个声调要巴沙尔及其政权让位。然而，西方国家过不了三道关：一是安理会不授权，如同在利比亚那样，以"禁飞区"形式变相开绿灯；二是俄罗斯出手并掌握了战场主导权；三是伊朗派出大批来自革命卫队的军事顾问、精兵强将，会同来自黎巴嫩的真主党武装，全方位支援叙利亚政府军。尽管波斯湾的阿拉伯国家配合西方国家，推动阿盟将叙利亚除名，并扶植叙利亚反对派武装打击巴沙尔政权，结果无济于事，巴沙尔政权还是挺了过来。这意味着伊朗在叙利亚和黎巴嫩的地位得到进一步增强，其影响在阿拉伯世界漫溢，愈将成为美国难以逾越的障碍。

俗语说："清官难断家务事"，对于伊斯兰世界的"家务事"谁也说不清，道不明。特别是伊斯兰革命后的伊朗，和拥有伊斯兰三大圣地的沙特阿拉伯，都自认为是维护伊斯兰权益、传统与圣地的旗手，都在争主导权，往往争得两败俱伤。但有一个不争的事实是改变不了的，那就是邻居是无可选择的，在任何情况下都违反不了"和则两利，斗则两害"的铁律。

附：伊朗王朝年表

阿契美尼德王朝	前640—前330年
亚历山大帝国	前330—前312年
塞琉西王朝	前312—前129年
帕提亚（安息）王朝（自前250年控制霍拉桑）	前129—224年
萨珊王朝	（以下均为公元）224—651年
早期伊斯兰时期	661—1036年
塞尔柱王朝	1037—1257年
花剌子模王朝	1194—1258年
伊儿汗国	1219—1335年
帖木儿王朝	1380—1500年
萨法维王朝	1502—1736年
阿夫夏尔王朝	1736—1750年
赞德王朝	1750—1794年
恺加王朝	1794—1925年①
巴列维王朝	1925—1979年

（本年表主要参照世界知识出版社出版的《伊朗旅游指南》一书）

① 注：恺加王朝自1921年起名存实亡。

图书在版编目（CIP）数据

伊朗零距离／刘振堂著. — 新1版. — 上海：上海辞书出版社，2019

ISBN 978-7-5326-5374-4

Ⅰ. ①伊… Ⅱ. ①刘… Ⅲ. ①伊朗—概况 Ⅳ. ①K937.3

中国版本图书馆CIP数据核字（2019）第119367号

伊朗零距离（新一版）

刘振堂 著

责任编辑 刘寅春
装帧设计 黄 骏

出版发行 上海世纪出版集团
上海辞书出版社（www.cishu.com.cn）
地　　址 上海市陕西北路457号（邮编 200040）
印　　刷 上海中华印刷有限公司
开　　本 890×1240毫米 1/32
印　　张 11.25
字　　数 251 000
版　　次 2019年7月第1版 2019年7月第1次印刷
书　　号 ISBN 978-7-5326-5374-4/K·1126
定　　价 45.00元

本书如有质量问题，请与承印厂联系。电话：021-69213456